DESIGN DE LIVRO

DO CÓDICE AO E-BOOK

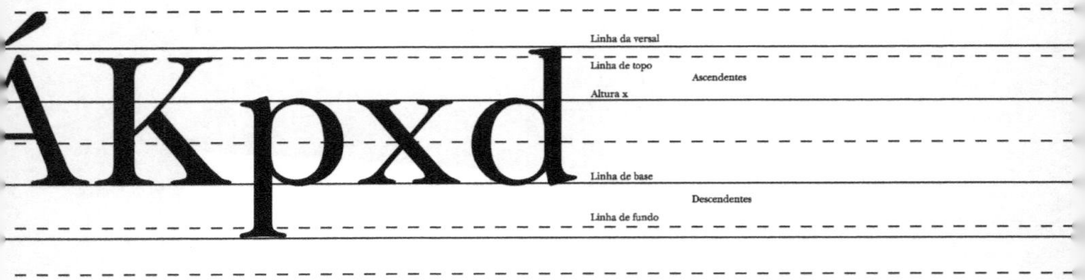

* Os livros dedicados à área de Design têm projetos que reproduzem o visual de movimentos históricos. Neste módulo, as aberturas de partes e capítulos com estudos de proporção e diagramas de construção fazem menção aos estudos tipográficos clássicos, que pautam até hoje a construção de tipos e páginas de livros.

DESIGN DE LIVRO

DO CÓDICE AO E-BOOK

Mariana Ferreira de Freitas

inter saberes

inter saberes

Rua Clara Vendramin, 58 . Mossunguê . CEP 81200-170 . Curitiba . PR . Brasil
Fone: (41) 2106-4170 . www.intersaberes.com . editora@intersaberes.com

Editora-chefe
Lindsay Azambuja

Gerente editorial
Ariadne Nunes Wenger

Assistente editorial
Daniela Viroli Pereira Pinto

Edição de texto
Letra & Língua
Mycaelle A. Sales

Capa
Iná Trigo (design)
Daria Ustiugova/Shutterstock (imagens)

Projeto gráfico
Bruno Palma e Silva

Diagramação
Laís Galvão

Equipe de *design*
Débora Gipiela
Sílvio Gabriel Spannenberg

Iconografia
Sandra Lopis da Silveira
Regina Claudia Cruz Prestes

Dados Internacionais de Catalogação na Publicação (CIP)
(Câmara Brasileira do Livro, SP, Brasil)

Freitas, Mariana Ferreira de
Design de livro: do códice ao e-book/Mariana Ferreira de Freitas. Curitiba: InterSaberes, 2022.

Bibliografia.
ISBN 978-85-227-0337-1

1. Impressão 2. Livros – Diagramação 3. Livros – História 4. Livros e leitura 5. Livros eletrônicos 6. Projeto gráfico (Tipografia) I. Título.

21-75742 CDD-686

Índices para catálogo sistemático:
1. Design de livros: Impressão 686

Cibele Maria Dias – Bibliotecária – CRB-8/9427

1ª edição, 2022.
Foi feito o depósito legal.

SUMÁRIO

APRESENTAÇÃO

O conjunto de conhecimentos sobre o design de livro é composto por elementos de base histórica, teórica e empírica, que auxiliam a compreensão dos processos de produção e a dissolução de entraves no desenvolvimento de projetos.

Muito além de um panorama histórico, com este material, introduzimos diferentes abordagens no que diz respeito à construção do livro, sua diagramação e sua produção gráfica.

No Capítulo 1, discutimos alguns conceitos e definições primordiais para sua formação, caro leitor. Delineamos um panorama histórico, estético e cultural do livro, desde a origem das tábuas de argila dos sumérios, na Mesopotâmia do 3º milênio a.C., até o advento dos livros digitais na contemporaneidade. Analisamos o fluxo de produção e a relação entre designer e editora considerando a colaboração de todos os membros da equipe editorial.

No Capítulo 2, discorremos sobre o *briefing*, documento de planejamento indispensável e de constante consulta em projetos de design, entendido como um ponto de referência para as ações e decisões da equipe editorial durante todo o percurso produtivo. Debatemos a importância da leitura do original e apresentamos os elementos que formam as estruturas interna e externa de livros.

Já nos Capítulos 3 e 4, destacamos questões mais práticas do desenvolvimento do projeto gráfico, como os formatos mais tradicionais de página, os sistemas de grade para diferentes conceitos de diagramação, suas relações com os blocos de texto e a legibilidade.

No Capítulo 5, explicamos alguns conceitos de editoração eletrônica, bem como a aplicação de estilos durante o tratamento do texto e a elaboração da arte-final. Quanto à produção gráfica, detalhamos os processos de pré-impressão, impressão e pós-impressão pertinentes à construção do volume do livro.

Por fim, no Capítulo 6, abordamos o conceito de livro digital ou *e-book*. Versamos brevemente sobre a inserção e o impacto desse novo modelo na cadeia editorial, bem como sobre o processo de produção, considerando diferentes abordagens do fluxo de trabalho nesse contexto. Verificamos os aspectos formais pertinentes à criação de *layout*s e os formatos de livro digital relacionados a diferentes plataformas, livrarias, dispositivos móveis e leitores disponíveis no mercado.

O objetivo é que você passe a pensar o design de um livro como um processo projetual para além dos aspectos estéticos formais. Nesse sentido, refletimos sobre a complexidade da cadeia editorial, que necessita de planejamento, colaboração e soluções viáveis.

Esperamos que a leitura desta obra seja apenas o início de uma longa jornada de aprendizado no universo do design de livro, que desperte sua curiosidade para estudos mais profundos e abra portas para a prática editorial.

Bons estudos!

Billion Photos/Shutterstock

CAPÍTULO 1

INTRODUÇÃO AO DESIGN DE LIVRO

Livros, jornais e revistas são os tradicionais modelos do que chamamos de *publicação*. De acordo com Lupton (2011), esse termo se refere ao ato de disponibilizar publicamente mais de uma cópia de um trabalho, tornando-o acessível a todos.

No contexto do design gráfico, o projeto de publicações é nomeado *design editorial*, sejam elas impressas, sejam digitais (Samara, 2011a). Hoje, o campo entende as especificidades do livro como objeto de design e propõe estudos específicos para a atividade de projetá-lo, o que culminou na emergência do design de livro.

As principais funções do designer no projeto editorial consistem em expressar a personalidade do conteúdo, reter leitores e estruturar, de maneira clara, o material, que chega em forma bruta a suas mãos. Por isso, conforme Zappaterra (2007) e Bringhurst (2005), antes de tudo, é recomendável ler o texto em sua fluidez natural, com o intuito de perceber sua lógica interna, como títulos, capítulos, seções etc.

O design de livro difere-se do design gráfico no que se refere à necessidade de engenhosidade no trato das palavras. Um bom designer de livros deve ser uma pessoa acostumada a ler e a observar, atentamente, os detalhes do texto de cada obra. É preciso "descobrir como colocar uma letra ao lado da outra de modo que as palavras do autor pareçam saltar da página" (Hendel, 2006, p. 3).

Assim, segundo a Associação dos Designers Gráficos (ADG, 2004), o projeto de um livro é formado pela definição dos blocos de texto, do posicionamento de fotografias e da relação entre as páginas (antecessora e sucessora), tendo em vista boas práticas de legibilidade e a proposta editorial. Além disso, ele inclui a forma do objeto a ser entregue (aspecto físico, o que diz respeito ao formato de papel, ao fluxo de paginação e à usabilidade em sua manipulação pelo usuário). Em síntese, como enfatiza Samara (2011a), o designer deve preocupar-se com os níveis micro e macro do projeto editorial.

Domiciano (2008), com base em conceitos de Furtado (2000) e Ribeiro (1987), consolida a definição do livro em três esferas: conteúdo, forma e conjunto. O livro, na qualidade de **conteúdo**, é qualquer produção advinda das ciências, letras ou artes.

Quanto à **forma**, ele é uma publicação não periódica formada por folhas impressas e organizadas em cadernos, que podem ser grampeados, costurados ou colados, estruturando blocos que são, posteriormente, afixados em uma capa (flexível ou dura).

Na condição de **conjunto**, o referido autor considera a totalidade do projeto editorial, caracterizando o livro como um suporte de signos que se integram em um processo de criação, reprodução e distribuição, visando à comunicação e à conservação de conteúdos ao longo do tempo. Nessa direção, tal artefato tem a finalidade de promover reflexão, conhecimento e difusão do pensamento e da cultura.

No ano de 1950, a conferência da Organização das Nações Unidas para a Educação, a Ciência e a Cultura (Unesco) determinou um padrão para que uma publicação seja considerada livro.

Por sua vez, Haslam (2007), em sua obra *O design e o livro II*, entre outras definições, descreve livro como uma publicação não periódica acima de 48 páginas, sem contar as capas. O autor conclui que esse item, na qualidade de objeto, é um suporte portátil constituído por páginas impressas e encadernadas cujo propósito é preservar, anunciar, expor e transmitir o conhecimento ao público, transcendendo o tempo e o espaço.

A origem do livro como o conhecemos remonta aos antigos rolos de pergaminho, que conduziam uma leitura menos fluida e apresentavam dificuldades de manuseio, o que levou à criação do códice. O códice configura o livro de forma horizontal, e a continuidade do texto ocorre no virar das páginas. Esse formato foi pensado para criar um ritmo de leitura e articular elementos (como imagens, mapas e tabelas, os quais podem ser inseridos com o texto verbal).

Com pequenas modificações, o códice é o formato de livro adotado por muitos editores até hoje. Desse modo, a estrutura desse artefato compreende, atualmente, os seguintes componentes: capa, contracapa, lombada e orelhas. Dentro, ele é formado por guarda, falsa folha de rosto, folha de rosto, sumário e outros elementos não obrigatórios. Esses recursos são divididos em pré-textuais, textuais e pós-textuais, tendo significado relevante no contexto do livro como um todo.

O original, antes de ser visto como livro, passa por diversas etapas até ser publicado, as quais são essenciais para valorizar e aprimorar seu texto. Comumente, o processo editorial engloba as seguintes etapas: 1) revisão; 2) preparações de texto; 3) planejamento do projeto gráfico; 4) execução do projeto gráfico; 5) prova e correções; e 6) impressão.

O projeto gráfico do original refere-se à aparência que o livro assume em sua forma final. Seu planejamento permite a criação de um conceito gráfico condizente com o texto inicial, de modo que este seja devidamente inserido em um contexto, facilitando a leitura por qualquer tipo de leitor.

A estética do livro é estudada antes de ser esboçado o projeto, que se orienta pelo conceito e por outros detalhes importantes do livro. Esse conceito guia os profissionais durante a execução dos projetos editorial e gráfico, integrando-os em uma apresentação visual harmoniosa no conteúdo do livro. Os detalhes, por sua vez, referem-se ao tipo de publicação e a seu conteúdo. O projeto gráfico tem o poder de prender o leitor; por isso, sua contribuição para a publicação vai além de simplesmente lhe conferir beleza.

Nessa perspectiva, o design expresso como linguagem gráfica é um dos primeiros exemplos do que chamamos de *design gráfico*. Diferentemente da linguagem verbal, que usualmente envolve o uso dos elementos sintáticos sujeito, predicado e complemento, o design é uma linguagem não verbal que se organiza, de múltiplas maneiras, por meio de formas, cores, dimensões, imagens, ou seja, não há uma hierarquia clara como na linguagem verbal. No caso do design gráfico, conforme Ferlauto e Jahn (1998), a comunicação acontece por intermédio da diagramação, das imagens e da tipografia.

A valorização do projeto gráfico intensificou-se a partir da década de 1980, quando mais livros começaram a exibir projetos mais bem elaborados. Com isso, o design passou a ser fundamental para atrelar o texto à imagem, sendo mais um elemento de expressão da obra, auxiliando a compreensão do conteúdo.

Atualmente, o designer desempenha um papel importante na construção de livros, já que possui as habilidades necessárias para articular distintos aspectos durante todas as fases de sua realização. Logo, conforme Oliveira (2016), converte-se em um ator intimamente inserido no processo de produção e significação do livro, contribuindo com aspectos materiais e visuais que exercem variadas funções na experiência de leitura.

A apresentação do livro, seu estilo e sua organização viabilizam a imersão do público leitor no material. Segundo Caldwell e Zappaterra (2014), parte do design editorial sofre influência da cultura de seu público-alvo, ou seja, a forma que o livro se comunica visualmente depende de quem é esse leitor, de seu comportamento, suas ideias e suas preferências. Assim, determinar o público-alvo e o conceito é fundamental para um projeto editorial, independentemente do tipo de publicação. Nesse sentido, o contexto que envolve o conteúdo, os aspectos culturais, o estilo textual e o público visado são alguns fatores essenciais para a formatação visual de uma obra.

Para Fillmann (2013), o design editorial estabelece uma conexão entre o leitor e o conteúdo de uma obra. Logo, é necessário propor um design adequado à linguagem e às demandas do público, das editoras e do mercado. Mesmo com o advento das publicações digitais, entende-se que o design, na qualidade de linguagem, ultrapassa as barreiras do físico, sendo evidente a necessidade de estudos quanto à experiência de usuários, seus novos hábitos e sua relação com a tecnologia.

Nessa nova fase do mercado, com a coexistência dos livros impresso e digital, o designer precisa pensar o processo de confecção do livro como um todo, para que suas decisões projetuais possibilitem a leitura do conteúdo em diferentes formatos.

PARA SABER MAIS

Com o intuito de elucidar aspectos específicos dessa área, com base em sua atuação no setor, diversos autores descrevem o mercado editorial, a criação de um original, assim como os métodos e os roteiros editoriais que auxiliam na construção do design de livros. Destacam-se como referências as obras dos seguintes autores, que se voltam ao cenário projetual do livro: Emanuel Araújo (2008), com o título *A construção do livro: princípios da técnica de editoração*; Roger Chartier (1998), com *A aventura do livro: do leitor ao navegador*; e Richard Hendel (2006), com *O design do livro*.

No âmbito do design gráfico editorial, os seguintes autores propõem modelos projetuais e reflexões acerca da atividade: Ellen Lupton (2006), com *Pensar com tipos: guia para designers, escritores, editores e estudantes*; Timothy Samara (2011), com *Guia de design editorial: manual prático para o design de publicações* e o *Guia de tipografia: manual prático para o uso de tipos no design gráfico*; e Jan Tschichold (2007), com *A forma do livro: ensaios sobre tipografia e estética do livro*. Vale ressaltar que, para a atividade de projetar livros, o estudo sobre tipografia deve ser constante e não deve se resumir a um único contexto de aplicação.

O livro como peça de design participou de grandes avanços tecnológicos no decorrer da história: a descoberta de materiais, a criação de novas formas de expressão – como as diferentes tipografias, ilustrações e estilos de encadernação – e a evolução das técnicas de impressão, sendo considerado uma peça de design "perfeita" (Tschichold, citado por Hendel, 2006, p. 7).

Segundo Hendel (2006), não se pode querer inventar uma coisa "nova" quando se trata de design de livros. Métodos e regras estabelecidos ao longo dos séculos precisam ser seguidos para se produzir obras perfeitas. Logo, entende-se que sua beleza concerne à harmonia dos variados aspectos materiais e visuais que compõem a estética e a função do objeto livro.

1.1 Desenvolvimento histórico, estético e cultural

O livro como forma de documentação percorreu um trajeto de mais de 4.000 anos, registrando o conhecimento, as ideias, a crença e a história de vários povos (Haslam, 2007), os quais contribuíram com seus diferentes olhares para que esse veículo de comunicação se tornasse o que é agora.

A primeira forma a dar origem ao livro ocidental foi criada pelos sumérios na Mesopotâmia do 3º milênio a.C. Trata-se de tábuas de argila nas quais se utilizava a escrita cuneiforme (Figura 1.1), uma técnica de inscrição que marcou a história e era empregada em diferentes suportes, como no mármore.

Figura 1.1 – **Escrita cuneiforme**

Couperfield/Shutterstock

De acordo com Meggs e Purvis (2009), as mensagens momentâneas, como os registros do cotidiano da população, eram colocadas em suporte mais maleável, ao passo que o código pétreo, que regia a conduta e o funcionamento da sociedade, era colocado no mármore, cuja durabilidade é maior. Posteriormente, a escrita cuneiforme sobre as tábuas de argila foi utilizada por povos como os acádios, os babilônios, os assírios e os hititas.

Os egípcios começaram a aplicar tintas de cores diferentes sobre as folhas de papiro – feitas com as raízes da planta *Cyperus papyrus*. Seus talos eram triturados e entrelaçados, formando uma superfície apta a receber tinta. Haslam (2007) comenta que as folhas eram coladas umas às outras e enroladas de forma cilíndrica. Esses papiros configuravam *volumens*, que eram guardados em estojos de couro; depois, passaram a ser acondicionados em caixas de madeiras (Meggs; Purvis, 2009).

Chartier (2002) afirma que o leitor de livros digitais da atualidade reencontra a essência do leitor da Antiguidade, pois hoje a leitura em tela consiste justamente em "desenrolar" verticalmente texto, tabelas, imagens e demais elementos, como se fazia com os rolos de papiro.

Os egípcios foram os primeiros a produzir manuscritos ilustrados, tanto para complementar a linguagem verbal quanto para criar ornamentos. Por isso, desenvolveram uma estrutura gráfica que harmonizava texto e imagem para gerar uma comunicação fluida.

Figura 1.2 – **Antigo *Livro dos mortos* egípcio (1070 a.C.)**

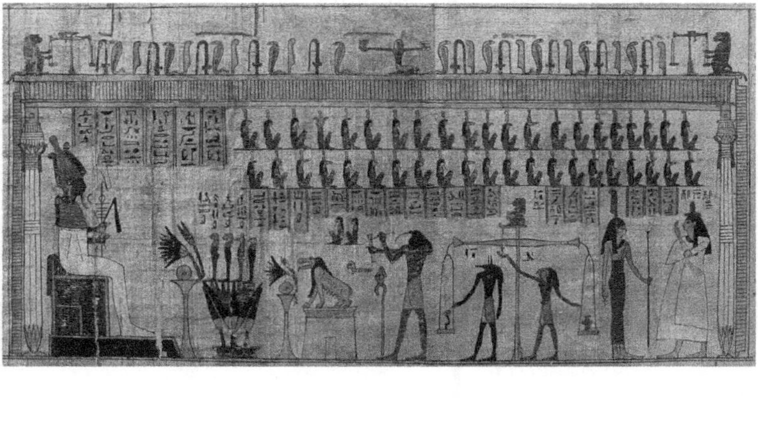

Kriveart90/Shutterstock

Conforme Haluch (2013) e Haslam (2007), em meados de 290 a.C., Ptolomeu I Sóter, rei egípcio, fundou a Biblioteca de Alexandria, que contava com algo entre 428 mil e 700 mil pergaminhos e, por isso, era considerada a maior biblioteca do mundo antigo, exercendo até seu fim – em 47 a.C., quando foi destruída por um incêndio – grande impacto no aprimoramento da editoração.

Além dos egípcios, gregos e romanos também utilizaram o papiro como suporte principal de comunicação escrita, obtendo-o por meio de suas relações comerciais com o Egito. No entanto, Roma começou a "objetificar" esse suporte, visando à comercialização, o que levou à sua difusão.

O uso de peles de animais como suporte foi pesquisado por Eumenes II, rei de Pérgamo, em 197-158 a.C. A pele era esticada, secada, branqueada com giz e polida com pedra-pomes, dando origem ao termo *pergaminho*, cuja procedência era a membrana pergamena, *pergamenum* em latim (Haslam, 2007). Seu uso não chegou a ser amplamente popularizado, visto que teve sua exportação proibida por Ptolomeu V Epifânio, de Alexandria. O pergaminho costumava ser maior que o papiro e era possível dobrá-lo sem danificá-lo.

Já no Oriente, a história oficial chinesa aponta que o papel foi idealizado pelo eunuco Tsai louen, que era diretor das oficinas imperiais, no século II a.C. e criado com casca de amoreira ou polpa esmagada de bambu, cujas fibras eram espalhadas sobre um tecido para secarem (Haslam, 2007). Esse conceito ficou retido na China por muitos anos, sendo difundido pela comunidade islâmica no século VIII e reproduzido em escala em Bagdá.

Com a expansão do império árabe, o papel foi levado para a Europa por volta de 1100 d.C., tendo sido construído, em torno do século XII, o primeiro moinho de papel da Europa, na Espanha. Haslam (2007) e Meggs e Purvis (2009) explicam que, posteriormente, fábricas de papel foram inauguradas na Itália, em 1276, e na França, em 1348.

Haluch (2013) menciona que, a partir do século II d.C., emergiu outra forma de suporte: a escrita. Nesse sentido, merece destaque o códice – isto é, tabuletas ligadas entre si por uma das extremidades e que podem fechar-se sobre si mesmas –, que trouxe duas novas funcionalidades como suporte: a reutilização e a portabilidade. De acordo com Meggs e Purvis (2009), sua superfície continha uma cera em que era possível escrever com um objeto pontiagudo (chamado *stylus*) e, posteriormente, apagar com uma lâmina que alisava essa substância pastosa para torná-la homogênea.

Ainda conforme os autores, o papiro era frágil demais para ser dobrado e de difícil manuseio para consultar informações. Já o códice era prático, pois era possível abri-lo na página desejada e, ainda, escrever em ambos os lados de seus pergaminhos costurados, o que representava economia de espaço e de custo com material. Essa configuração acabou por se tornar, mais tarde, o modelo de livro atual.

Haslam (2007) explica que as grandes folhas eram dobradas ao meio, o que gerava dois fólios (*foliu* em latim). Dobrando-as mais vezes, criou-se o formato de quatro páginas, conhecido como *in-quarto* ou 4to; em seguida, com mais uma dobra, o formato *in-oitavo* ou 8vo, termos que deram origem aos tipos de papel baseados em folhas dobradas comumente usados hoje em dia. O conceito de página como um lado de uma folha, ainda para esse autor, advém justamente da forma de encadernação lateral do *códice*, expressão do latim cujo significado é "algo atado".

Segundo Meggs e Purvis (2009), em razão da influência da Igreja, o monastério tornou-se importante precursor das bibliotecas na Idade Média, por volta do século XI, com a produção de grandes livros litúrgicos (Figura 1.3). No século XII, o estilo românico deu lugar ao gótico, que, por sua vez, cedeu espaço para o renascimento, no século XIV.

Figura 1.3 – **Livro litúrgico no Mosteiro de San Millán de Yuso (Espanha)**

Quintanilla/Shutterstock

Durante esse período, ocorreram significativas transformações nas cidades, como o crescimento da atividade comercial e o surgimento das universidades, no século XIII, criando um mercado de livros de diversos temas. A partir daí, os livros deixaram de ser exclusivos de monastérios, escolas e bibliotecas religiosas, sendo considerados recursos valiosos para estudo e consulta de uso diário (Meggs; Purvis, 2009).

Com o passar dos séculos, os livros foram convertidos para um formato mais portátil. Nesse contexto, a tipografia gótica foi amplamente empregada na Europa em razão da necessidade de se escrever rapidamente, geralmente em latim, língua proeminente na época.

Meggs e Purvis (2009) destacam que a xilografia despontou como método de impressão ao longo do século XIV. Esse método, que se apoia no uso de uma superfície de madeira em relevo, foi aplicado para imprimir cartazes, cartas e livros. No século seguinte, a tipografia, técnica baseada em pedaços de metal ou madeira móveis com letras em alto-relevo, sobrepôs-se à xilografia.

Segundo Haslam (2007), essas duas técnicas supostamente teriam origem oriental. A xilografia teria sido usada na China para produzir cartas de baralho e cédulas de dinheiro já em circulação em meados de 960 d.C. Com isso, os tipos móveis já tinham sido empregados na Coreia para a impressão de um livro datado de 1377.

Assim, Lyons (2011) conclui que a difusão da fabricação de papel, a impressão por meio de tipos móveis e a nova demanda crescente por livros, diante da criação das universidades, impulsionaram gráficas na Alemanha, na Holanda, na França e na Itália, as quais também desenvolveram formas de imprimir por meio de matrizes, caracteres de metal, prensas e tintas apropriadas; itens que, pouco depois, foram reunidos por Johannes Gutenberg.

Figura 1.4 – **Gutenberg (à direita) em gravura de 1881**

Everett Collection/Shutterstock

Gutenberg, conhecido como o "pai da impressão", produziu o primeiro livro europeu impresso por meio de tipos móveis em 1455, na Alemanha. Conforme Haslam (2007), ele tinha conhecimento sobre o metal e as prensas utilizados para esmagar uvas na fabricação de vinho, bem como acesso a códices encadernados, o que lhe permitiu desenvolver o método.

Figura 1.5 – **Máquina manual de impressão tipográfica**

arogant/Shutterstock

Desse modo, Meggs e Purvis (2009) mencionam que, por volta de 1350, o uso do pergaminho foi descontinuado, pois era muito grosso e não era plano o suficiente para ser inserido nas prensas. Além disso, esse suporte não conseguiu acompanhar a crescente demanda da época por livros.

A invenção da impressão foi um grande marco no progresso da Europa Ocidental. O tipo móvel permitia organizar um texto e reproduzi-lo, e assim nasceu o ofício dos tipógrafos, profissionais responsáveis pela composição do *layout*, ou seja, o posicionamento de cada elemento ao longo das páginas, bem como a reprodução do texto no papel. Febvre e Martin (1976) indicam que o livro recebeu seu formato definitivo em 1360, quando Albrecht Pfister combinou tipografia com ilustrações gravadas na madeira.

Ainda que a língua mais utilizada fosse o latim, as línguas nacionais começaram a figurar nos livros, que, nesse período, já exploravam temas além dos de cunho religioso, como as literaturas clássica, medieval e renascentista (Meggs; Purvis, 2009).

No resto do mundo, a impressão foi disseminada pelos colonizadores europeus. Os países árabes demoraram a adotá-la em razão da dificuldade em reproduzir seu alfabeto tipograficamente; assim, prosseguiram com a xilografia e a litografia por bastante tempo.

De acordo com Meggs e Purvis (2009), com a consolidação das técnicas de impressão na Europa e na América no século XVI, o livro tornou-se mais acessível e compreensível aos leitores, expandindo-se comercialmente e suscitando a criação de feiras de livros, como a de Frankfurt, na Alemanha. As primeiras editoras foram inauguradas em meados do século XVI, espalhando-se pelos grandes centros urbanos na segunda metade do século XVIII, em razão do crescente desenvolvimento tecnológico promovido pela Revolução Industrial, que transformou os métodos de produção e, assim, estabeleceu a indústria. Haluch (2013) aponta que, nessa altura, houve uma ruptura das funções de publicação e impressão, levando ambas a se aprimorarem mais complexamente no setor editorial.

Conforme Meggs e Purvis (2009), nos séculos XVIII e XIX, o crescimento da imprensa foi fomentado pelo Iluminismo, pela Revolução Francesa e pela abolição da monarquia, dando espaço à república. Os livros, por sua vez, converteram-se em instrumentos de lazer – o que foi reforçado sobretudo pela circulação de periódicos –, com predomínio de títulos de romance na cidade e de livros artesanais e de oração no campo. Ainda segundo o autor, eles passaram a ter melhor acabamento, com manchas de texto das páginas internas mais claras e legíveis por conta do estilo moderno. Apesar disso, as indústrias e as oficinas tipográficas ainda mostravam o estilo primitivo das antigas oficinas.

A população urbana detinha maior poder aquisitivo, e o número de leitores elevou-se graças ao aumento do percentual de pessoas alfabetizadas. Isso porque, como ressalta Lyons (2011), a leitura começou a ser entendida como necessidade, mais que isso, como um direito, o que culminou no surgimento das bibliotecas públicas e livrarias. Ademais, jornais, revistas e folhetins já se faziam presentes no cotidiano dessa conjuntura.

A impressão sofreu relevante transformação ao passar a utilizar métodos mecanizados. Lyons (2011) explica que o papel, antes feito de resíduos têxteis no método artesanal, passou a ser composto de celulose – advinda da polpa de madeira, que era tratada quimicamente, acarretando inúmeros danos ambientais. No entanto, esse novo conceito de papel, segundo Meggs e Purvis (2009), viabilizou o desenvolvimento do sistema de rotativas, que alavancou a produção de livros e reduziu seus preços.

A introdução da matriz de ferro no lugar da madeira e a criação das impressoras de cilindro duplo a vapor, projetadas por Friedrich Koenig para o jornal britânico *Times*, possibilitaram a consolidação do uso contínuo do papel nas rotativas. Outro grande avanço foi o advento do clichê, isto é, moldes aos quais se aplicava uma liga que se adaptava ao cilindro da rotativa, permitindo conservar a composição para reproduzi-la novamente no futuro (Meggs; Purvis, 2009; Lyons, 2011).

As máquinas de composição surgiram em razão da urgência da imprensa moderna, que precisava compor e imprimir noticiários em grande velocidade, de modo que as notícias veiculadas fossem sempre relevantes e atrativas. Como solução, em 1884 foi desenvolvida a linotipia, um sistema de composição por metal quente que moldava linhas por meio de chumbo derretido e alocado em matrizes móveis.

Já a monotipia (Figura 1.6) auxiliou a composição dos livros, uma vez que facilitou correções e agilizou o processo de impressão em máquinas tanto rotativas quanto planas (Lyons, 2011).

Figura 1.6 – **Máquina de monotipia**

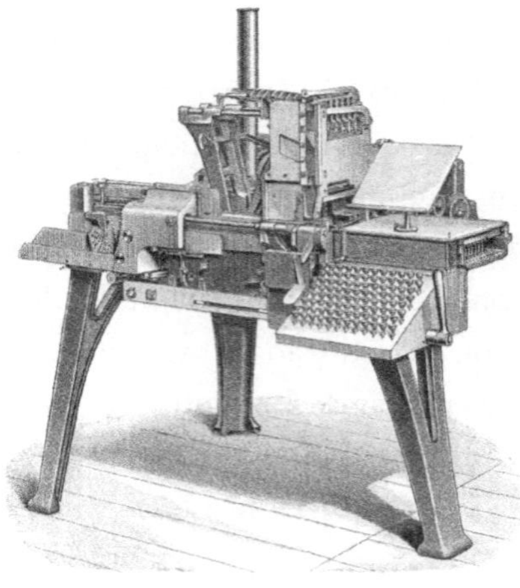

Hein Nouwens/Shutterstock

Ainda sobre os livros, conforme Lyons (2011), novas técnicas de gravura lhes possibilitaram um conteúdo mais ilustrado. A xilografia e a gravura em aço voltaram a ser usadas com o fito de ajudar na ornamentação dos livros. A primeira possibilitava intercalar imagens e texto, ao passo que a segunda reproduzia imagens mais nítidas por um baixo custo.

A litografia, por sua vez, permitia ao artista desenhar diretamente na pedra de impressão, já que, ao contrário das outras técnicas, funcionava por meio de processos químicos, e não de diferenças de relevo. Logo, a cromolitografia foi um passo em direção às imagens coloridas.

Nesse sentido, no fim do século XVIII, a fotogravura emergiu realizando processos químicos da luz sobre placas metálicas. Com essa técnica, empregada principalmente por jornais e revistas, replicavam-se fotografias, gravuras e textos (Meggs; Purvis, 2009).

Guerras, crises econômicas, ideologias totalitárias, liberalismo e novas formas de organização social, assim como globalização e integração de mercados, marcaram o século XX – que, segundo Lyons (2011), também sinalizou um corte do vínculo com as gerações passadas em termos sociais. Nessa direção, houve um grande desenvolvimento científico e tecnológico, o qual, tal como as novas políticas socioculturais, melhorou a qualidade de vida dos cidadãos.

No ano de 1926, a escola mais importante de arquitetura, design e arte no século XX, a Bauhaus, já havia sido transferida de Weimar (seu local inicial) para Dessau (Figura 1.7), na Alemanha, e rebatizada como *Hochschule für Gestaltung* (Escola

Superior da Forma), iniciando suas publicações com a revista *Bauhaus*.

Figura 1.7 – **Edifício da Bauhaus em Dessau**

LianeM/Shutterstock

Em seguida, 14 livros foram lançados pela instituição, *Bauhausbücher* (livros da Bauhaus), importantes na disseminação da teoria da arte e de suas aplicações na arquitetura e no design. De acordo com Meggs e Purvis (2009), entre os envolvidos nessas produções estavam Kandinsky, Klee, Gropius, Mondrian, Moholy-Nagy e Van Doesburg.

A fabricação de livros intensificou-se largamente, e o custo médio diminuiu em virtude das transformações nesse processo produtivo. As editoras começaram a pedir aos escritores os originais datilografados e, depois, em formato digital. A fotografia, por sua vez, avançou da reprodução em preto e branco ao colorido e às técnicas digitais. Já a ilustração, antes feita manualmente, assimilou diferentes técnicas até a chegada de programas de computador específicos para a criação digital.

Dessa forma, a gama de opções de técnicas e materiais para a produção de livros expandiu-se, tornando a prática mais complexa e evidenciando a importância do designer gráfico como ator que articula esses diferentes recursos na composição editorial, com o suporte de programas de computador como o QuarkXPress, InDesign e outros. Ainda, novas modalidades de impressão propiciaram alta qualidade a baixo custo, como o *offset* e a impressão digital, e a encadernação foi aperfeiçoada por emergentes técnicas mecânicas e eletrônicas.

Entre o final do século XIX e o início do XX, houve o aparecimento e o desenvolvimento de mídias como o telefone, o rádio, o cinema e a televisão. Contudo, segundo Haslam (2007), as publicações impressas continuaram sendo os principais veículos de comunicação em massa. Com o advento da internet, muitos previram o fim da impressão e, principalmente, dos livros como ferramenta de obtenção de conhecimento. No entanto, as novas tecnologias digitais, na verdade, promoveram a melhoria da capacidade de escrita, da composição gráfica, bem como da produção e venda dos livros.

Os livros digitais (ou *e-books*) surgiram no início dos anos 1990, ainda em um formato precário. Com os avanços tecnológicos, a leitura eletrônica tornou-se mais cômoda, e os *e-books* adquiriram recursos interativos, bem como novos suportes (como os *e-readers*, os *tablets* e os *smartphones*) (Figura 1.8), conforme os usuários familiarizavam-se com o novo formato.

Figura 1.8 – **Leitor digital de *e-books***

Giamka/Shutterstock

Desde então, esses recursos vêm desencadeando importantes transformações referentes aos hábitos de leitura e de escrita. Agora, autores principiantes podem disponibilizar suas obras ao grande público com pouco investimento, e a internet, ao viabilizar que cada sujeito opere como editor e impressor de seus projetos, tem gerado alto impacto socioeconômico (Briggs; Burke, 2004). Logo, é possível afirmar que o livro, em suas diferentes formas, linguagens, composições e acabamentos, sempre está ligado à expansão do conhecimento.

1.2 Desenvolvimento histórico do livro no Brasil

De acordo com Hallewell (2012), Haluch (2013) e Cunha Lima (2014), no Brasil a imprensa foi implantada de fato no século XIX, no ano de 1808, com a vinda da Família Real ao país, sendo antes proibida em Pernambuco, em Minas Gerais e no Rio de Janeiro.

Por sua vez, os espanhóis levaram os maquinários de impressão para Lima, Manila e Cidade do México no século XV, os quais serviram a fins religiosos e culturais, de maneira que a cultura do colonizador europeu sobrepujasse a nativa. Igualmente, as colônias portuguesas na Etiópia, na Índia, na China, no Japão, no Congo e em Luanda receberam impressoras para o uso nas escolas jesuítas, em meados do século XVI (Cunha Lima, 2014).

Segundo Hallewell (2012), esse processo de aculturação no contexto brasileiro ocorreu, em grande parte, por meio de ensinamentos orais, uma vez que esse era o modo de comunicação da sociedade indígena da época. Por isso, a impressão restringiu-se às aplicações feitas pela Companhia de Jesus. Como exemplo disso, o referido autor cita a *Doutrina cristã na língua brasílica*, um documento de catecismo em tupi, exposto no ano de 1610 em uma biblioteca inglesa.

Cunha Lima (2014) esclarece que a primeira tentativa de implantação da impressão no Brasil foi empreendida pelos holandeses durante a ocupação de Pernambuco, em meados do século XVI, que objetivava imprimir ordenações e recibos de compra e venda e não obteve sucesso porque o impressor enviado ao país faleceu antes de aqui desembarcar.

Hallewell (2012) assinala que, além de materiais para catecismo e guias das línguas indígenas locais, a produção de impressos contemplava livros para as poucas escolas e universidades administradas pela Igreja. Nesse sentido, o leitor dependia de livros estrangeiros, assim como todo livro nacional precisava de edição na Europa. Desse modo, o mercado de livros era muito limitado, formado por pequenas tiragens com altos custos unitários, sendo sua confecção viável apenas com o custeio do governo ou da Igreja.

A máquina confiscada de um comerciante foi apropriada pelo governador de Pernambuco, funcionando como o primeiro passo para a criação da Oficina do Trem de Pernambuco. Com a independência, a Imprensa Régia transformou-se na Typographia Nacional, encerrando o monopólio no Brasil. Então, novas tipografias foram inauguradas, sendo o Rio de Janeiro o local de maior destaque entre os anos de 1840 e 1880, já que estabelecera sólida relação comercial com o mercado europeu em razão do título de *capital do Império* (Hallewell, 2012).

A impressão no Brasil se expandiu com o auxílio dos impressores da França pós-revolução, os quais visavam novos mercados por conta do aumento da produção, que contou com mais capital disponível e diversos melhoramentos técnicos. Hallewell (2012) explica que o Brasil pós-independência teve estabilidade no âmbito editorial em razão da continuidade política sem prejuízos e dos adornos da cultura francesa, entendendo tudo o que vinha dessa cultura como moderno e progressista. Desse modo, ao longo do século XIX, o país recebeu diversas indústrias de papel e impressores franceses, como Baptiste Louis Garnier e a firma E. & H. Laemmert.

Nessa conjuntura, as publicações no país alcançaram certa variedade, englobando livros técnicos, de poesia, didáticos e romances, com uma produção ainda centralizada no Rio de Janeiro. Posteriormente, com a Proclamação da República, a nação enfrentou uma crise financeira, também afetada pela emancipação dos escravos e pela queda do banco comercial londrino. Assim, em razão da importância cultural que a aristocracia açucareira dava ao livro, o Estado de São Paulo passou a concentrar maiores investimentos nesse setor, sendo então considerado o novo polo editorial do Brasil.

No início do século XX, já havia editoras nacionais e estrangeiras instaladas no Rio de Janeiro e em São Paulo. Esse setor começou a explorar novos formatos de baixo custo, visando obter a mesma facilidade de produção e distribuição que jornais e revistas (Oliveira, 2016).

Em meados dos anos 1950, as técnicas de produção de livros foram novamente aperfeiçoadas e a liberdade de importação de papel estrangeiro, competindo com o nicho de papel nacional, alavancou ainda mais a fundação de novas editoras. A Editora Globo, a Editora Martins e o Gráfico Amador em Pernambuco, grupo de editores interessados na arte do livro, desempenharam papel fundamental na evolução do mercado brasileiro (Oliveira, 2016).

Com os altos e baixos da economia decorrentes do golpe militar, o mercado de livros enfraqueceu nas décadas seguintes em virtude dos elevados custos de importação de materiais (verificou-se um aumento de 50% nas despesas gráficas); porém, após o chamado *milagre econômico*, em 1970, o país registrou a retomada do crescimento nesse âmbito (Hallewell, 2012).

Segundo Hallewell (2012), a mudança do sumário do fim para o início do livro e o refilamento desse material consolidaram-se nesse contexto. A ideia era estimular a leitura em livrarias, fazendo com que as pessoas folheassem as obras. Esse período também foi marcado pelo crescimento da classe média, pela maior demanda por educação e pela intensificação do consumismo.

A Editora Abril foi inaugurada à época, oferecendo volumes colecionáveis por preços acessíveis, com estímulo a seu consumo, e estabelecendo o modelo de fascículos. Como essas coleções adotavam o mesmo projeto gráfico, os custos unitários eram baixos, o que facilitou sua popularização. Posteriormente, com a criação da Distribuidora Abril, a editora passou a ser conhecida como a mais bem-sucedida na difusão de publicações, convertendo em cultura de massa um hábito antes elitista (Oliveira, 2016).

1.3 Design de livro na atualidade

Como mídia de comunicação, ferramenta de trabalho, acervo de conhecimento ou de memórias, instrumento de lazer ou objeto de desejo, o livro pode, atualmente, ser produzido de diversas formas.

O recente cenário editorial é constituído por pequenas, médias e grandes editoras, que produzem obras para uma variedade de fins e públicos-alvo; considerando diferentes objetivos, criam livros impressos ou digitais, ora mais visuais, ora mais textuais. Nessa direção, de acordo com Chartier (1998), a função do editor e a da cadeia produtiva do livro extrapolam o perceptível em seu projeto gráfico, centrando-se na integração do conteúdo e dos elementos gráficos em um único e sólido conceito.

Furtado (2009) explica que as mudanças sociais, econômicas, políticas, culturais e tecnológicas transcorridas no final do século XX reformularam as maneiras como as pessoas se relacionam social e profissionalmente, bem como reconfiguraram os sistemas econômicos e as empresas.

A contemporaneidade, conforme Procópio (2013b), é marcada pelo uso de ferramentas tecnológicas, as quais cumprem múltiplas funções nas atividades cotidianas e, assim, alteram a maneira como o homem se comunica, compartilha e experimenta, remodelando seus hábitos de consumo de conteúdo. Além de facilitar o processo de criar conteúdos, esses recursos oferecem novas soluções para sua distribuição, como o *streaming*; com uma promoção de conteúdos mais assertiva, uma vez que é orientada por dados precisos referentes aos usuários/leitores.

As transformações mencionadas também perpassaram o setor editorial, ainda que imperceptíveis ao grande público, afetando mais o processo de fabricação de livros, revistas e jornais do que o produto em si, como a editoração eletrônica, o comércio eletrônico e a impressão sob demanda. Desse modo, segundo Flatschart (2014), o livro digital é fruto de um amadurecimento tecnológico e mercadológico que levou anos até se consolidar como um produto pareado ao livro impresso.

Clark e Phillips (2014) são enfáticos ao explicar que, no final dos anos 2000, os *e-books* se difundiram na mesma proporção que eram lançados novos dispositivos destinados à sua leitura. Por exemplo, o *e-reader* Kindle, da Amazon, foi lançado em 2007 nos Estados Unidos, alcançando vendas expressivas, principalmente por seu mecanismo de distribuição – o usuário comprava o livro digital no *site amazon.com* e transferia esse arquivo para seu Kindle *on-line*. Posteriormente ao lançamento do iPad, em 2010, a demanda por esses livros cresceu no momento que *smartphones* já permitiam a leitura digital, ainda que com pouca comodidade.

Segundo Dubini (2013), além desses fatores, a indústria de *e-books* progrediu por uma redução do preço desses livros impelida pela Amazon, pela criação de dispositivos do tipo *tablet*, pela larga oferta de *smartphones* e pelo desenvolvimento de aplicativos para dispositivos móveis, que ganharam novas funções no período.

Ademais, com a ampliação do catálogo de livros e publicações digitais e a atuação de diversos distribuidores (editoras e livrarias *on-line* e plataformas como iTunes e Google Play), a capacidade de acesso dos usuários a essas produções vem aumentando gradativamente.

Procópio (2013b) e Polo Pujadas (2011) assinalam que o setor busca, cada vez mais, tomar consciência dessas mudanças e alinhar-se às novas tecnologias, lidando com os novos perfis de leitor, cujos hábitos de consumo estão, como já explicamos, em constante mudança. Logo, o momento atual é de transição no âmbito editorial, o que requer inéditas maneiras de escrever, publicar, circular e ler livros.

Flatschart (2014) define o livro, nesse cenário, como fluido e multiforme, pois pode ser visualizado em dispositivos eletrônicos e, muitas vezes, conter recursos multimídia e interações para além do tradicional texto-imagem estático. Seu acesso e sua distribuição práticos oferecem agilidade em sua aquisição e seu manuseio. Nesse sentido, como vimos, pode ser recebido *on-line* instantaneamente e consultado, em um momento, no *e-reader* e, em outro, no *smartphone*.

Segundo Carrenho (2016), o acesso à leitura amplia-se devido a três aspectos: a **geografia**, pela disponibilidade imediata do conteúdo; a **economia**, pelo custo reduzido do livro; e a **inclusão** de deficientes visuais, que podem recorrer a audiolivros e ao aumento do tamanho da fonte do texto, por exemplo.

No que concerne à cadeia produtiva, suas figuras principais (autores, editores, distribuidores, bibliotecas e leitores) permanecem atuantes, mas suas funções foram adaptadas em função de cada contexto (Dubini, 2013). Diversas portas foram abertas para novos atores, como plataformas digitais, produtores de dispositivos, livrarias, bibliotecas e repositórios digitais.

Cabe destacar que esse modelo digital viabiliza o fenômeno de **desintermediação**, em que apenas autor e leitor são imprescindíveis, o que dispensa os outros componentes conforme o caso. Ademais, as plataformas de venda e as opções de pagamento e de hospedagem de arquivos tornaram-se mais relevantes para a cadeia, nela incluindo/redefinindo novos tipos de intermediários.

Como citado anteriormente, agora autores podem se autopublicar (seja na modalidade impressa, seja na digital) e acessar facilmente canais de publicação e distribuição; um cenário crescente na atualidade. Apesar disso, grande parte da produção independente parece ter pouca autonomia quanto ao direcionamento da obra no mercado, uma vez que, via de regra, reproduz linhas de modelos e estratégias capitalistas.

As feiras independentes são os canais de distribuição mais importantes para esse tipo de obra em razão da variedade e da possibilidade de aproximação entre autor e leitor. Nelas, podem-se encontrar diferentes tipos de design de livros para apreciação: desde técnicas mais modernas e acabamentos profissionais no estilo impressão sob demanda até composições que remetem ao passado, seja em seu modo de comunicar, seja nas técnicas artesanais de confecção. Logo, percebemos que não houve uma substituição das maneiras de fazer o livro; ao contrário, a coexistência do antigo e do novo dá origem a novas obras. Ainda há o caso dos acabamentos híbridos, em que parte da impressão é feita digitalmente, mas com detalhes e aplicações artesanais.

CURIOSIDADE

No ano de 1971, na Universidade de Illinois, nos Estados Unidos, um estudante começou o chamado *Projeto Gutenberg*. Segundo Flatschart (2014), em posse de um computador *xérox sigma*, Michael Hart tinha um objetivo em mente: universalizar e compartilhar conteúdo. Então, ele passou a digitalizar e distribuir livros, começando por uma cópia da Declaração de Independência dos Estados Unidos, sendo esta considerada o primeiro livro digital.

Atualmente, o Projeto Gutenberg pode ser acessado no endereço eletrônico <www.gutenberg.org>, no qual podem ser consultados mais de 60 mil livros digitais gratuitamente. Grande parte do acervo está em língua inglesa, porém a plataforma já dispõe de tradução para português, francês e alemão.

Conforme Flatschart (2014), nos períodos de transição de tecnologias, torna-se difícil delimitar as fronteiras e as especificidades de cada formato. Como exemplo, o autor menciona que o surgimento da fotografia, em meados do século XIX, também estremeceu a pintura, assim como a televisão fez com o rádio; e completa: "o livro impresso está nesta trincheira, lutando bravamente e adaptando-se para conviver com o digital" (Flatschart, 2014, p. 17).

Sobre essa temática, Bittencourt (2004) enfoca um instrumento de transmissão de conhecimento e de comunicação que integra uma tradição há, pelo menos, dois séculos: o livro didático, o qual complementa outras ferramentas didáticas em sala de aula e auxilia no autodidatismo.

Quanto ao espaço escolar e aos livros didáticos, as tecnologias citadas também os redefiniram, podendo ser agora, com o advento do ensino a distância, virtuais. De acordo com Brown (2018) e Ferreira (2015), tais livros podem apresentar conteúdos bastante interativos – como vídeos, áudios, mapas, jogos educacionais, animações, além de textos, imagens e tabelas com recursos hipermídia –, cujo formato e cujas possibilidades de manuseio são, no que diz respeito ao *layout*, norteados pelo design (Nakamoto, 2010).

No que se refere à proteção de direitos autorais, com as publicações digitais e o rastreamento *on-line*, acredita-se que será possível dimensionar o tamanho do prejuízo causado por cópias ilegais. Nessa direção, a criptografia, o Digital Asset Management (DAM, ou gestão de ativos digitais), o Digital Right Management (DRM, ou gestão de direitos digitais) e o Digital Object Identifier (DOI, ou identificador de objetos digitais) são recursos que visam proteger os editores da pirataria.

1.4 Relação designer e editora

Como a criação de um livro é um processo colaborativo com vários atores, sintetizamos, a seguir, conforme Haslam (2007), as principais funções deles na indústria, de modo a contextualizar o trabalho do designer em uma equipe editorial e demonstrar a importância do design no fluxo de produção.

- **Autor** – Pessoa que elabora a obra literária original. O autor faz contato com um agente literário ou uma editora para realizar sua publicação. Atualmente, porém, consegue fazê-lo *on-line* com o auxílio de ferramentas e serviços especializados, podendo assumir vários papéis na construção do livro.
- **Agentes literários** – Profissionais geralmente especializados em determinados gêneros, como didáticos, históricos, científicos, biográficos e fictícios, que representam e administram os interesses do autor no mercado editorial, apresentando

suas obras às editoras e recebendo um percentual dos direitos autorais.

- **Bancos de imagem** – Assim como os agentes literários, esses bancos representam os interesses de ilustradores e fotógrafos no âmbito das editoras.
- **Editor (pessoa física) ou editora (pessoa jurídica)** – Responsável pela publicação do livro, assume todas as responsabilidades e os custos do processo, como produção, tradução, imagens, serviços terceirizados, *marketing*, distribuição e direitos autorais. A relação editor-autor pode ser direta ou intermediada por um agente literário. Sempre há um contrato de cessão de direitos autorais, que deve contemplar os interesses de ambas as partes.
- **Escritórios de produção editorial** – Realizam projetos editoriais a serviço de editoras contratantes, sendo, via de regra, dirigidos por designers.
- **Editor de aquisições** – Responsável por selecionar, com o editor-chefe e o conselho editorial, os originais a serem produzidos a cada temporada. Cabe a ele manter relações profissionais com escritores, designers, ilustradores e fotógrafos, a fim de encontrar potenciais autores. Segundo Haslam (2007), o designer de livros costuma trabalhar próximo a esse editor.
- **Editor de textos** – Tendo conversado com o autor a respeito de como será formatado o conteúdo da obra, esse profissional avalia, questiona, ordena e corrige os originais, encaminhando o texto final para a editoração. Por meio da tecnologia digital, esse editor interage com o designer e os demais atores

na produção editorial, realizando, juntos, alterações diretamente no *layout* do livro até os últimos momentos antes de sua impressão.

- **Revisor** – Após a edição, os revisores de provas buscam erros conceituais, gramaticais e ortográficos no texto, uma tarefa muitas vezes atribuída ao editor. Já os revisores técnicos detêm conhecimento especializado sobre o tema abordado na obra e, assim, fazem uma leitura crítica e, caso necessário, ajustes para conferir qualidade à versão final da obra.
- **Diretor de arte** – Geralmente tem experiência com design, sendo responsável pelo visual de todos os editoriais da empresa, bem como pelos conceitos de produção. O diretor de arte fornece orientações quanto a tipografia, capas, formatos, modelos de página e logotipos para as publicações da editora.
- **Designer** – Responsável pelo projeto do livro, isto é, por sua natureza física e seu visual interno e externo. Ele e o editor decidem conjuntamente o formato e o acabamento da obra. Nessa direção, esse profissional planeja as grades, a tipografia e o *layout* das páginas internas – o qual determina a posição dos elementos no material e, assim, harmoniza o projeto gráfico. Ademais, o designer trabalha em parceria com ilustradores e fotógrafos, preparando as imagens. Ele recebe um *briefing* do editor, executa seu trabalho e encaminha a arte-final para um gerente de produção ou diretamente para a gráfica. Em seguida, revisa a prova de impressão com o editor, adaptando o projeto se for preciso.
- **Ilustradores, fotógrafos e cartógrafos** – Responsáveis pelas imagens que farão parte do livro, são comumente contratados

como *freelancers* para um projeto específico. Em casos como no de livros infantis ilustrados, o designer é quem desenha o personagem da história ou dirige o trabalho de um fotógrafo (Haslam, 2007).

- **Gerente de direitos autorais** – Administra os contratos de cessão de direitos autorais relativos aos diferentes atores de criação (autores, ilustradores e fotógrafos) e a reprodução do material criado pela editora em diferentes mercados.
- **Gerente de *marketing*** – Responsável por promover os livros criados pela editora, comercializá-los em redes varejistas, supervisionando sua distribuição em diferentes canais, e vender direitos para outras editoras.
- **Gerente de produção editorial** – Profissional que supervisiona a produção dos livros com o designer, administrando sua qualidade e seus custos. É imprescindível que ele tenha um bom relacionamento com fornecedores e organize cronogramas de produção e entrega.
- **Impressor** – Após a produção editorial, o material é enviado em forma digital a uma gráfica para a gravação direta das matrizes de impressão (CTP), momento em que tem início a industrialização. No Brasil, é comum que as gráficas se responsabilizem pelo acabamento e pela encadernação (Haslam, 2007). Em outros países, contudo, a produção é segmentada entre diferentes fornecedores. O acabamento gráfico dispõe de equipamentos especializados em distintos processos, como impressão em relevo, douração, corte, vinco e dobra. Em seguida, o processo de encadernação acopla o miolo do livro à capa, seja ela brochura, seja flexível ou capa dura.

- **Gerente de distribuição** – Controla o estoque e é responsável pela reposição e pelo encaminhamento de livros aos distribuidores e às livrarias. Sua atividade está atrelada a uma série de aspectos logísticos de transporte e armazenamento.
- **Divulgadores** – À equipe de divulgação, que pode ser da própria editora ou terceirizada, cumpre fazer contato com distribuidores, livrarias e outros canais, a fim de lhes apresentar a obra. Segundo Haslam (2007), o divulgador tem êxito nesse papel quando conhece bem os hábitos de compra e os gostos dos distribuidores, podendo, então, sugerir-lhes títulos consoantes com seu perfil empresarial no mercado.
- **Varejista** – O mercado varejista reúne os canais em que livros são vendidos: redes de livrarias, livreiros independentes, bancas de jornais, lojas de departamento, entre outros locais. Hoje, o cenário digital viabiliza que a própria editora gerencie um canal de vendas *on-line*, uma loja virtual para dispor todos os seus títulos e estreitar a comunicação com o consumidor final. Nesse mercado, destaca-se a Amazon, pioneira na venda de livros impressos e digitais, que ainda possibilita a livreiros independentes vender títulos em seu *marketplace*.

Os designers de livros, muitas vezes, realizam um trabalho solitário, ainda que este implique constante diálogo com outros partícipes da produção editorial. Nessa direção, embora colabore diretamente com o editor de arte em termos estético-funcionais, compete ao designer harmonizar o conjunto obtido.

Hendel (2006) comenta que, diferentemente dos escritores, que têm interesse em conhecer o processo de escrita de seus colegas, os designers, quando se encontram, raramente discutem seus processos de criação. Logo, a reflexão e o estudo frequente quanto às práticas de criação empreendidas são necessários para traçar e examinar caminhos projetuais que mantenham o fluxo produtivo coerente, harmônico, mesmo diante de recorrentes ajustes ao longo do processo editorial – que, na maioria das vezes, não ocorre de forma linear.

Ainda segundo o autor, os designers queixam-se de ter de seguir à risca os desejos de editores, autores e artistas e frisam que, com frequência, os editores não lhes encaminham o original completo, dificultando a criação e, por conseguinte, tornando necessárias mudanças de última hora, o que impacta toda a editoração já concluída. Por essa razão, um trabalho tipográfico minucioso, por exemplo, pode resultar em algo incompatível com o planejado inicialmente, causando enorme frustração. Como solução, diversos profissionais defendem a aplicação do **design invisível**, um conceito de design minimalista cuja composição visa se tornar pouco perceptível, sem o cumprimento de regras estéticas rígidas, e facilmente aplicável a variações textuais. Conforme Martins Filho (2003), quando lemos sem dificuldade um livro, não pensamos em sua tipografia; logo, ela só é percebida quando enfrentamos problemas para ler e manusear o material.

Ainda que princípios básicos do design e da escrita continuem a ser seguidos, atualmente há infinitas possibilidades para a confecção de um livro, que devem ser ponderadas pelo designer tendo em vista sua aplicabilidade e o contexto da obra trabalhada. Uma obra intensamente artística pode assumir formas e métodos de diagramação não usuais para comunicar melhor seu conteúdo, assim como um livro digital pode comportar mais elementos interativos. Exploraremos melhor esses princípios e métodos de diagramação nos próximos capítulos.

No planejamento do projeto, o designer deve fundamentar e defender suas escolhas perante o autor, o editor e o diretor de arte, adequando-as conforme as necessidades. Dispondo de fundamentos e direção, o designer torna-se capaz de alinhar forma, visual e conteúdo, unificando-os em um rico produto comunicativo.

Billion Photos/Shutterstock

CAPÍTULO 2

BRIEFING PARA O DESIGN DE LIVROS

Indispensável para o planejamento de um projeto de design de livro, o *briefing*, segundo Magalhães (citado por Phillips, 2007), faz parte da etapa inicial de seu desenvolvimento e concentra informações de diversas áreas, processos de comunicação, bem como recursos estratégicos, gerenciais e operacionais. Esse documento descreve cada passo a ser tomado na execução do projeto, razão por que é constantemente consultado, servindo de referência às ações e às decisões dos atores envolvidos no fluxo editorial. Assim, o *briefing* evita o trabalho dobrado de refazer partes do projeto e, por consequência, gera economia de tempo e de recursos (Phillips, 2007).

Segundo Phillips (2007), um *briefing* de qualidade apresenta, de maneira clara, informações específicas e pertinentes para orientar a todos durante o processo. Deve detalhar aspectos do conteúdo e das características físicas da obra (como máximo de páginas, tipo de capa e encadernação) que possam impactar fortemente o design, bem como caracterizar o público-alvo desta e o mercado ao qual se destina.

De acordo com Haslam (2007), na reunião editorial, o designer deve procurar compreender a visão do autor, do editor e da editora, de modo a traçar um panorama do projeto e seus objetivos. Qualquer dúvida sobre a "orientação" a ser seguida pelo design precisa ser esclarecida nesse momento, mesmo que o encontro não seja palco para propostas. Como o designer vai relacionar texto e imagem em um só artefato, é importante que se torne um especialista na obra.

Alguns *briefings* explicitam as intenções da editora em relação ao público leitor, ao passo que outros compreendem reuniões para analisar e ponderar as opiniões de diferentes profissionais. Reuniões iniciais tendem a ter cunho exploratório, com o objetivo de fomentar, organizar e examinar ideias colaborativamente, o que enriquece o processo, já que os mesmos resultados não poderiam ser alcançados por uma única pessoa (Haslam, 2007).

Figura 2.1 – **Ações colaborativas para a construção do *briefing***

Trueffelpix/Shutterstock

Nesse cenário, também é fundamental indicar os recursos disponíveis para a consecução do projeto. Por isso, é possível afirmar que o *briefing* é um instrumento usado tanto para problematizar o projeto, promover a discussão sobre ele, quanto para destacar os limites técnicos e econômicos até sua finalização, quando o resultado/livro é validado.

Caso as informações do *briefing* não sejam suficientes para que o designer execute suas tarefas, esse profissional deve buscar o apoio do autor ou do editor para compreender a essência da obra. Além disso, alguns questionamentos de cunho prático podem auxiliar na definição inicial da estrutura do material, quais sejam (Haslam, 2007):

- O livro será organizado em capítulos ou em texto único?
- O autor produziu o texto por conta própria ou por encomenda da editora?
- Haverá ilustrações? Em caso afirmativo, elas aparecerão ao longo do corpo da obra ou serão alocadas como anexos?
- O autor escreveu legendas longas que precisarão ser integradas ao texto? Algumas delas são grandes o bastante para ser apresentadas como boxes laterais?
- A estrutura organizacional do livro será alfabética, cronológica ou temática?
- Qual é o formato do livro e o que guiará o leitor: as imagens ou o texto em si?
- Qual é o preço de capa estipulado e quais são os demais custos de produção?

Ainda que o designer saia da reunião inicial de *briefing* com mais dúvidas do que quando entrou, a ideia é que tenha absorvido ao menos as informações gerais do projeto.

São necessárias várias reuniões para a conclusão do *briefing*. Na primeira, reúnem-se e relacionam-se ideias e expõem-se os objetivos e as limitações do projeto. Na segunda em diante, a equipe pode reiterar as informações elencadas e acrescentar novas, aperfeiçoando o documento, bem como refletindo questões mais conceituais.

Haluch (2013) descreve as seguintes etapas preliminares:

1. **Recebimento dos originais** – O texto é preparado pela editora por meio do processo de *copydesk*, em que um revisor, respeitando o estilo de escrita do autor, elimina repetições de palavras, erros ortográficos e vícios de linguagem.
2. **Produção do *briefing* do livro** – Momento em que são definidos o conceito do livro, seu formato, a quantidade de cores utilizada, o número de páginas, os acabamentos, os tipos de papel e demais aspectos relevantes.
3. **Leitura dos originais ou de parte deles** – Dependendo do tipo de livro (romances, por exemplo), é fundamental que se faça sua leitura integral. Já no caso de livros técnicos, o designer consegue obter uma visão geral da obra pela leitura do sumário, da introdução e do primeiro capítulo.
4. **Início do projeto gráfico** – Há muitas formas de projetar, e cada designer desenvolve métodos de trabalho próprios. Alguns preferem rascunhar em papel ou "prototipar" pequenas peças desse material para simular a paginação e usá-las como guia ao longo do projeto. Outros, no entanto, trabalham diretamente no computador. Determinado o formato do livro no *briefing*, o designer pode começar a compor sua estrutura e a definir sua modulação, seu esquema de grades e suas margens. Muitas vezes, o formato e a quantidade de páginas já vêm predefinidos para o designer; em outras, ele pode auxiliar em sua definição.

> Os principais arquivos que esse profissional deve receber para iniciar a elaboração do projeto gráfico são: título do livro, nome do autor, logotipo da editora, *briefing*, arquivo de texto com conteúdo e imagens ou as diretivas a respeito de gráficos, ilustrações e tabelas ao longo da obra. É importante analisar o conteúdo a ser diagramado e, ainda, documentar os elementos que serão inseridos ao longo do livro – como mapas, diagramas, citações e referências a outras obras, notas informativas e indexações.

Em outras palavras, conforme Phillips (2007), o *briefing* é um instrumento de organização e transmissão de informações sobre um projeto e que contempla tempo, etapas e custos do início desse processo até sua conclusão. Ademais, pode ser usado para acompanhar o andamento de cada etapa.

Como a atividade do designer está atrelada à resolução de problemas, podemos dizer que o *briefing* é um guia para que esse profissional encontre a solução mais eficaz. Portanto, ainda que sofra alterações após sua feitura, a construção do *briefing* é uma das etapas mais importantes do projeto.

Para Phillips (2007), *briefings* "verbais" podem ocasionar mal-entendidos, confrontos e retrabalho, tendendo a aumentar o tempo necessário para a conclusão do projeto. Por isso, o documento deve ser escrito e agrupar todos os detalhes pertinentes ao trabalho, funcionando como um registro formal para conferência.

Escrever o *briefing* não limita a criatividade, mas sim estimula ideias condizentes com as soluções desejadas. Nas palavras de Phillips (2008, p. 18), "é inconcebível que alguém preocupado com um problema de *design* simplesmente produza um *briefing* e me encaminhe para execução. Também é inconcebível que alguém escreva um *briefing*, unilateralmente, sem considerar o vasto conhecimento que o parceiro possa ter". Assim, o autor reitera a necessidade de colaboração entre todos os atores envolvidos no fluxo editorial.

Logo, deve-se determinar quem demanda ou encomenda o material, assim como quem desenvolve o projeto, firmando-se uma parceria entre as partes e compartilhando-se responsabilidades. Em caso de desvio do estabelecido no *briefing*, por exemplo, ambas as partes devem procurar as causas e propor soluções, de modo a evitar que o resultado final não reflita os objetivos do projeto.

Os *briefings* podem ser descritivos ou em forma de tópicos, assim como conter gráficos, diagramas e imagens. Contudo, determinados conteúdos (Quadro 1.1) são imprescindíveis independentemente da forma como são dispostos no documento. Segundo Phillips (2007), essa topicalização não significa padronização, mas sim um ponto de partida para a reflexão, delimitando a projeção e estimulando propostas originais.

Quadro 2.1 – **Tópicos básicos do *briefing* de design**

Tópicos básicos	Conteúdos
Natureza do projeto e contexto	• Sumário executivo, incluindo: › justificativas › objetivo do projeto › resultados desejáveis › responsabilidade pelo projeto
Análise setorial	• Lista de produtos • Concorrentes • Preços e promoções • Marca • Estudo das tendências • Estratégia da empresa
Público-alvo	• Características do público-alvo: sexo, faixa etária, escolaridade, nível de renda, ocupação, *hobbies* • Diferenças: regionais, culturais, hábitos de consumo
Portfólio da empresa	• Marca • Imagem corporativa • Segmentação de mercado
Objetivos do negócio e estratégias de *design*	• Principais resultados visados pelo projeto, descrito na linguagem de negócios • Atividades de *design*, correspondentes aos resultados visados
Objetivo, prazo e orçamento do projeto	• Descrição das diversas fases do projeto, especificando: › tempo previsto › orçamento › recursos humanos necessários › responsabilidade por aprovação
Aprovação, implementação e avaliação	• Aprovação do projeto: › preparação dos materiais de apresentação › responsáveis pelas aprovações • Implementação: › providências necessárias para a implementação • Avaliação: › critérios para medir o sucesso do projeto

(continua)

(Quadro 2.1 – conclusão)

Tópicos básicos	Conteúdos
Informações de pesquisas	• Tendências dos negócios • Avanços tecnológicos • Lançamento de novos produtos
Apêndice	• Materiais suplementares › catálogos de produtos, fotos, mostruários, artigos de jornais, artigos científicos, manuais, legislações

Fonte: Phillips, 2007, p. 29.

Não há um modelo único e universal de *briefing* de design. Ele pode ser elaborado em arquivo de texto, apresentação do PowerPoint ou outros formatos, desde que relevante e compreensível para todos os interessados. Também é aconselhável ter uma cópia impressa e uma digital para facilitar sua conferência.

Além de aspectos editoriais, como assunto, título, autor, resumo, logotipos e outros elementos, a menção a dados técnicos também é essencial, como formato, tipo de encadernação, número limite de páginas e modalidade de impressão. No *briefing*, somam-se a esses conteúdos as seguintes informações comerciais:

- **Perfil de leitor** – Gênero, faixa etária, escolaridade, classe social, hábitos, passatempos etc.
- **Posicionamento estratégico da editora** – Como o livro deve ser percebido pelo público? Qual imagem a editora quer passar ao lançá-lo?
- **Impacto sobre o leitor** – Qual transformação positiva a obra provoca no consumidor? E negativa?

- **Análise de similares** – Quais são as obras similares (em termos de assunto e público-alvo) já lançadas no mercado? Em quais aspectos o livro em produção se difere delas?
- **Expectativas da editora** – Resultado final esperado pela editora com o projeto.

Também não se deve confundir *briefing* com *proposta de projeto*. O *briefing* tem sentido mais abrangente, maior complexidade, ao passo que a proposta de projeto tende a ser usada por empresas que terceirizam o design; logo, é concisa e constituída por informações básicas, sendo depois convertida em *briefing*.

Segundo Phillips (2007), muitas propostas são simplesmente um formulário preenchido com dados genéricos, o que não pode ser considerado *briefing*, já que este demanda diálogo entre o solicitante e a equipe de design. Dessa maneira, seja uma equipe de design interna, seja uma externa, reuniões são fundamentais para o devido alinhamento dos aspectos do projeto.

2.1 Leitura dos originais

Antes de iniciar o projeto gráfico, é essencial fazer a leitura apurada do original. Para Haluch (2013), por meio desse procedimento, é possível perceber as diferenças de estilo entre autores e incorporar, sutilmente, esse estilo ao design do livro.

Segundo Araújo (2008, p. 57-58), o termo *original* no contexto editorial refere-se a "qualquer manuscrito ou texto reproduzido mecânica ou digitalmente (datilografado, em arquivo eletrônico ou, em certos casos, mesmo impresso) destinado à composição tipográfica". Já para o editor, o original é o texto com a redação definitiva do autor, o qual é antecedido por outros dois documentos: o pré-original e a versão preliminar.

A elaboração desses documentos costumava ser mais frequente antes da difusão dos arquivos digitais, que geram uma sobreposição de textos atualizados, e demonstrava a evolução literária do autor no projeto. Nesse sentido, o pré-original é o texto em sua versão manuscrita, ainda em formato de rascunho, sendo formado por fragmentos e anotações do autor, que podem ser úteis para orientar o editor acerca das correções necessárias. Por sua vez, a versão preliminar, texto posterior ao pré-original, consiste em uma primeira versão da obra, publicada em tiragem reduzida e destinada às críticas de seus pares, com o intuito de coletar sugestões para a melhoria e a constituição do original definitivo (Araújo, 2008).

Assim, entende-se por *original* o material entregue pelo autor à editora para publicação. De acordo com Haluch (2013), esse texto, na maior parte dos casos, é entregue em papel ou arquivo digital e passa pelas etapas de edição e de revisão antes de chegar às mãos do designer.

Por meio da leitura do original, o designer pode identificar o público a quem ele se destina e qual o estilo mais apropriado, se mais tradicional ou moderno. Por exemplo, um livro sobre dinossauros pode ser histórico, infantil ou épico. Desse modo, cada gênero literário deve receber um design específico que se comunique bem com cada perfil de leitor.

É preciso analisar o número de páginas do original e comparar com o quantitativo a ser usado pelo editor no livro. Com isso, é possível determinar os tamanhos da entrelinha, das margens e do tipo. Isso evita, conforme Haluch (2013), o trabalho dobrado de adaptar o projeto gráfico ao número de páginas predefinido. Geralmente, o número limite é estimado durante o *briefing*, estando relacionado aos custos de produção da obra, por isso, dificilmente é alterado depois.

Comumente, o designer recebe o texto em arquivo com extensão .doc, .docx ou .rft – correspondentes a um programa editor de texto. Após a leitura, ele o insere em um programa de editoração (Indesign, PageMaker, QuarkXPress ou Scribus). Esses *softwares* geralmente têm um comando "inserir" (ou *place*) para adicionar o texto completo no documento de editoração e tendem a manter o estilo tipográfico do arquivo primário.

Haluch (2013) recomenda que o designer baseie-se nesse estilo para criar os de parágrafo, o que agiliza o trabalho e propicia controle sobre o material produzido, sobretudo quando se fazem urgentes alguns ajustes. Ainda, esse profissional deve preservar palavras grifadas, sublinhadas, itálicos e estilos recorrentes, visto que conferem distintos significados ao texto. O autor pode exagerar na criação de estilos, o que nem sempre deve ser acatado fielmente pelo designer; contudo, uma vez que a essa altura o original já passou pela etapa de *copydesk*, eventuais excessos do tipo já devem ter sido eliminados pelo revisor.

Para Bringhurst (citado por Haluch, 2013, p. 41), "se o pensamento é um fio de linha, o narrador é um fiandeiro – mas o verdadeiro contador de histórias, o poeta, é um tecelão". Nessa perspectiva, o designer é quem confecciona a malha textual de maneira homogênea, utilizando espacejamentos e tipos que delineiem uma forma e desempenhem uma função, visando sempre à legibilidade. Mais adiante nesta obra, trataremos de tipografia e de grade tipográfica.

Durante o processo de design do livro, como mencionamos, o original sofre inúmeras correções. Caso ele tenha sido muito modificado na segunda revisão, Haluch (2013) considera mais apropriado substituir todo o texto.

Existe uma simbologia universal de correção de textos e, aos poucos, o designer e o diagramador passam a absorvê-la. De todo modo, é bom dispor de um manual de correção tipográfica para tirar dúvidas. No Brasil, a Associação Brasileira de Normas Técnicas (ABNT), por meio da NBR 6025 (ABNT, 2002), estabelece sinais e símbolos para a revisão de originais e provas.

Na edição, o texto é trabalhado no sentido de remover excessos e repetições, sendo padronizado conforme normas internas da editora. Já na revisão, ele é submetido, com uma leitura crítica, às correções ortográfica e sintática. Quaisquer transformações no original devem ser aprovadas pelo autor, e é de extrema importância que seu estilo seja preservado. Para Araújo (2008), tanto o editor quanto o designer devem ater-se a esse componente básico. É preciso, portanto, identificar e manter aspectos como a estrutura de orações, o ritmo e a fluência da obra.

Um original confuso consome tempo do designer e do diagramador, atrasando o planejamento e a produção do livro. De acordo com Saatkamp (1996), o aprimoramento (ou correção) do texto pelo autor deve ser feito durante a elaboração do original, antes da realização do projeto gráfico, e não na etapa de provas. Isso porque mudanças significativas podem demandar novos conceitos visuais, tornando urgente a reconstrução do projeto gráfico inicial.

2.2 Estrutura do miolo

Ao longo do tempo, os diagramadores aperfeiçoaram as páginas do livro, dando origem a formatos, traçados de caracteres advindos da tradição dos manuscritos e outros elementos agora considerados básicos para sua estrutura. Ainda que se observem tais componentes em papiros e pergaminhos que datam de milênios, como a organização em capítulos e as ilustrações padronizadas, a tipografia provocou, conforme Araújo (2008), alterações que culminaram em uma normalização eficaz. Desse modo, independentemente da orientação das páginas ou da estética seguida, o designer e o diagramador dispõem os elementos das obras em uma sequência específica, agrupando-os em três partes: pré-textual, textual e pós-textual (Figura 2.2).

Figura 2.2 – **Elementos que formam o livro**

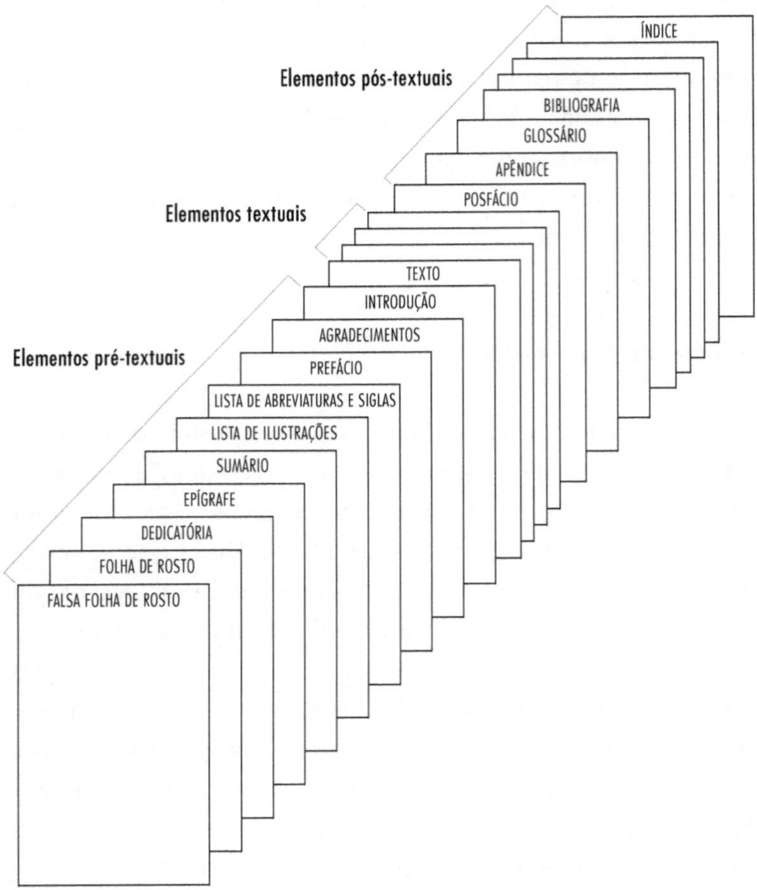

Fonte: Scortecci; Perfetti, 2007, citados por Letra Capital, 2021.

Na sequência, apresentaremos em detalhes os itens que integram essas partes.

2.2.1 Parte pré-textual

A parte pré-textual comporta o maior número de elementos e, por isso, sofre mais variações em sua apresentação. Por exemplo, ora a ficha catalográfica aparece no verso do rosto, ora no verso da falsa folha de rosto; assim como os dados bibliográficos, como número de edições e tiragens, podem figurar, com frequência ou não, nesses itens, conforme o padrão estabelecido pela editora (Araújo, 2008). A seguir, na ordem em que aparecem nos livros, descrevemos cada item pré-textual.

Falsa folha de rosto, anterrosto ou falso rosto

Esse componente adentrou as obras a partir do surgimento do livro impresso, na segunda metade do século XVI, com o fim de proteger o "rosto" do material e exibir a letra A (de "assinatura"). Já no século XVII, usualmente seu verso continha licenças eclesiásticas (*imprimatur*) e, no fim desse período, sua frente passou a trazer também o título do livro, tal como conhecemos hoje em dia.

O frontispício deve ser uma página ímpar com apenas o título do livro, sem subtítulo ou outros conteúdos. O corpo desse título deve ser menor do que o apresentado na folha de rosto, mas com mesmo padrão tipográfico, e posicionado no centro óptico da página, para valorizar a área de contragrafismo. É comum que seja alocado na mesma altura que o título na folha de rosto. A página par, que se opõe à esquerda, deve ficar em branco, sem qualquer impressão.

Folha de rosto, rosto, página de rosto, frontispício ou "tada"

Esse componente faz a verdadeira apresentação do livro ao leitor. Sua origem remonta aos papiros egípcios e greco-romanos, que contavam com um simulacro muitas vezes sem indicação de título nem de autor da obra. Por sua vez, na Idade Média, segundo Araújo (2008), os códices exibiam o texto "Começa aqui o livro!" (*Incipit liber*), juntamente ao título.

A folha de rosto completa, como a recorrente na contemporaneidade, foi idealizada por Johannes Regiomontanus no ano de 1447, tendo sido inserida no calendário astronômico e astrológico impresso por Erhard Ratdolt em Veneza. Ela contempla o nome do autor, o título e o subtítulo do livro (se houver), o título da coleção (se for o caso), os nomes de tradutor e ilustrador, o número da edição ou reimpressão do livro, assim como o do volume, o logotipo da editora, a cidade em que foi produzida a obra e o ano da edição.

Figura 2.3 – **Falsa folha de rosto (acima) e folha de rosto (abaixo)**

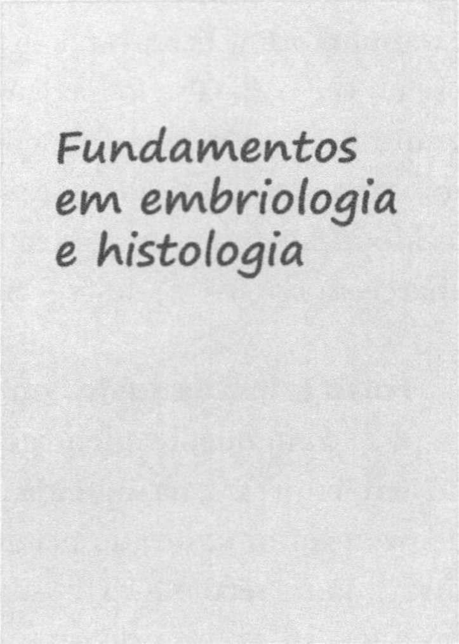

Fonte: Godefroid; Santos, 2021, p. 1, 3.

Página de créditos (ficha técnica)

Esse item localiza-se no verso da folha de rosto e contém o *copyright* © somado ao ano e à menção ao detentor dos direitos autorais do livro. Em caso de tradução, a identificação da obra original deve ser feita, algo obrigatório em razão da lei de proteção de direito autoral. Ainda, essa página precisa exibir o logotipo da editora e seus dados, informações sobre tiragens e volume da obra, assim como creditar os profissionais responsáveis pelas etapas de edição de texto, revisão de texto, design de capa, projeto gráfico, diagramação, entre outras igualmente pertinentes (Haluch, 2013).

Ao final da página, devem constar a ficha catalográfica, o ano de publicação e a cidade em que o livro foi produzido. A ficha catalográfica é um resumo catalogado que permite a identificação bibliográfica de uma publicação. Ela segue a padronização da International Standard Bibliographic Description (ISBD), implementada pela Federação Internacional de Associações e Instituições Bibliotecárias (IFLA), com sede em Haia, no ano de 1971. Os itens da ficha devem figurar em um retângulo encerrado por fios, que não deve ocupar mais que um quarto da mancha de texto da página (Araújo, 2008).

Figura 2.4 – **Página de créditos**

InterSaberes

Rua Clara Vendramin, 58 . Mossunguê
CEP 81200-170 . Curitiba . PR . Brasil
Fone: (41) 2106-4170
www.intersaberes.com
editora@intersaberes.com

Conselho editorial
Dr. Ivo José Both (presidente)
Drª Elena Godoy
Dr. Neri dos Santos
Dr. Ulf Gregor Baranow
Editora-chefe
Lindsay Azambuja
Gerente editorial
Ariadne Nunes Wenger
Assistente editorial
Daniela Viroli Pereira Pinto
Preparação de originais
Mycaelle Albuquerque Sales
Edição de texto
Palavra do Editor
Guilherme Conde Moura Pereira
Capa e projeto gráfico
Iná Trigo (*design*)
agsandrew/Shutterstock (imagem da capa)
Diagramação
Carolina Perazzoli
Iconografia
Regina Claudia Cruz Prestes

Dados Internacionais de Catalogação na Publicação (CIP)
(Câmara Brasileira do Livro, SP, Brasil)

Grassi, Tânia Mara
Intervenção psicopedagógica: desatando nós, fazendo laços/Tânia Mara Grassi. Curitiba: InterSaberes, 2021.
(Série Panoramas da Psicopedagogia)

Bibliografia.
ISBN 978-65-5517-899-9

1. Aprendizagem 2. Intervenção (Psicologia) 3. Pedagogia 4. Psicologia educacional I. Título. II. Série.

20-52782 CDD-370.1523

Índices para catálogo sistemático:
1. Intervenção psicopedagógica: Aprendizagem: Educação 370.1523

Cibele Maria Dias - Bibliotecária - CRB-8/9427

1ª edição, 2021.
Foi feito o depósito legal.
Informamos que é de inteira responsabilidade da autora a emissão de conceitos.
Nenhuma parte desta publicação poderá ser reproduzida por qualquer meio ou forma sem a prévia autorização da Editora InterSaberes.
A violação dos direitos autorais é crime estabelecido na Lei n. 9.610/1998 e punido pelo art. 184 do Código Penal.

Fonte: Grassi, 2021, p. 4.

Dedicatória

De acordo com Araújo (2008), até o século XVIII, a dedicatória era alocada após o título na folha de rosto, passando depois a ter autonomia, com variações em sua apresentação. Trata-se de um elemento não obrigatório, localizado na página ímpar, em paralelo com o verso da folha de rosto. Seu corpo é justificado e assume metade das linhas do texto, podendo estar disposto nas partes superior ou inferior da direita da página. Ademais, seu verso deve permanecer em branco.

Figura 2.5 – **Dedicatória**

À ... e à ..., pelo amor, pela compreensão e pelo incentivo contínuo na busca por novos desafios.
Aos nossos pais e familiares, que confiam plenamente em nosso trabalho e compartilham suas vidas conosco.

Fonte: Wenger; Bernadelli; Hartmann, 2019, p. 48.

Epígrafe

A epígrafe é uma citação, uma sentença ou um pensamento reproduzido em uma obra, ao qual se atribui a devida referência bibliográfica ou apenas o nome de seu autor. É um elemento não obrigatório, devendo ficar sempre em página ímpar, lado a lado com o verso em branco da página de dedicatória ou na mesma página que ela. Sua diagramação segue o padrão da página de dedicatória, e seu verso também deve permanecer limpo.

Figura 2.6 – **Epígrafe**

Epígrafe

Apegue-se à instrução, não a abandone;
guarde-a bem, pois dela depende a sua vida.

Provérbios 4: 13

Fonte: Araujo, 2021, p. 6.

Sumário

Esse item comumente figura em página ímpar, antes ou depois do prefácio. A ABNT, por meio da NBR 6027 (ABNT, 2012), recomenda que ele corresponda ao último elemento pré-textual da obra, o que dificulta sua localização por parte do leitor, razão por que essa orientação é rechaçada por alguns teóricos sobre design de livros.

Segundo Araújo (2008), o sumário explicita a estrutura do livro na sequência adotada, e não em ordem alfabética, listando os títulos de partes, seções, capítulos e subcapítulos, assim como informando o número da página em que esses componentes se encontram, os **fólios** (ou seja, a numeração das páginas).

Sumários mais complexos devem valer-se de recursos gráficos para ressaltar a hierarquia das informações, como corpo em negrito, versais, versaletes e grifos. Como a função desse item é, sobretudo, remissiva, os fólios devem estar ligados aos títulos de maneira direta, por intermédio de fios ou linhas pontilhadas ou uma disposição lado a lado, facilitando a identificação pelo leitor.

Para Lupton (2011), além de indicar os conteúdos do livro e como localizá-los, o sumário é uma boa ferramenta de *marketing*. Livrarias *on-line*, por exemplo, costumam apresentar o sumário das obras aos potenciais compradores para que possam conhecê-las melhor e tomar a decisão de compra.

Figura 2.7 – **Sumário**

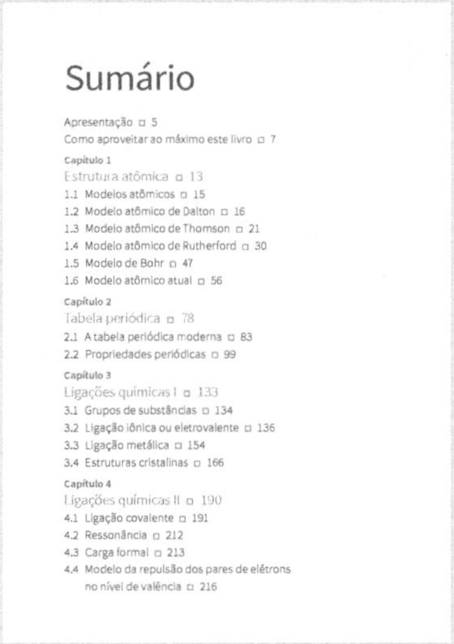

Sumário

Fonte: Christoff, 2021, p. 3.

Lista de ilustrações

Esse tipo de lista replica o padrão gráfico do sumário, mas é recomendável que se estabeleçam relações distintas para cada tipo de "ilustração", como tabelas, gráficos e mapas. A lista pode ser inserida antes do sumário ou no fim do texto, como elemento pós-textual.

Lista de abreviaturas e siglas

Em ordem alfabética, essa lista reúne as abreviaturas e as siglas utilizadas no livro, assim como a transcrição das palavras que suprimem. Também segue o padrão gráfico do sumário, podendo aparecer antes dele ou ao final da obra, como elemento pós-textual.

Figura 2.8 – **Lista de abreviaturas e siglas**

183

Lista de siglas

ABNT – Associação Brasileira de Normas Técnicas
ANAMT – Associação Nacional de Medicina do Trabalho
ASO – Atestado de Saúde Ocupacional
CA – certificado de aprovação
Canpat – Campanha Nacional de Prevenção de Acidentes do Trabalho
CAT – Comunicação de Acidente de Trabalho
Cipa – Comissão Interna de Prevenção de Acidentes
CLT – Consolidação das Leis de Trabalho
Cnae – Classificação Nacional de Atividades Econômicas
CNPJ – Cadastro Nacional de Pessoa Jurídica
CTPP – Comissão Tripartite Paritária Permanente
Dort – distúrbios osteomusculares relacionados ao trabalho
Enit – Escola Nacional da Inspeção do Trabalho
EPC – equipamento de proteção coletiva
EPI – equipamento de proteção individual
EPP – Empresa de Pequeno Porte
FGTS – Fundo de Garantia por Tempo de Serviço
Fundacentro – Fundação Centro Nacional de Segurança, Higiene e Medicina do Trabalho
Inmetro – Instituto Nacional de Metrologia, Qualidade e Tecnologia

Fonte: Araujo, 2021, p. 183.

Prefácio, prólogo ou apresentação

O prefácio consiste em um texto de esclarecimento, justificação, comentário ou apresentação do livro e que é escrito por outra pessoa ou pelo próprio autor (Araújo, 2008). Seu início deve constar em página ímpar, com o mesmo padrão gráfico que o corpo do texto da obra em si.

Figura 2.9 – **Apresentação**

APRESENTAÇÃO

O conjunto de conhecimentos sobre o design de livro é composto por elementos de base histórica, teórica e empírica, que auxiliam a compreensão dos processos de produção e a dissolução de entraves no desenvolvimento de projetos.

Muito além de um panorama histórico, com este material, introduzimos diferentes abordagens no que diz respeito à construção do livro, sua diagramação e sua produção gráfica.

No Capítulo 1, discutimos alguns conceitos e definições primordiais para sua formação, caro leitor. Delineamos um panorama histórico, estético e cultural do livro, desde a origem das tábuas de argila dos sumérios, na Mesopotâmia do 3º milênio a.C., até o advento dos livros digitais na contemporaneidade. O fluxo de produção e a relação entre designer e editora são discutidos considerando-se a colaboração de todos os membros da equipe editorial.

No Capítulo 2, discorremos sobre o *briefing*, documento de planejamento indispensável e de constante consulta em projetos de design, entendido como um ponto de referência para as ações e decisões da equipe editorial durante todo o percurso produtivo. Debatemos a importância da leitura do original e

Agradecimentos

Os agradecimentos podem ser inseridos em página própria (se extensos) ou junto ao prefácio ou à apresentação (se curtos). Em espaço próprio, via de regra, ficam em página ímpar, elencando as pessoas e as instituições que apoiaram o autor na realização do livro e que ele deseja reconhecer publicamente.

Figura 2.10 – **Agradecimentos**

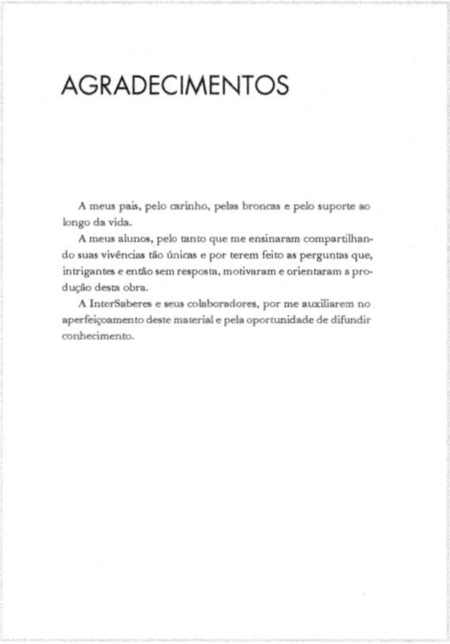

AGRADECIMENTOS

A meus pais, pelo carinho, pelas broncas e pelo suporte ao longo da vida.

A meus alunos, pelo tanto que me ensinaram compartilhando suas vivências tão únicas e por terem feito as perguntas que, intrigantes e então sem resposta, motivaram e orientaram a produção desta obra.

A InterSaberes e seus colaboradores, por me auxiliarem no aperfeiçoamento deste material e pela oportunidade de difundir conhecimento.

Introdução

A introdução é um discurso inicial no qual o autor traz uma contextualização da obra, cujo conteúdo não tem teor sequencial, não complementa as discussões do miolo, para ser incluso na parte textual do material. Deve iniciar em página ímpar com o mesmo padrão gráfico do prefácio.

Figura 2.11 – **Introdução**

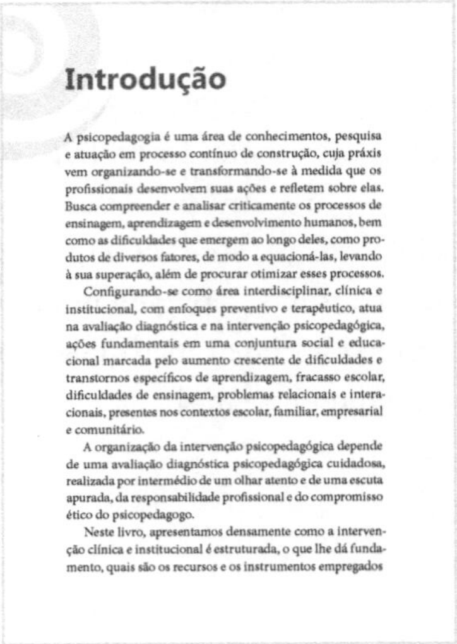

Introdução

A psicopedagogia é uma área de conhecimentos, pesquisa e atuação em processo contínuo de construção, cuja práxis vem organizando-se e transformando-se à medida que os profissionais desenvolvem suas ações e refletem sobre elas. Busca compreender e analisar criticamente os processos de ensinagem, aprendizagem e desenvolvimento humanos, bem como as dificuldades que emergem ao longo deles, como produtos de diversos fatores, de modo a equacioná-las, levando à sua superação, além de procurar otimizar esses processos.

Configurando-se como área interdisciplinar, clínica e institucional, com enfoques preventivo e terapêutico, atua na avaliação diagnóstica e na intervenção psicopedagógica, ações fundamentais em uma conjuntura social e educacional marcada pelo aumento crescente de dificuldades e transtornos específicos de aprendizagem, fracasso escolar, dificuldades de ensinagem, problemas relacionais e interacionais, presentes nos contextos escolar, familiar, empresarial e comunitário.

A organização da intervenção psicopedagógica depende de uma avaliação diagnóstica psicopedagógica cuidadosa, realizada por intermédio de um olhar atento e de uma escuta apurada, da responsabilidade profissional e do compromisso ético do psicopedagogo.

Neste livro, apresentamos densamente como a intervenção clínica e institucional é estruturada, o que lhe dá fundamento, quais são os recursos e os instrumentos empregados

Fonte: Grassi, 2021, p. 21.

Na parte pré-textual, entre a falsa folha de rosto e o início do prefácio, não deve haver fólio, e o mesmo vale para as páginas iniciais de agradecimentos e de introdução. Aqui, o fólio aparece apenas nas páginas do prefácio, dos agradecimentos e da introdução que não sejam as iniciais, em algarismo romano. Embora haja páginas não numeradas, todas devem ser consideradas na contagem, a começar pela falsa folha de rosto.

2.2.2 Parte textual

A parte textual é constituída pelo texto da obra em si, em cuja extensão o designer deve aplicar um padrão único. Em virtude da necessidade e do estilo de cada obra, para uma articulação de ideias mais eficiente, o corpo do texto pode ser dividido em partes, capítulos, seções e/ou subcapítulos. Essa organização em seções provém da normalização alexandrina, devendo obedecer à ordem natural do livro. Tal tratamento lógico, segundo Otlet (Araújo, 2008), foi difundido pelos livros científicos e didáticos.

As seções devem reproduzir um mesmo padrão gráfico, diferenciando-se, caso necessário, segundo a hierarquia das informações. Cumpre destacar que as seções principais devem estar sempre em página ímpar.

Adiante, examinamos os principais elementos que compõem a parte textual das obras.

Página capitular

Essa página, sempre ímpar, é onde tem início o capítulo. A página anterior, chamada de *capitular*, é par e deve ter pelo menos um terço de seu espaço ocupado por texto, de modo a evitar grandes blocos brancos "quebrando" a percepção ótica na leitura.

O título é precedido por um número e deve ter um espaço equivalente a de 5 a 10 linhas de texto. Seu corpo deve ser maior que o do texto da obra, de modo que, se composto em romano normal, seja 5 ou 6 vezes maior e, se composto em negrito, seja 3 ou 4 vezes maior.

Sobre isso, Araújo (2008) explica que a primeira letra do primeiro bloco de texto do capítulo não precisa estar em destaque, ainda que seja um elemento bastante comum nos livros atuais. Essa é uma herança da tradição manuscrita medieval. A página capitular pode ser apresentada em página única ou no interior do corpo do texto, com o devido espaçamento, para que o leitor faça um rápido reconhecimento.

Página subcapitular ou com titulação interna

No que concerne à página subcapitular, é preciso ter cuidado com o uso de espaços em branco, usualmente 2 linhas de texto antes do título e 1 linha após, no mínimo. Além disso, o título pode aparecer em caixa alta, caixa baixa, negrito ou itálico, enquadrado ou separado do texto por fios e alinhado ou não à esquerda.

Figura 2.12 – **Página capitular (acima) e página subcapitular (abaixo)**

Capítulo 2

Legislação e organização da educação de jovens e adultos no Brasil

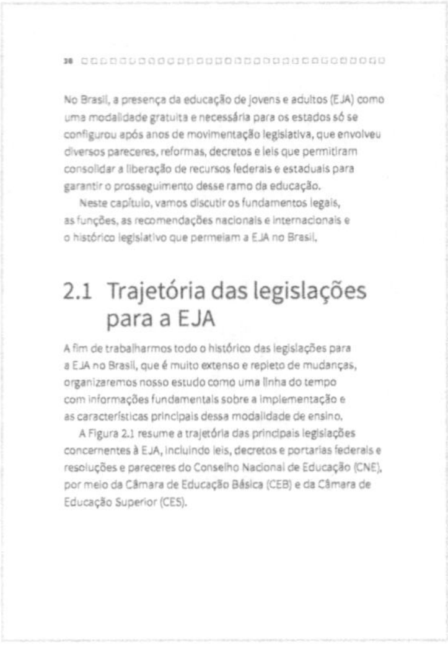

38

No Brasil, a presença da educação de jovens e adultos (EJA) como uma modalidade gratuita e necessária para os estados só se configurou após anos de movimentação legislativa, que envolveu diversos pareceres, reformas, decretos e leis que permitiram consolidar a liberação de recursos federais e estaduais para garantir o prosseguimento desse ramo da educação.

Neste capítulo, vamos discutir os fundamentos legais, as funções, as recomendações nacionais e internacionais e o histórico legislativo que permeiam a EJA no Brasil.

2.1 Trajetória das legislações para a EJA

A fim de trabalharmos todo o histórico das legislações para a EJA no Brasil, que é muito extenso e repleto de mudanças, organizaremos nosso estudo como uma linha do tempo com informações fundamentais sobre a implementação e as características principais dessa modalidade de ensino.

A Figura 2.1 resume a trajetória das principais legislações concernentes à EJA, incluindo leis, decretos e portarias federais e resoluções e pareceres do Conselho Nacional de Educação (CNE), por meio da Câmara de Educação Básica (CEB) e da Câmara de Educação Superior (CES).

Fonte: Checo, 2021, p. 37-38.

Cabeças ou cabeçalhos

Esses elementos são incluídos no alto das páginas, alinhados e justificados com os fólios. Sua função é garantir a constância da leitura, orientando o leitor nesse processo ao lhe mostrar informações gerais (nome do autor e título do livro, por exemplo) ou parciais (título do capítulo e seção em que a página está localizada, por exemplo).

O seguinte padrão de apresentação é o mais tradicional:

- se na página par consta o nome do autor, na ímpar aparece o título do livro;
- se na página par se menciona o título do livro, na ímpar, indica-se o título do capítulo;
- se na página par aparece o título do capítulo, na ímpar figura o subtítulo deste.

Vale ressaltar que o emprego de cabeças não é obrigatório. Muitos diagramadores preferem incluir, igualmente, em páginas pares e ímpares o título do capítulo por considerarem-no mais relevante na leitura. Conforme Araújo (2008), o corpo das cabeças obedece ao padrão do texto, mas, geralmente, em versais ou versaletes, que proporcionam maior legibilidade e equilíbrio da mancha.

Figura 2.13 – **Cabeça**

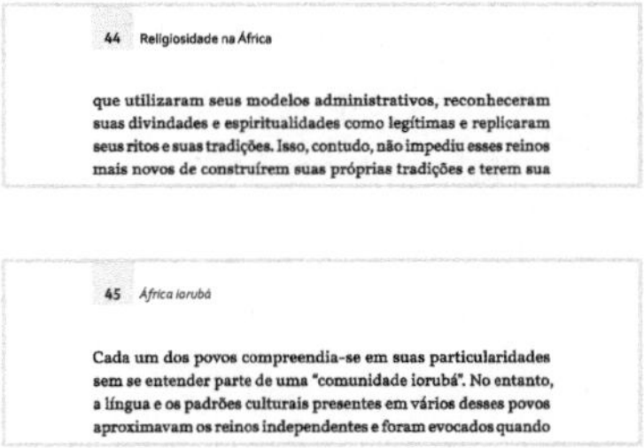
44 Religiosidade na África

que utilizaram seus modelos administrativos, reconheceram suas divindades e espiritualidades como legítimas e replicaram seus ritos e suas tradições. Isso, contudo, não impediu esses reinos mais novos de construírem suas próprias tradições e terem sua

45 *África iorubá*

Cada um dos povos compreendia-se em suas particularidades sem se entender parte de uma "comunidade iorubá". No entanto, a língua e os padrões culturais presentes em vários desses povos aproximavam os reinos independentes e foram evocados quando

Fonte: Chueire, 2021, p. 44-45.

Notas

As notas podem ser dispostas nas partes textual e pós-textual. Quando na parte textual, são adicionadas:

- **no rodapé**, em corpo 2 pontos menor que o do texto, separadas deste por um fio com espaço em branco equivalente a 2 linhas de texto de distância da obra e 1 linha de texto de distância da nota.
- **em uma das margens**, de forma reduzida, em corpo 3 vezes menor que o do texto. Pode estar em negrito para maior legibilidade. O espaço entre a obra e as notas marginais pode variar conforme o contraste entre o corpo de ambas.

Figura 2.14 – **Nota**

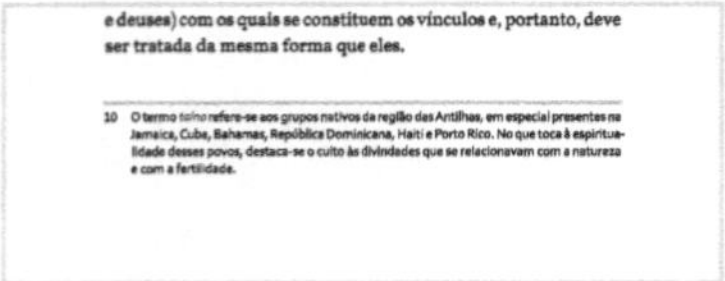
e deuses) com os quais se constituem os vínculos e, portanto, deve ser tratada da mesma forma que eles.

10 O termo *taíno* refere-se aos grupos nativos da região das Antilhas, em especial presentes na Jamaica, Cuba, Bahamas, República Dominicana, Haiti e Porto Rico. No que toca à espiritualidade desses povos, destaca-se o culto às divindades que se relacionavam com a natureza e com a fertilidade.

Fonte: Chueire, 2021, p. 98.

Elementos de apoio

Os elementos de apoio são os quadros, as tabelas e as fórmulas que compõem o miolo do material.

Os **quadros** e as **tabelas** são itens de síntese cujas medidas variam em colunas separadas ou não por fios horizontais e/ou verticais, o que resulta em uma unidade autônoma de informação. A extensão dos quadros não deve ultrapassar a justificação da mancha de texto; caso isso ocorra, devem receber diagramação vertical, centralizada em página isolada. Já as tabelas muito altas devem ser continuadas na página seguinte, com a devida sinalização, em seu rodapé, por meio da palavra *continua*.

Na diagramação, os quadros devem seguir a justificação de uma ou mais colunas, aparecendo logo após o parágrafo em que foram mencionados. Seu título deve estar em caixa alta no mesmo corpo que o do texto; ou em caixa baixa e em negrito, centralizado em relação ao próprio quadro.

O interior do quadro deve seguir o mesmo corpo que o texto, assim como o pé – elemento externo ao quadro e no qual são transcritas a fonte dos dados trabalhados e as notas explicativas complementares (Araújo, 2008).

As **fórmulas matemáticas e químicas** apresentam características especiais de diagramação, já que utilizam signos, índices, expoentes, números arábicos, abreviaturas de diferentes medidas e espessuras. Quando a fórmula se encontra no meio do parágrafo e intervém na altura da linha, deve-se ajustar o entrelinhamento para comportar sua presença. Contudo, se ela aparece isoladamente, deve-se centralizá-la na largura da mancha, distanciando-a do texto por um espaço em branco equivalente a 1 ou 2 linhas de texto.

Cumpre lembrar que não se continua uma fórmula em outra página; logo, ela deve ser expressa integralmente na mesma folha. Outrossim, caracteres em latim ou grego devem ser grafados em negrito ou em itálico.

Figura 2.15 – **Elementos de apoio**

A seguir, no Quadro 1.1, podemos observar um esboço de quais seriam esses grupos e os respectivos interesses.

Quadro 1.1 – *Objetivos das partes interessadas*

Partes interessadas	Objetivos
Executivos	Prestígio, bônus, poder, compensação.
Empregados	Segurança, remuneração, benefícios, reconhecimento.
Comunidade	Meio ambiente, ações sociais, empregos.
Credores e fornecedores	Pagamentos pontuais e continuidade das compras.
Clientes	Qualidade, eficiência e pontualidade na entrega de bens e serviços.
Governo	Pagamento de tributos e observância de leis e regulamentações.
Família	Rendimentos e/ou possibilidade de trabalho e/ou gestão dos negócios.
Sócios e acionistas	Retorno do investimento, segurança do capital investido, transparência de informações, influência nos destinos da empresa.

Para que haja essa conciliação de interesses, a criação da governança corporativa e a viabilização da prosperidade e da perenidade da organização, algumas estratégias vêm

Fonte: Neves, 2021, p. 118.

Iconografia

A iconografia compreende as imagens que acompanham o texto para orná-lo e complementá-lo. Nessa perspectiva, gráficos e diagramas esclarecem relações entre elementos definidos e conhecidos. O **gráfico** demonstra visualmente a síntese escrita de um fato, ao passo que o **diagrama** esquematiza um objeto ou uma ideia por meio de um desenho ou um esboço, como um mapa.

A aplicação de gráficos e diagramas segue o mesmo padrão que a de tabelas. Gravuras e fotografias, porém, recebem tratamento diferenciado, sendo necessário atentar para o conjunto, o ajustamento e o equilíbrio junto à mancha de texto, considerando-se a oposição das páginas como uma unidade.

Para Araújo (2008), o designer e o diagramador devem buscar soluções agradáveis visualmente, determinando ritmo e contrastes para que o livro não se torne monótono. As legendas ou os créditos, por sua vez, devem ser apresentados em corpo 2 pontos menor que o do texto, sendo levemente distanciados da ilustração até, no máximo, 12 pontos.

Figura 2.16 – **Iconografia**

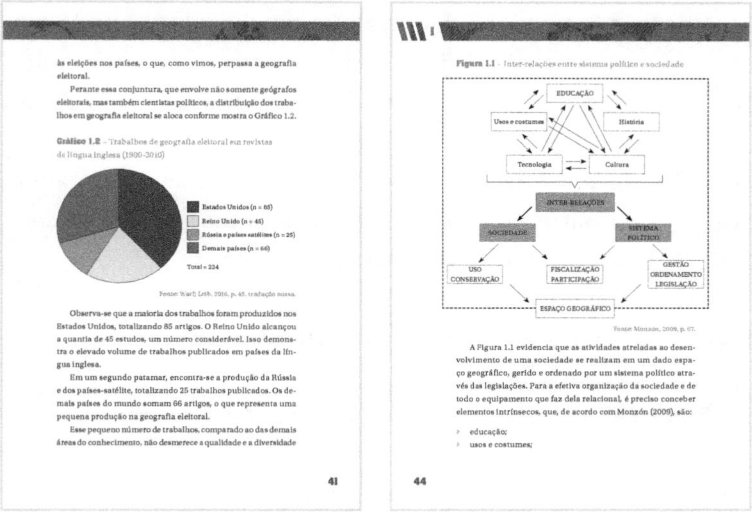

às eleições nos países, o que, como vimos, perpassa a geografia eleitoral.

Perante essa conjuntura, que envolve não somente geógrafos eleitorais, mas também cientistas políticos, a distribuição dos trabalhos em geografia eleitoral se aloca conforme mostra o Gráfico 1.2.

Gráfico 1.2 – Trabalhos de geografia eleitoral em revistas de língua inglesa (1990-2010)

Fonte: Warf; Leib, 2016, p. 45, tradução nossa.

Observa-se que a maioria dos trabalhos foram produzidos nos Estados Unidos, totalizando 85 artigos. O Reino Unido alcançou a quantia de 45 estudos, um número considerável. Isso demonstra o elevado volume de trabalhos publicados em países da língua inglesa.

Em um segundo patamar, encontra-se a produção da Rússia e dos países-satélite, totalizando 25 trabalhos publicados. Os demais países do mundo somam 66 artigos, o que representa uma pequena produção na geografia eleitoral.

Esse pequeno número de trabalhos, comparado ao das demais áreas do conhecimento, não desmerece a qualidade e a diversidade

41

44

Figura 1.1 – Inter-relações entre sistema político e sociedade

Fonte: Monzón, 2009, p. 67.

A Figura 1.1 evidencia que as atividades atreladas ao desenvolvimento de uma sociedade se realizam em um dado espaço geográfico, gerido e ordenado por um sistema político através das legislações. Para a efetiva organização da sociedade e de todo o equipamento que faz dela relacional, é preciso conceber elementos intrínsecos, que, de acordo com Monzón (2009), são:

- educação;
- usos e costumes;

Fonte: Augusto, 2020, p. 41, 44.

Na parte textual, os fólios são numerados, continuamente, com algarismos arábicos, sendo geralmente apresentados na mesma tipografia do corpo do texto. A posição desse elemento varia entre o alto e o pé da página, encontrando-se na extremidade esquerda em páginas pares e na extremidade direita em páginas ímpares. De acordo com Araújo (2008), não é aconselhável utilizar recursos decorativos, como travessões, traços e asteriscos, junto à numeração dos fólios, visto que estes – separados por uma área branca equivalente a, pelo menos, 2 linhas de distância do texto – já recebem o devido destaque.

2.2.3 Parte pós-textual

A parte pós-textual (ou seja, a que conclui o livro) pode conter elementos das partes pré-textual e textual, como as notas, que podem aparecer entre o posfácio e o apêndice; as tabelas, inclusas entre o apêndice e o glossário; e o sumário, raramente inserido entre o índice e o colofão. Esses elementos, quando dispostos na parte pós-textual, recebem ainda assim o mesmo padrão de corpo mencionado anteriormente.

Geralmente, essa parte é composta pelos itens detalhados adiante, que figuram na mesma ordem na obra.

Posfácio

O posfácio é um elemento não obrigatório utilizado quando se faz necessário incluir, de última hora, uma informação que altera ou confirma o conteúdo discutido no corpo do texto. Sua apresentação segue o mesmo padrão gráfico que o prefácio.

Figura 2.17 – **Posfácio**

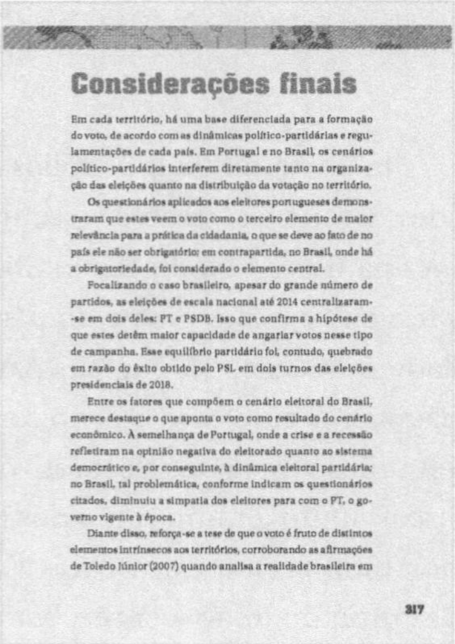

Considerações finais

Em cada território, há uma base diferenciada para a formação do voto, de acordo com as dinâmicas político-partidárias e regulamentações de cada país. Em Portugal e no Brasil, os cenários político-partidários interferem diretamente tanto na organização das eleições quanto na distribuição da votação no território.

Os questionários aplicados aos eleitores portugueses demonstraram que estes veem o voto como o terceiro elemento de maior relevância para a prática da cidadania, o que se deve ao fato de no país ele não ser obrigatório; em contrapartida, no Brasil, onde há a obrigatoriedade, foi considerado o elemento central.

Focalizando o caso brasileiro, apesar do grande número de partidos, as eleições de escala nacional até 2014 centralizaram-se em dois deles: PT e PSDB. Isso que confirma a hipótese de que estes detêm maior capacidade de angariar votos nesse tipo de campanha. Esse equilíbrio partidário foi, contudo, quebrado em razão do êxito obtido pelo PSL em dois turnos das eleições presidenciais de 2018.

Entre os fatores que compõem o cenário eleitoral do Brasil, merece destaque o que aponta o voto como resultado do cenário econômico. À semelhança de Portugal, onde a crise e a recessão refletiram na opinião negativa do eleitorado quanto ao sistema democrático e, por conseguinte, à dinâmica eleitoral partidária; no Brasil, tal problemática, conforme indicam os questionários citados, diminuiu a simpatia dos eleitores para com o PT, o governo vigente à época.

Diante disso, reforça-se a tese de que o voto é fruto de distintos elementos intrínsecos aos territórios, corroborando as afirmações de Toledo Júnior (2007) quando analisa a realidade brasileira em

317

Fonte: Augusto, 2020, p. 317.

Apêndice

O apêndice concerne a matérias acrescentadas ao texto principal e que podem conter elementos ilustrativos, como mapas, tabelas e gráficos. Sua configuração varia em função dos objetivos visados; apesar disso, é comum que seja formatado em corpo menor que o do miolo da obra.

Figura 2.18 – **Apêndice**

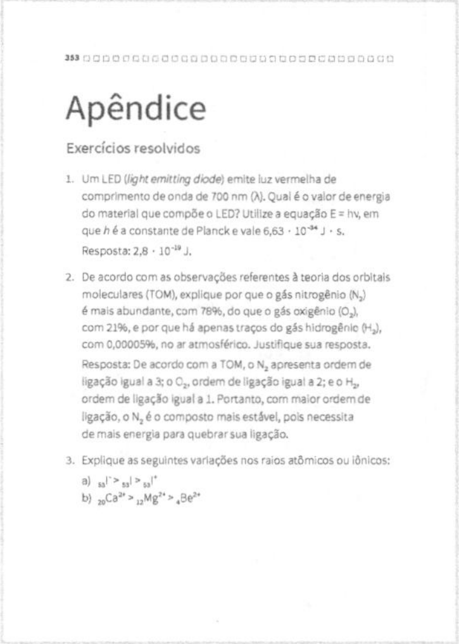

353

Apêndice

Exercícios resolvidos

1. Um LED (*light emitting diode*) emite luz vermelha de comprimento de onda de 700 nm (λ). Qual é o valor de energia do material que compõe o LED? Utilize a equação $E = h\nu$, em que *h* é a constante de Planck e vale $6,63 \cdot 10^{-34}$ J · s.

   Resposta: $2,8 \cdot 10^{-19}$ J.

2. De acordo com as observações referentes à teoria dos orbitais moleculares (TOM), explique por que o gás nitrogênio (N_2) é mais abundante, com 78%, do que o gás oxigênio (O_2), com 21%, e por que há apenas traços do gás hidrogênio (H_2), com 0,00005%, no ar atmosférico. Justifique sua resposta.

   Resposta: De acordo com a TOM, o N_2 apresenta ordem de ligação igual a 3; o O_2, ordem de ligação igual a 2; e o H_2, ordem de ligação igual a 1. Portanto, com maior ordem de ligação, o N_2 é o composto mais estável, pois necessita de mais energia para quebrar sua ligação.

3. Explique as seguintes variações nos raios atômicos ou iônicos:

   a) ${}_{53}I^{-} > {}_{53}I > {}_{53}I^{+}$
   b) ${}_{20}Ca^{2+} > {}_{12}Mg^{2+} > {}_{4}Be^{2+}$

Fonte: Christoff, 2021, p. 353.

Glossário

O glossário consiste em uma lista de explicações de termos arcaicos, dialetais e técnicos, podendo ser organizado em linhas compridas ou em duas colunas e com corpo menor que o do texto principal. Araújo (2008) sugere que cada termo seja apresentado em versaletes ou em negrito e que, a partir da segunda linha da definição, o bloco de texto tenha um recolhimento de, pelo menos, 12 pontos. Dessa forma, a consulta e a leitura serão facilitadas.

Figura 2.19 – **Glossário**

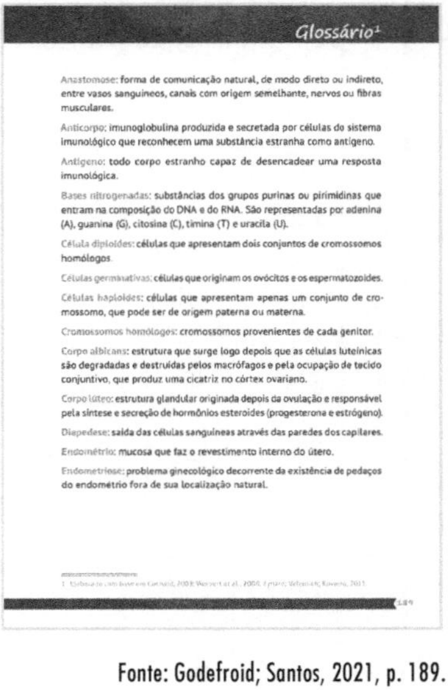

Glossário[1]

Anastomose: **forma de comunicação natural, de modo direto ou indireto, entre vasos sanguíneos, canais com origem semelhante, nervos ou fibras musculares.**

Anticorpo: **imunoglobulina produzida e secretada por células do sistema imunológico que reconhecem uma substância estranha como antígeno.**

Antígeno: **todo corpo estranho capaz de desencadear uma resposta imunológica.**

Bases nitrogenadas: **substâncias dos grupos purinas ou pirimidinas que entram na composição do DNA e do RNA. São representadas por adenina (A), guanina (G), citosina (C), timina (T) e uracila (U).**

Célula diploides: **células que apresentam dois conjuntos de cromossomos homólogos.**

Células germinativas: **células que originam os ovócitos e os espermatozoides.**

Células haploides: **células que apresentam apenas um conjunto de cromossomo, que pode ser de origem paterna ou materna.**

Cromossomos homólogos: **cromossomos provenientes de cada genitor.**

Corpo albicans: **estrutura que surge logo depois que as células luteínicas são degradadas e destruídas pelos macrófagos e pela ocupação de tecido conjuntivo, que produz uma cicatriz no córtex ovariano.**

Corpo lúteo: **estrutura glandular originada depois da ovulação e responsável pela síntese e secreção de hormônios esteroides (progesterona e estrógeno).**

Diapedese: **saída das células sanguíneas através das paredes dos capilares.**

Endométrio: **mucosa que faz o revestimento interno do útero.**

Endometriose: **problema ginecológico decorrente da existência de pedaços do endométrio fora de sua localização natural.**

Fonte: Godefroid; Santos, 2021, p. 189.

Bibliografia

A bibliografia elenca tanto as obras recomendadas pelo autor como as referências bibliográficas relacionadas às citações feitas no texto e que fundamentaram a criação do livro. Nessa seção, o sobrenome do autor deve aparecer em romano normal ou em destaque do versal ou só do versalete. Ela deve seguir o mesmo padrão de diagramação, com corpo menor que o do texto. Assim como no glossário, indica-se que, a partir da segunda linha de cada referência, o bloco de texto tenha recolhimento de, pelo menos, 12 pontos (Araújo, 2008).

Figura 2.20 – **Bibliografia**

340

Referências

A ESTRUTURA de sólidos cristalinos. Disponível em: <https://dokumen.tips/documents/estrutura-cristalina-55844c5a13737.html>. Acesso em: 2 mar. 2021.

ALGUNS se atraem outros se repelem e alguns são neutros (características das partículas do átomo). **Mocatron**, 28 fev. 2019. Disponível em: <https://mocatron.blogspot.com/2019/02/alguns-se-atraem-outros-se-repelem-e.html>. Acesso em: 2 mar. 2021.

A LIGAÇÃO M-CO: avaliação pela T.O.M. Disponível em: <https://arcestariufs.files.wordpress.com/2013/04/a-ligac3a7c3a3o-m-co-avaliada-pela-tom.pdf> Acesso em: 1º abr. 2021.

ALVES, J. O que é célula combustível? **Portal Biossistemas**, 28 out. 2012. Disponível em: <http://www.usp.br/portalbiossistemas/?p=4316>. Acesso em: 1º jul. 2021.

ANA MARIA. Forças intermoleculares: o que são e o que causam? **Biologia Total**, 30 ago. 2019. Disponível em: <https://blog.biologiatotal.com.br/forcas-intermoleculares>. Acesso em: 17 mar. 2021.

AOKI, I. V. Ligações químicas: ligações iônicas. In: ESCOLA POLITÉCNICA USP. **Química Tecnológica**: PQI-3120 – para turmas de Eng. Naval e Eng. Mecânica – apostila de teoria. São Paulo: USP, 2020. p. 27-50. Disponível em: <https://edisciplinas.usp.br/pluginfile.php/5439831/mod_resource/content/1/Apostila%20Completa%20sobre%20Liga%C3%A7%C3%B5es%20Qu%C3%ADmicas%202020.pdf>. Acesso em: 31 mar. 2021.

ARAGÃO, I. **Princípios da ciência e tecnologia dos materiais**: aula 02 – estrutura cristalina dos materiais. Disponível em: <https://slideplayer.com.br/slide/3468295/>. Acesso em: 31 mar. 2021.

Fonte: Christoff, 2021, p. 340.

Índice

O índice configura-se em linhas contínuas ou linha a linha e, conforme recomendado, o conteúdo de cada entrada deve ter, a partir da segunda linha, recolhimento de, pelo menos, 12 pontos. As entradas podem ser destacadas em negrito, em versaletes ou em romano normal, com corpo 2 ou 3 pontos menor que o do texto.

Os índices geralmente são organizados em duas colunas e devem seguir a NBR 6034 (ABNT, 2004). Da mesma maneira que o sumário, eles podem ser gerados automaticamente por meio de programas de editoração (Haluch, 2013). Para esse processo, especificamente o índice onomástico (índice de nomes) exige a criação de marcações em cada nome ao longo do texto.

Figura 2.21 – **Índice**

ÍNDICE REMISSIVO

Colofão ou cólofon

O colofão é o último elemento do miolo do livro e introduz os responsáveis pela produção desse material por meio de uma lista objetiva de dados técnicos do projeto gráfico, com corpo 2 pontos menor que o do texto, em página única e sem fólio.

Segundo Araújo (2008), as principais informações que constam no colofão são: preparação do original; supervisão ou coordenação; editorial; edição do texto; projeto gráfico; capa; editoração eletrônica; iconografia (ilustrações, fotos, gráficos e diagramas); índice; realização gráfica; pré-impressão; tipografia, tamanho de corpo e entrelinha; formato; revisão de provas; impressor; impressão; papel; tintas; acabamento e encadernação; tiragem; tiragem especial; e data do fim da execução.

Figura 2.22 – **Colofão**

*

Os livros direcionados ao campo do Design são diagramados com famílias tipográficas históricas. Neste volume foram utilizadas a **Garamond** – criada pelo editor francês Claude Garamond em 1530 e referência no desenho de fontes nos séculos seguintes – e a **Frutiger** – projetada em 1976 pelo suíço Adrian Frutiger para a sinalização do aeroporto Charles de Gaulle, em Paris.

Impressão:
Fevereiro/2021

Fonte: Maciel; Brito, 2021, p. 236.

Errata

A errata consiste em uma lista de erros encontrados no livro após sua impressão, seguidos da respectiva correção. Araújo (2008) destaca que ela é útil para corrigir erros, e não para alterações propositais do texto. Geralmente, a errata é apresentada em corpo menor que o do texto, no seguinte padrão de escrita: "p..., linha..., onde..., leia -se...", em negrito ou em grifo. Ainda, pode ser anexada de forma solta ou colada no fim do volume, na página do colofão.

Figura 2.23 – **Errata**

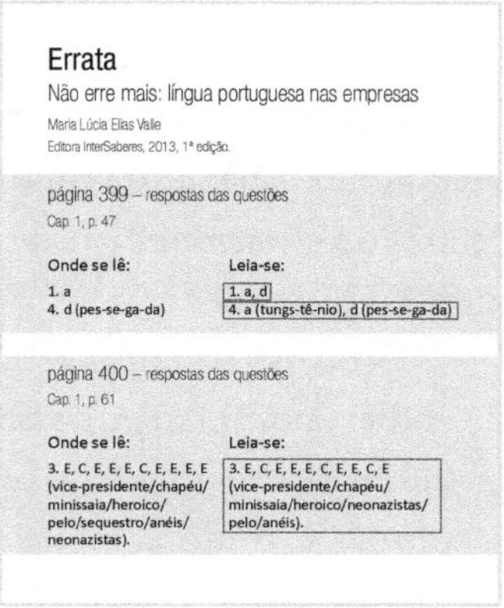
Errata

Não erre mais: língua portuguesa nas empresas

Maria Lúcia Elias Valle

Editora InterSaberes, 2013, 1ª edição.

página 399 – respostas das questões

Cap. 1, p. 47

Onde se lê:	Leia-se:
1. a	1. a, d
4. d (pes-se-ga-da)	4. a (tungs-tê-nio), d (pes-se-ga-da)

página 400 – respostas das questões

Cap. 1, p. 61

Onde se lê:	Leia-se:
3. E, C, E, E, E, C, E, E, E, E (vice-presidente/chapéu/ minissaia/heroico/ pelo/sequestro/anéis/ neonazistas).	3. E, C, E, E, E, C, E, E, C, E (vice-presidente/chapéu/ minissaia/heroico/neonazistas/ pelo/anéis).

Fonte: Valle, 2014.

Com base nos conhecimentos explorados nesta seção, o designer e o diagramador podem fazer escolhas visualmente coerentes com a obra em desenvolvimento. Os padrões pré-textuais, textuais e pós-textuais permitem que o designer alcance maior segurança em sua criação, de modo a conferir harmonia e legibilidade ao texto.

2.3 Anatomia do livro

Como vimos, cada parte de um livro recebe uma denominação específica na indústria editorial. Os itens que formam seu revestimento (a partir da capa encadernada), chamados por Araújo (2008) de ***elementos extratextuais***, precisam, por isso mesmo, de atenção especial.

O processo de encadernação foi difundido a partir da criação do códice; porém, o estilo brochura é, na verdade, uma inovação oriunda do livro impresso, o qual só adquiriu a forma recente no século XIX, como já mencionamos. Antes disso, em meados da década de 1820, os livros não tinham revestimento, sendo suas folhas apenas dobradas e costuradas, ficando o livreiro ou o comprador encarregado de encaderná-las, caso assim preferisse.

A encadernação feita pelos livreiros consistia em brochar os livros e cobri-los com uma folha de papel simples, repetindo o texto da página de rosto nessa folha. Em razão desse hábito, segundo Araújo (2008), a capa da brochura ficou definida tal como na Figura 2.24.

Figura 2.24 – **Estrutura de uma capa de livro**

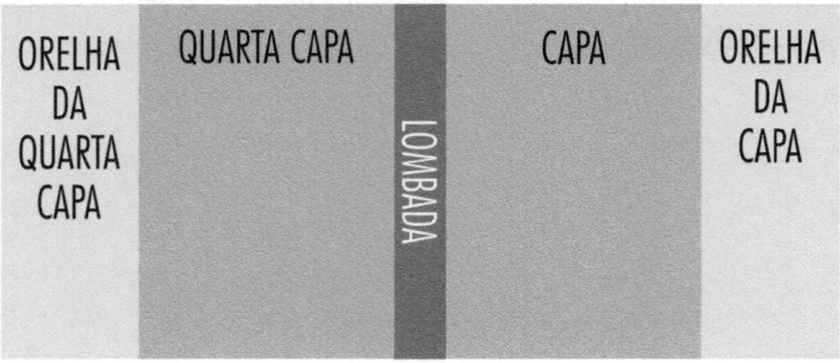

- **Primeira capa** – Face externa da segunda capa, é destinada à impressão ou à aplicação de grafismos.
- **Segunda capa** – Face interna da primeira capa, não recebe impressão.
- **Terceira capa** – Face interna da quarta capa, não recebe impressão.
- **Quarta capa ou contracapa** – Face externa da terceira capa, pode ou não receber impressão ou grafismos.
- **Primeira orelha** – Dobra sobressalente da primeira capa, que é flexionada para dentro do livro.
- **Segunda orelha** – Dobra sobressalente da quarta capa, também curvada para dentro do livro.
- **Sobrecapa** – Capa extra solta, recobre o volume e é posta sobre a encadernação.

O contato inicial entre leitor e livro acontece por meio da **primeira capa** (Araújo, 2008). Assim, seu estilo deve ser elaborado de modo que comunique bem o tema da obra e alimente a curiosidade.

Boas capas atraem os olhares dos leitores em livrarias e os fazem folhear o livro. Para produzi-las, o designer ou o capista podem valer-se de inúmeros efeitos visuais, seguindo sempre uma única regra: que essa capa reflita de algum modo o conteúdo e o estilo gráfico do livro.

Já as **orelhas** do livro, em alguns casos, podem receber impressão. Geralmente, a primeira orelha apresenta um breve resumo sobre o autor, ao passo que a segunda orelha lista as demais obras publicadas por ele ou pela editora. Esse texto, conforme

Araújo (2008, p. 436), "deve ser escrito para o público, de forma a ele acessível e insinuante". Logo, as orelhas são entendidas como um importante veículo de publicidade.

Por sua vez, o elemento **sobrecapa** era, de acordo com Lupton (2011), usado para proteger a capa do livro. Contudo, atualmente, é um elemento de design, mais um veículo de comunicação que ajuda a vender a obra.

Via de regra, a sobrecapa cumpre os mesmos princípios aplicados à primeira capa, podendo ser inteiriça ou não. Alguns livros apresentam-na em dimensão diferenciada, como uma espécie de cinta com um quarto ou um terço da altura da capa. Nesse item, são impressas frases publicitárias ou destacadas informações importantes do livro, como o nome do prefaciador ou prêmios recebidos pelo autor, com o intuito vistas a destacar a obra em pontos de venda (Araújo, 2008).

Somam-se a esses itens outros elementos extratextuais, que Haslam (2007) organiza em três grupos: 1) volume ou "livro acabado"; 2) página; e 3) grade ou *grid* de produção, que são apresentados em detalhes a seguir.

2.3.1 **Volume**

Segundo Haslam (2007), o volume do livro é formado por itens relativos aos detalhes físicos desse material já acabado, ou seja, quando ele já passou pelas etapas de produção. Demonstramos esses componentes por meio da Figura 2.25, adiante, e os descrevemos melhor na sequência.

Figura 2.25 – **Componentes de um livro: volume**

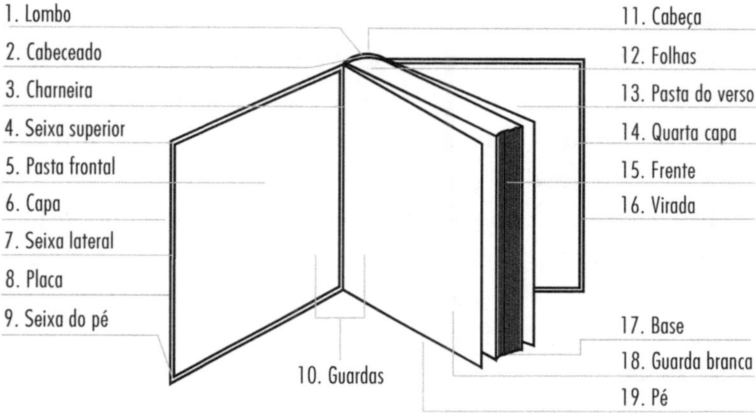

Fonte: Haslam, 2007, p. 20.

- **Lombo** – As páginas de um livro são grampeadas, coladas ou costuradas, gerando a lombada. Geralmente, imprime-se nela o título da obra, o nome do autor, o logotipo da editora e, em alguns casos, o volume e o ano da publicação.
- **Cabeceado** – Pedaço de tecido, usualmente algodão ou seda coloridos, que é colado na parte interna da lombada de livros de capa dura.
- **Charneira** – Tira de tecido ou couro aplicada ao longo do encaixe do livro para formar a guarda-espelho.
- **Seixa superior** – Projeção de capa dura que excede o refile final da cabeça do livro.

- **Pasta frontal** – Frente da capa dura, é comumente formada por uma placa de papel-cartão, material de revestimento e uma folha da guarda.
- **Capa** – Revestida de papel, cartão ou outro material, a capa é colada, grampeada ou costurada ao miolo do livro.
- **Seixa lateral** – Projeção da capa dura que excede o refile final da frente do livro.
- **Placa** – Nome dado ao pedaço de papel-cartão que forma as pastas de capa dura.
- **Seixa do pé** – Projeção da capa dura que excede o refile final do pé do miolo do livro.
- **Guardas** – Em um livro de capa dura, guarda é uma folha única de alta gramatura (120 g/m^2 ou mais) que, ao ser dobrada, forma 4 ou 8 páginas e é colada no verso da capa e nos cadernos. As guardas contribuem para a estruturação do bloco do livro, unindo o miolo à capa. De acordo com Lupton (2011), além de funcionais, podem ser um elemento impactante de design, pois dão boas-vindas ao leitor.
- **Cabeça** – Superfície superior do miolo do livro.
- **Folhas** – Conjunto de duas páginas que são geralmente numeradas com algarismo ímpar na frente e par no verso.
- **Pasta do verso** – Quarta capa do livro de capa dura, é constituída por uma placa de papel-cartão, algum material de revestimento e uma folha da guarda.
- **Quarta capa** – Verso da capa do livro.
- **Frente** – Borda frontal do livro, a qual "folheamos".
- **Virada** – Sobra do material de revestimento da capa dura o qual recobra as bordas das placas que formam as pastas.

- **Base** – Parte inferior do miolo do livro.
- **Guarda branca** – Nome dado à folha sem impressão que faz parte do caderno impresso.
- **Pé** – Superfície inferior do livro.

Vale ressaltar que tais elementos são encontrados em quase todos os livros, variando apenas conforme o tipo de encadernação. Logo, em um projeto editorial, esses itens não são escolhidos pelo designer para a produção do projeto gráfico, mas sim suas configurações. Por exemplo, no caso de um livro brochura, ele impreterivelmente contará com folhas de guarda, para a qual podem ser definidos seu tipo de papel, as cores, os grafismos etc. Mais adiante, analisaremos os tipos de encadernação e de produção gráfica.

2.3.2 Página

Na visão dos designers, segundo Lupton (2011), o livro é composto por uma série de páginas duplas (pares e ímpares), e não por páginas separadas. Em livros fotográficos, por exemplo, as imagens são aplicadas nas duas páginas, formando um todo. Nesses casos, é importante ter atenção à calha da lombada para não que não se percam detalhes importantes da imagem.

Como nos demais casos examinados, cada detalhe da página do livro tem um nome específico, independentemente do formato, que aqui apresentamos na Figura 2.26 e no texto subsequente.

Figura 2.26 – **Componentes de um livro: página**

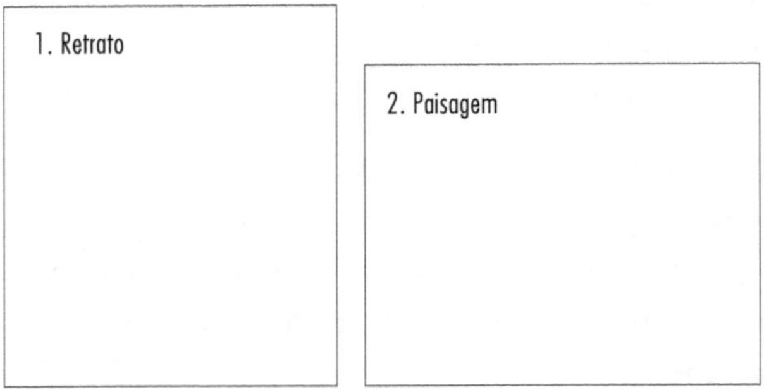

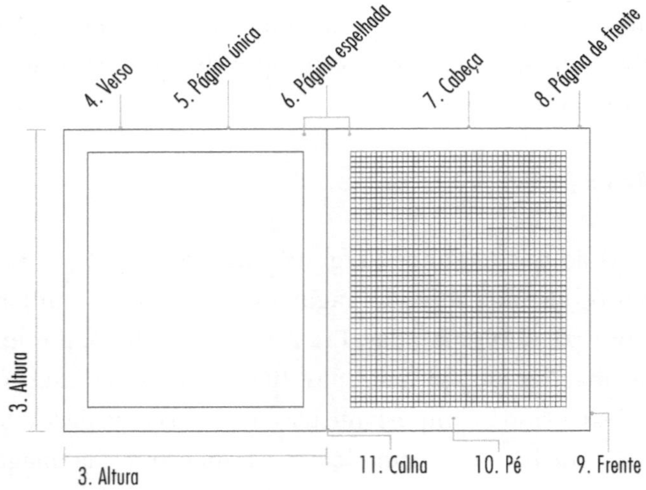

(continua)

(Figura 2.26 – conclusão)

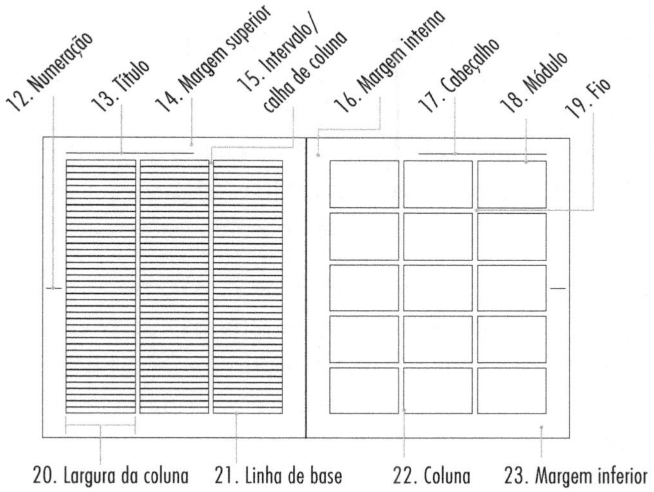

Fonte: Haslam, 2007, p. 21.

- **Retrato** – Nome dado ao formato em que a altura da página é maior que a largura.
- **Paisagem** – Nome dado ao formato em que a altura da página é menor que a largura.
- **Altura e largura** – Medidas da página, sempre mencionadas nessa ordem.
- **Verso** – Página do lado esquerdo do livro.
- **Página única** – Folha única encadernada à esquerda.
- **Página espelhada** – Duas páginas em que a impressão ocupa as margens internas, como se fosse uma única página. Para esse efeito, elas devem ser sempre uma página par e outra ímpar.

- **Cabeça** – Superfície superior da página.
- **Página de frente** – Página da direita quando o livro está aberto, cuja numeração é ímpar.
- **Frente** – Borda frontal da página.
- **Pé** – Termo atribuído à superfície inferior da página.
- **Calha** – Margem interna entre duas páginas que estão face a face, trata-se da margem de dobra do caderno.

Vale mencionar o modelo de página **encarte**, não exibido na figura anterior, que consiste em uma página com uma das dimensões maior que a das páginas do miolo do livro, sendo dobrada uma ou mais vezes para ser inserida nele, de forma a não ultrapassar suas medidas.

2.3.3 Grade

A grade (ou *grid* de produção) determina as divisões internas da página, proporcionando consistência ao livro. O *layout,* que estabelece a posição de cada elemento, é criado com base no plano de grade fixado.

Segundo Haslam (2007), a grade é composta pelos seguintes elementos:

- **Numeração** – Posição que indica o número da página.
- **Título** – Posição do título da obra na grade.
- **Margem superior ou margem da cabeça** – Espaço em branco entre a borda superior da área de mancha e a borda superior da página refilada.

- **Intervalo ou calha de coluna** – Espaço que divide as colunas.
- **Margem interna** – Espaço em branco entre a borda da área da mancha e a dobra interna da página, que é fixada à lombada.
- **Cabeçalho** – Posição do cabeçalho na grade.
- **Módulo** – Unidade da coluna de grade modernista, divisível pela medida da entrelinha. É separado por uma linha branca na horizontal e pela calha da grade na vertical.
- **Fio** – Nome da linha colocada entre ilustrações.
- **Largura da coluna** – Medida determinada pelo comprimento das linhas de texto individuais.
- **Linha de base** – Linha na qual a base das letras é posicionada.
- **Coluna** – Espaço retangular usado para acomodar o texto. A largura das colunas de uma grade pode variar, mas a medida de sua altura sempre é maior que seu comprimento.
- **Margem inferior** – Espaço em branco entre a borda inferior da área de mancha e a borda inferior da página refilada.

Além desses elementos, exemplificados pela Figura 2.26, é pertinente conceituar margem dianteira, profundidade da coluna e caracteres por linha. A **margem dianteira** é o espaço em branco entre a área de mancha e o corte oposto à lombada. Já a **profundidade da coluna** é a altura da coluna, que pode ser expressa em pontos, milímetros ou número de linhas. Por sua vez, os **caracteres por linha**, estabelecida certa medida, compreendem o número médio de caracteres em tamanho de ponto.

Conforme vimos, a produção do livro envolve uma série de decisões e etapas, que devem ser tomadas e executadas em ordem para obter um resultado de qualidade. Portanto, antes de iniciar a diagramação do livro, o designer deve definir os aspectos visuais do projeto gráfico considerando cada um dos elementos pré-textuais, textuais, pós-textuais e extratextuais citados, bem como o formato do livro, assunto que examinaremos em profundidade na sequência.

No próximo capítulo, abordaremos conceitos e outros conteúdos sobre projeto gráfico e construção de grade. Desse modo, você conhecerá diversas possibilidades de criação de grades.

Billion Photos/Shutterstock

CAPÍTULO 3

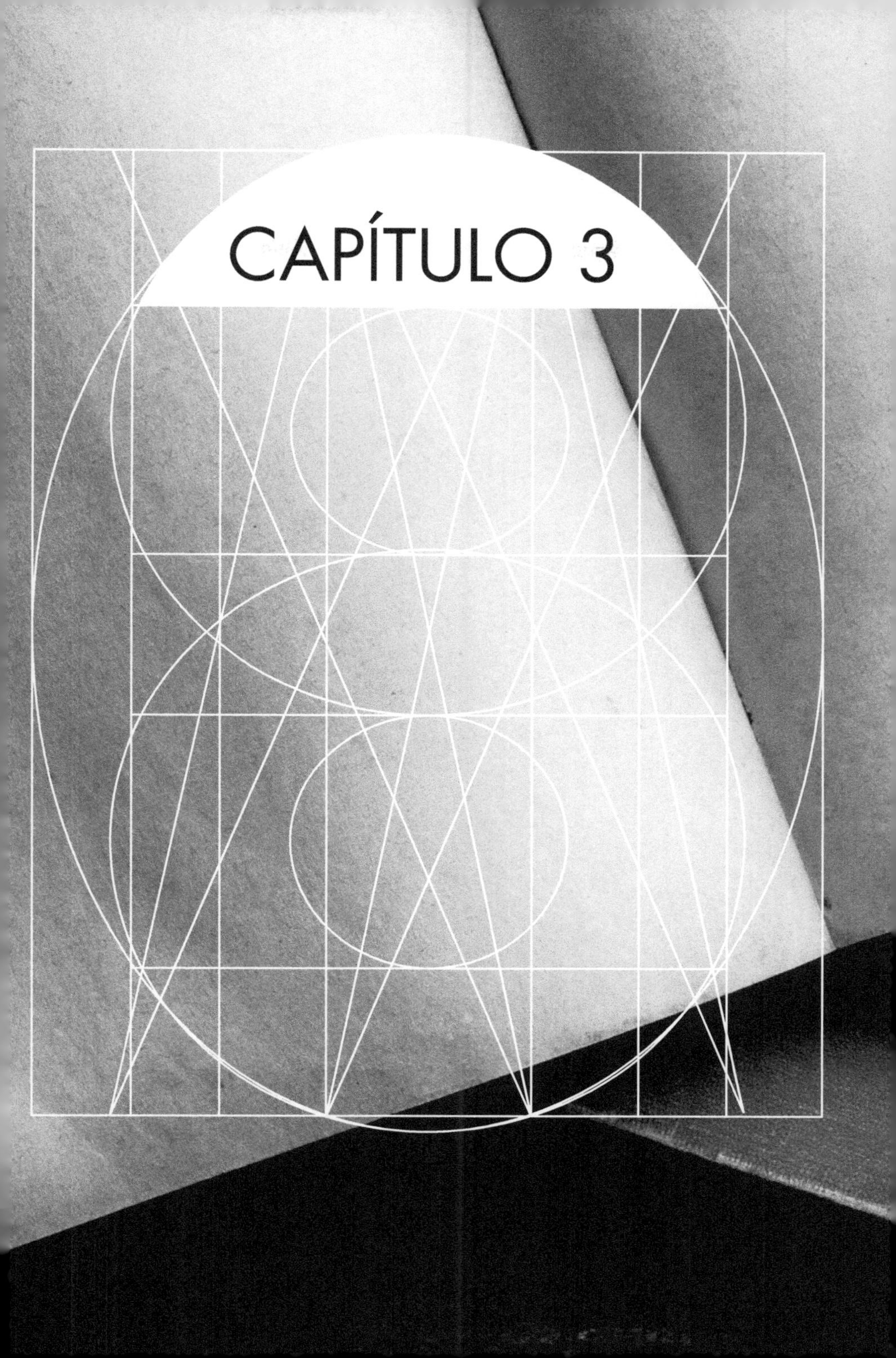

PROJETO GRÁFICO

O projeto gráfico está presente em todo o planejamento das etapas de produção do livro, na escolha de elementos visuais, tipográficos, estilos de grade, materiais para a confecção da capa e do miolo, assim como de processos de impressão – aspectos necessários para materializá-lo.

Conforme apontamos, a leitura do original é de extrema importância para que o designer possa compreender a mensagem a ser transmitida visualmente, de modo a complementar a comunicação verbal. Para Hendel (2006, p. 33), "as palavras do autor são o coração do design do livro" e, por isso, para delinear o corpo desse coração, é preciso conhecê-lo bem.

Após a leitura do original, o designer deve interpretar o *briefing* do projeto para captar dados relevantes, como o perfil do público leitor (faixa etária, nível cultural etc.) e as especificações técnicas que determinam aspectos formais, como material empregado, número de cores e máximo de páginas da obra, geralmente baseados em questões econômicas de produção.

Para Samara (2011a, p. 11), o projeto gráfico envolve

> organizar grandes volumes de conteúdo em pacotes de informações relacionadas; trabalhar a tipografia para que seja confortavelmente legível ao longo de diversas páginas, mas mantendo a leitura vivaz o suficiente para envolver o leitor; estruturar partes de páginas e seções para acomodar uma variedade de conteúdo, seja ele baseado em imagens ou texto; e integrar as imagens à tipografia para obter uma forma unificada e construir uma comunicação que é maior que a soma de suas partes.

Logo, cabe ao designer, diagramador ou artista gráfico dar sentido a elementos dispersos sobre um espaço. Como a informação visual é uma comunicação não verbal e utiliza sinais e convenções, o profissional deve saber direcionar os olhos do leitor de maneira a instrui-lo, guiá-lo e motivá-lo no percurso da leitura do livro. Dessa forma, o projeto visual não se reduz a fins decorativos, caracterizando-se como importante recurso de comunicação.

De acordo com Araújo (2008), o objetivo principal do designer, na criação do projeto gráfico, é harmonizar forma e conteúdo, ou seja, organizar em uma unidade todos os elementos que integram a página. Logo, é essencial buscar equilíbrio, mesmo quando se visa justamente ao desequilíbrio e à assimetria por meio de uma estrutura com ritmo e significação próprios e que resulte em uma boa comunicação visual com os leitores.

Haluch (2013) sugere um caminho ordenado para dar início ao projeto gráfico, que consiste em definir:

1. o formato do livro, isto é, as medidas externas de suas páginas (16 × 23 cm, por exemplo);
2. a modulação da grade, quer dizer, o sistema de diagramação que orienta o posicionamento do conteúdo ao longo das páginas – por meio dessa divisão, as margens são definidas e, depois, a área da mancha de texto;
3. o projeto gráfico das páginas iniciais e de um capítulo, como tipografia, estilos, hierarquias, cabeças e fólios (paginação), aberturas de capítulos e entradas de ilustrações;
4. o padrão de notas, referências bibliográficas, índices e listas.

Como explicamos, cada designer segue um modo de trabalho próprio, aquele que considera mais eficiente para cada projeto. Antes da diagramação, definidos os aspectos gráfico--visuais do livro, chega-se à sua composição visual de conteúdo. Nessa direção, o mais importante é estabelecer desde o *briefing* um caminho a ser trilhado, para assim conferir objetividade ao processo criativo.

3.1 Formatos de página

Autores como Hendel (2006), Tschichold (2007) e Haslam (2007) defendem que o espaço seja o primeiro elemento a ser definido no ato projetual, e seu formato determina o número de páginas da obra. Isso norteia as demais questões materiais do livro, como a escolha do papel, o acabamento, a encadernação e os aspectos subjetivos relativos à apresentação da obra ao longo das páginas.

Com base no formato, o designer e o diagramador desenvolvem o esquema de grades que será aplicado às páginas, assim determinando a mancha gráfica do texto. Para estabelecê-la, deve-se buscar nivelar espaços em branco, elementos textuais e imagens.

Segundo Domiciano (2008), a escolha do formato deve ser coerente com o conteúdo da obra e deve auxiliar em sua leitura e interpretação. O autor salienta que é importante considerar também o aproveitamento de papel. A indústria do livro costuma trabalhar com formatos específicos, visando à economia desse recurso. Livros infantis, de arte e edições especiais, entretanto, tendem a ir contra esses padrões, exibindo grande variedade de formatos, materiais e acabamentos em suas composições.

Geralmente, o formato do livro está indicado no *briefing* quando o projeto chega ao designer. Nessa direção, esse profissional deve empregar margens adequadas e tipografia confortável visualmente para a leitura nesse formato. Ainda que, atualmente, o designer trabalhe com os padrões de mercado, que são determinados em função dos tamanhos de papéis industriais disponíveis, Tschichold (2007) recomenda que ele analise as proporções geométricas antes de começar a desenvolver o projeto, de forma a verificar qual relação entre largura e altura seria a mais apropriada em cada caso. Ademais, o designer pode basear-se em um reenquadramento do projeto gráfico em determinada proporção (2:3 ou 3:4, por exemplo) por meio do planejamento das grades.

Haslam (2007) explicita que, no setor editorial, é comum confundirem o termo *formato* com um tamanho específico. Os livros são projetados, em grande maioria, nos formatos retrato, paisagem e quadrado. O formato retrato apresenta altura maior que a largura; o paisagem, por sua vez, tem a largura maior que a altura, ao passo que o quadrado exibe altura e largura de mesmo tamanho. A imagem adiante compara esses formatos.

Figura 3.1 – **Formatos retrato, paisagem e quadrado**

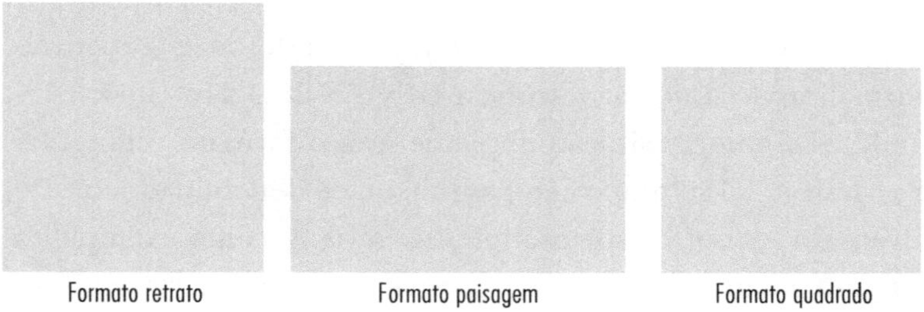

Fonte: Haslam, 2007, p. 30.

Até a primeira metade do século XIX, de acordo com Araújo (2008), quando a fabricação de papel era manual e folha por folha, seu tamanho era chamado de ***in-plano*** em referência ao formato 32 × 44 cm. O *in-plano* recebia outras nomenclaturas em função do número de dobras que apresentava: *in-fólio* (dobrado uma vez), *in-4º* (dobrado duas vezes), *in-8º* (dobrado três vezes), e assim por diante.

Com o surgimento da máquina contínua, que passou a produzir papel em bobinas, foi possível fabricar folhas em diversos tamanhos, o que gerou problemas na padronização deles (Araújo, 2008). Demandada pela indústria gráfica e de fabricação de papel, essa padronização foi feita por questões técnicas e de busca pela eficiência, o que encareceu formatos mais alternativos.

No ano de 1922, o formato DIN 476 (Deutsches Institut für Normung) foi aceito pelas instituições normalizadoras, sendo recomendado pela Organização Internacional de Normalização (International Organization for Standardization – ISO) no ano de 1975, o que culminou na norma ISO 216 (ISO, 2007), prontamente aceita pela Associação Brasileira de Normas Técnicas (ABNT).

No ano de 2001, a União Europeia adotou esse padrão, formalizando a norma europeia DIN EN ISO 216 (ISO; DIN, 2007). Essa normalização implementou o formato retangular 841 mm × 1.189 mm como padrão, que é denominado *A0*. Derivam do A0 outros submúltiplos da série A, como exemplifica a figura adiante.

Figura 3.2 – **Formato de papel A e seus derivados**

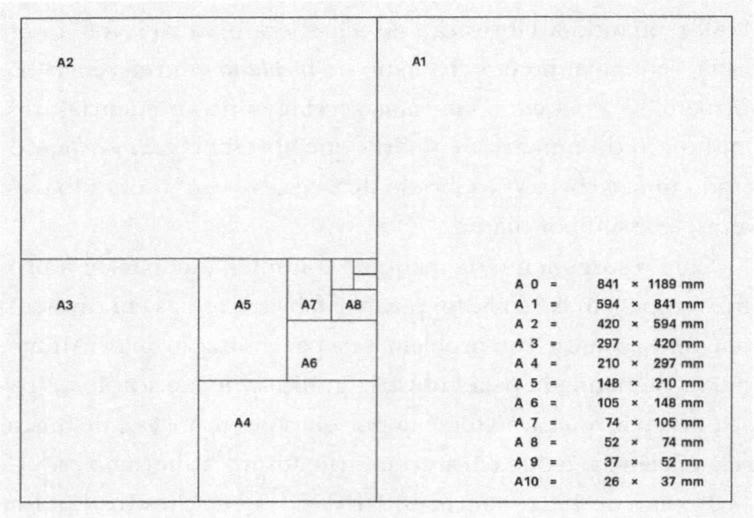

Physicx/Shutterstock

A série A é empregada em livros, folhetos e laudas, por exemplo. Há também séries adicionais e combinações, como B, C, E -A e E- B, utilizadas para outros propósitos, como cartazes e envelopes. Araújo (2008) destaca que a uniformização do tamanho dos impressos contribuiu para a diminuição do custo de fabricação do papel, pois permitiu melhor aproveitamento da folha, evitando cortes supérfluos para obter determinados formatos, o que antes ocasionava descarte de retalhos.

Ainda conforme o autor, na fabricação manual de papel no padrão *in-plano*, a dobra da folha estabelecia o formato do livro. Desse modo, quanto maior o número de dobras, menor era o livro. Agora, o editor determina a dimensão dele, e o impressor, a quantidade de dobras necessárias para formar cada caderno. Assim, os formatos derivados do *in-plano* servem apenas para indicar quantas páginas integram o caderno. Por exemplo, in-4º determina um caderno de 8 páginas; in-8º, um de 16; e in-16º, um de 32.

No Brasil, como assinala Araújo (2008), o formato de papel utilizado é definido por duas variantes: 1) a área da mancha de texto que se deseja obter e 2) o número de páginas impressas por caderno. Desse modo, os formatos mais comuns são:

- **AA (2A), com 76 × 112 cm** – Para impressão de 32 páginas no formato 19 × 27 cm, principalmente de livros infantis e obras diagramadas em colunas.
- **Americano (AM), com 87 × 114 cm** – Para impressão de 64 páginas no formato 14 × 21 cm, sobretudo de obras de ficção, livros didáticos e monografias.
- **Francês, com 76 × 96 cm** – Para impressão de 64 páginas no formato 13,5 × 20,5 cm, também muito empregado na impressão de monografias e livros didáticos.

- **BB (2B), com 66 × 96 cm** – Para impressão de 32 páginas no formato 16 × 23 cm, frequentemente usado na impressão de livros com grande volume de texto, pois a mancha de texto é aumentada para reduzir o número de páginas.

Apesar da normalização, outros formatos de papel ainda são usados, porém não garantem um bom acabamento ao livro, visto que não permitem dobras exatas. A gráfica incumbida da impressão do livro, considerando o melhor aproveitamento de papel, também pode auxiliar na definição de formatos especiais.

A escolha do formato da página deve levar em conta a praticidade para sua leitura e seu manuseio e, ainda, ser economicamente viável. Outrossim, o formato influencia o peso e o número de páginas. Logo, é essencial que haja um equilíbrio entre formato, peso e número de páginas, com vistas a proporcionar conforto ao leitor. Um livro grande, por exemplo, é difícil de manusear, já um livro pequeno pode tornar-se muito pesado por conter inúmeras páginas. Por isso, enfatizamos a necessidade de conhecer os elementos aqui explorados para ser capaz de fazer escolhas coerentes com a proposta e o conteúdo de cada projeto.

Tschichold (2007) afirma que o livro bem-feito é regido por duas constantes: 1) a mão e 2) o olho. O autor explica que o formato deve basear-se no tamanho médio das mãos de um adulto para garantir comodidade. Da mesma forma, livros infantis requerem atenção especial, a fim de que a criança tenha autonomia na leitura e facilidade na manipulação do livro.

Considerando a usabilidade e a natureza do conteúdo, Haslam (2007, p. 30) argumenta sobre a adequação do formato a cada caso:

> Um guia de bolso precisa caber dentro de um bolso, enquanto um atlas deve ser consultado sobre uma superfície ampla, uma vez que seu conteúdo detalhado exige páginas de grandes dimensões. Em termos práticos, a escolha do formato de um livro determina o design do modelo que conterá as ideias do autor. Contudo, sob a perspectiva do designer, é muito mais: o design de livro representa para o mundo da escrita o que a cenografia e a direção teatral significam para o mundo da fala no teatro. O autor fornece a peça e o designer faz a coreografia do espetáculo.

Nesse sentido, deve-se pensar se a leitura da obra será feita sobre uma mesa ou com o leitor acomodado em uma poltrona, segurando o livro pela calha ou pelas margens. Livros de consulta, didáticos e catálogos geralmente são idealizados para que o leitor possa visualizar grandes quantidades de conteúdo em páginas espelhadas. Já os livros de ficção costumam ser projetados para que sejam lidos em situações diversas do cotidiano, de modo que o leitor não dependa de muitos recursos ambientais para continuar a leitura.

Cada detalhe da construção do livro tem reflexos em seu ritmo de leitura. Para preservar o senso de continuidade do texto, o projeto gráfico deve ser constantemente revisado durante o processo de diagramação. A respeito do ritmo de leitura, Bringhurst (2005, p. 161) explica:

> A página é um pedaço de papel, mas também é uma proporção visível e tangível, que soa em silêncio o baixo contínuo do livro. Nela descansa o bloco de texto, que

precisa dialogar com a página. Os dois juntos – página e bloco – produzem uma geometria polifônica, que por si só é capaz de prender o leitor ao livro, mas também de fazê-lo dormir, enervá-lo ou afugentá-lo.

Portanto, é preciso definir o formato do livro baseando-se em seu conteúdo (texto, discurso e conceito) e em sua finalidade (propósito, uso prático e público-alvo).

3.2 Grade ou *grid*

Conforme breve apresentação na Seção 2.3.3, quando abordamos a grade como parte da anatomia do livro, o projeto da grade (ou o *grid* de produção) é uma etapa primordial do desenvolvimento do projeto gráfico. Por meio de uma construção consistente de grade é que o designer pode distribuir e posicionar texto, imagens, gráficos e elementos textuais ao longo do livro, com relações harmônicas entre eles.

Atualmente, o design contemporâneo tem demonstrado uma inclinação para a não utilização de regras de diagramação, assim obtendo como resultado um fluxo de navegação imprevisível, o que pode ser interessante para alguns gêneros, como os livros de arte. No entanto, quando o objetivo é obter clareza, consistência e harmonia são cruciais no estabelecimento criterioso de uma grade.

No geral, a diagramação refere-se à configuração gráfica da mensagem colocada na página, que serve como modelo para a produção em série. Pode ser compreendida como um elemento de linguagem visual que atua mediante informações verbais e não verbais (texto e imagens). A função do designer é, justamente, dar estrutura visual às mensagens transmitidas pela obra, de modo que o leitor possa ler e compreender de maneira rápida e eficiente.

A grade torna o *layout* mais limpo e proporcional. Os estudos dela permitem que o designer experimente diferentes modulações, margens e formatos de mancha sem se preocupar com medidas específicas em milímetros, centímetros, pontos ou paicas. Há designers que preferem defini-la depois da elaboração do projeto gráfico, e sua construção pode auxiliar bastante nessa etapa. A definição da grade não limita a diagramação, pelo contrário; conforme Haluch (2013), a grade possibilita justamente que a composição da página seja mais dinâmica, integrando harmonicamente todos os elementos que a compõem, como imagens, texto, fólio e cabeças.

Considera-se o sistema de construção de grades um método eficiente e que oferece uma base à organização de um livro, articulando todos os seus componentes. Para Araújo (2008), uma estrutura padronizada dá unidade ao livro, tornando-o confortável para a leitura, ainda que cada página disponha seus elementos de maneira distinta.

Nessa perspectiva, é essencial experimentar diferentes grades, aplicando-as às partes mais complexas do conteúdo (como textos com fórmulas, tabelas e imagens) e, claro, flexionando-se elementos extratextuais. Assim, o designer pode perceber qual grade apresenta o comportamento mais apropriado ao conteúdo trabalhado e, com isso, criar o conceito do projeto gráfico.

Para Lupton e Phillips (2008), a grade consiste em uma "rede de linhas" que divide um plano de maneira horizontal e vertical, podendo ser irregular ou circular. Segundo os autores, essas linhas, que formam margens e colunas, guiam o designer na organização dos elementos entre si, uma vez que criam uma estrutura que unifica todas as páginas do projeto, tornando a projeção do *layout* mais eficiente.

A criação da tela, ainda para os referidos teóricos, é uma etapa muito importante do planejamento do projeto gráfico de um livro, já que é entendida como ponto de partida para cada composição de página. Ela oferece ao designer um pilar para variar o posicionamento dos elementos, convertendo uma página vazia em uma composição estruturada. O designer e o diagramador precisam ter domínio do conteúdo do original para gerar sensibilidade e organizar a página considerando a natureza do texto e a devida proporção entre as manchas dele e os espaços vazios no formato.

Araújo (2008) sugere que, em obras graficamente complexas, o profissional elabore uma espécie de rascunho ou página-modelo, chamado de *rafe* no meio editorial, o qual pode imprimir e transformar em uma "boneca" do livro. Juntando algumas páginas esboçadas a um volume de páginas em branco, é possível ter ideia do aspecto geral do livro, como grossura, formato e disposição dos cadernos. Tal prática oferece também maior percepção do conjunto gráfico, como a harmonização da construção da grade, a disposição das imagens, o corpo do texto e as áreas de margem.

O autor completa indicando que esse esboço seja feito à mão livre; todavia, hoje, com o avanço tecnológico, é possível criá-lo digitalmente no computador por meio de programas de editoração gráfica e imprimi-lo para verificação, o que auxilia bastante na percepção ampla do projeto, uma vez que esse rascunho é mais fiel à realidade.

As páginas da grade são como gabaritos que apresentam páginas duplas (pares e ímpares), à semelhança de um livro aberto, e cuja dimensão depende do formato estabelecido para o livro. Nelas, segundo Araújo (2008), são traçadas divisões da mancha de texto, que determinam suas colunas, suas entrelinhas e suas margens. Além disso, a grade também delimita a área de impressão das páginas, apresentando marcas de corte de papel em forma de cruzes nos quatro cantos do projeto.

Figura 3.3 – **Modelo de grade**

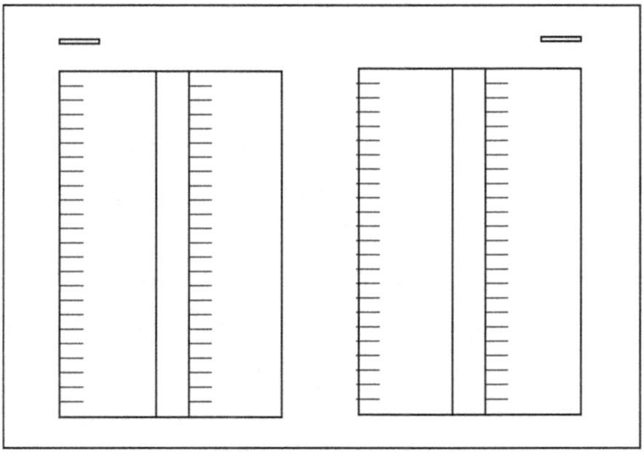

Fonte: Araújo, 2008.

O desenvolvimento de uma grade correta é indiscutivelmente crucial para a construção de uma boa página; contudo, é necessário ater-se à sequência das páginas para conferir unidade ao projeto. Mesmo que as manchas sejam organizadas em esquemas de proporções assimétricas, como o de 12 unidades (Figura 3.4), ainda é possível elaborar manchas com duas, três ou mais colunas, o que possibilita variações interessantes em um mesmo contexto visual.

Figura 3.4 – **Grade de 12 unidades**

upstock/Shutterstock

Portanto, para Araújo (2008), construir a grade por meio de uma estrutura padronizada confere ao volume unidade e leitura agradável, ainda que suas páginas apresentem esse padrão sempre de maneira renovada.

Do mesmo modo, de acordo com Haslam (2007), o formato demonstra as proporções externas do livro, e a grade, suas divisões internas. O autor afirma ainda que os designers usam a grade principalmente para gerar coerência visual, viabilizando que o leitor se concentre mais no conteúdo e menos na forma.

Entretanto, nessa perspectiva, a constância não é uma vantagem, mas sim um prejuízo, visto que limita e torna a página um conjunto previsível.

3.2.1 **Construção de grades**

Diferentes esquemas de grade são difundidos no meio editorial. Os básicos consistem apenas em determinar a largura das margens, a proporção da mancha de texto, as características das colunas (número, comprimento e profundidade) e o espaço entre elas. Já os mais complexos definem uma para as linhas de base (nas quais as letras são acomodadas), o formato das imagens, a posição dos títulos e do fólio, as notas de rodapé e outros elementos textuais.

De acordo com Haslam (2007), as grades baseiam-se na geometria e surgiram na Idade Média, antes da padronização dos sistemas de medida. Assim, diferentes técnicas eram empregadas na construção de grades, pois cada impressor adotava um padrão de tamanho para os tipos.

Nesse processo, o designer deve decidir se a grade será simétrica ou assimétrica, o que se refere à mancha de texto de uma página espelhada. No geral, livros não produzidos em escala (teses acadêmicas e livros artesanais) utilizam grades simétricas baseadas na calha central, ou seja, a página esquerda é uma imagem espelhada da página direita. Já as assimétricas não refletem uma linha de simetria em relação à mancha de texto. Veja um exemplo a seguir.

Figura 3.5 – **Grades simétricas e assimétricas**

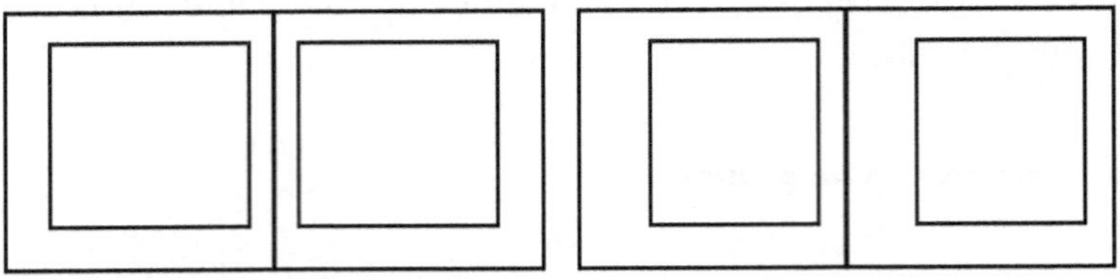

Fonte: Haslam, 2007, p. 42.

De acordo com o autor, para criar uma mancha de texto simétrica, é necessário primeiro definir margens iguais em torno das páginas, proporcionando uma percepção visual de moldura. Nesse momento, é preciso atentar para a quantidade de páginas prevista para o projeto e o tipo de encadernação que o livro receberá futuramente, assim, evita-se que o limite da margem interior esprema a área de moldura, dando a impressão de que a calha do livro está puxando a mancha de texto, caso este tenha muitas páginas.

No caso de encadernação brochura, quanto maior o número de páginas, maior deve ser sua margem interna. Sugere-se aplicar margem interna acima de 20 milímetros nesses casos, principalmente em páginas de texto. A figura a seguir exemplifica uma página com margens superior, inferior, interna e externa iguais. Como podemos observar, se o livro tiver grande quantidade de páginas, a margem será automaticamente puxada no ato do processo de encadernação, e, assim, a área de texto será puxada pela calha, impactando negativamente no equilíbrio das páginas.

Figura 3.6 – **Grade formada por margens superior, inferior, interna e externa iguais**

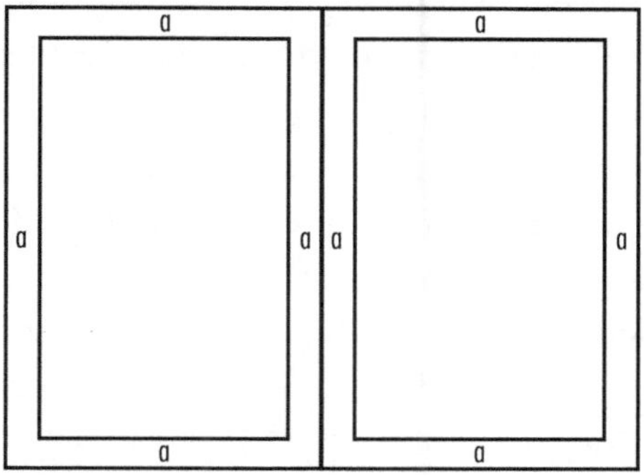

Fonte: Haslam, 2007, p. 43.

As margens consistem em espaços em branco que limitam a utilização da página a um espaço predefinido central. Para defini-las, devem ser considerados o formato da página e seu modo de impressão, já que o corte também interfere no planejamento do espaço. Haluch (2013) afirma que, em livros de leitura contínua, as páginas espelhadas convencionalmente são posicionadas uma em relação à outra para que o leitor as visualize como uma unidade. Por isso, a medianiz (margem interna das duas páginas) precisa ser menor do que a margem lateral; assim, os dois blocos de texto ficam próximos, e a margem externa é percebida como uma moldura.

Segundo Bringhurst (2005), 50% do caráter e da integridade de uma página está nas letras, e os outros 50%, em suas margens. A margem superior costuma ser menor do que a inferior, que é a mais larga de todas, para que o leitor consiga segurar o livro sem atrapalhar a leitura. As margens laterais, por sua vez, possibilitam que se perceba a mancha de texto. Ela não deve ser muito pequena nem conter linhas muito longas. Haluch (2013) explica que a medida ideal para uma linha é cerca de 65 caracteres, podendo variar de 50 a 70. A autora acrescenta que, em linhas muito longas, deve-se aumentar as entrelinhas para facilitar a leitura.

As margens também auxiliam o projeto gráfico, proporcionando-lhe áreas de respiro, que são vitais principalmente em livros com grande volume de texto. Sobre isso, Haslam (2007) afirma que aplicar proporções comuns para formato e caixa de texto também é uma boa maneira de iniciar a criação das grades. Criam-se duas diagonais por intermédio da página e um novo retângulo com cantos que interceptam as diagonais. Em seguida, aprimora-se a mancha de texto no sentido da margem interna, levantando-a no sentido da margem superior, o que resulta em quatro dimensões de margem.

Figura 3.7 – **Grade composta por formato e caixas de texto de proporções constantes**

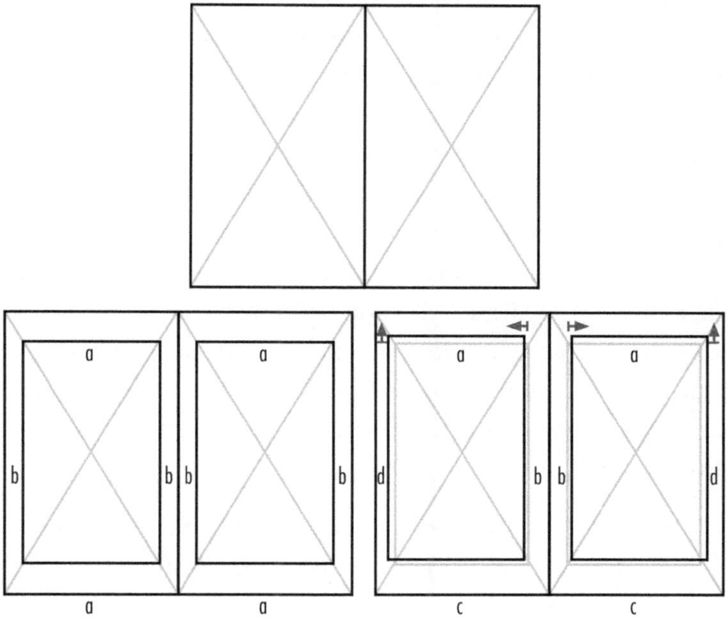

Fonte: Haslam, 2007, p. 43.

Estabelecidas as proporções e as medidas de margem das páginas, o designer pode optar por diferentes perspectivas de grade para a criação do projeto gráfico. A seguir, apresentamos alguns sistemas de grade desenvolvidos ao longo do tempo. Vale ressaltar que a escolha do sistema deve considerar as quantidades de texto e de imagem proposta para cada página, em consonância com o *briefing*, além de áreas destinadas aos elementos textuais.

Sistema de grades de Villard de Honnecourt

O arquiteto Villard de Honnecourt desenvolveu, no século XIII, um sistema de grade alicerçado em um método de divisão geométrica do espaço. Diferentemente da escala de Fibonacci, em que cada número é a soma dos dois números anteriores (0, 1, 1, 2, 3, 5, 8, 13, 21 etc.), esse método permite dividir, eficientemente, por 9 qualquer página de formato áureo, seja no posicionamento retrato, seja em paisagem. De acordo com Haslam (2007), o resultado disso são 81 unidades com as mesmas proporções de formato e de caixa de texto. Assim, as margens são determinadas pela altura e pela largura de cada unidade.

O autor sugere, ainda, nove passos para a construção de grade com base no método de Villard de Honnecourt, os quais demonstramos adiante por meio de figuras extraídas de sua obra (Haslam, 2007, p. 44):

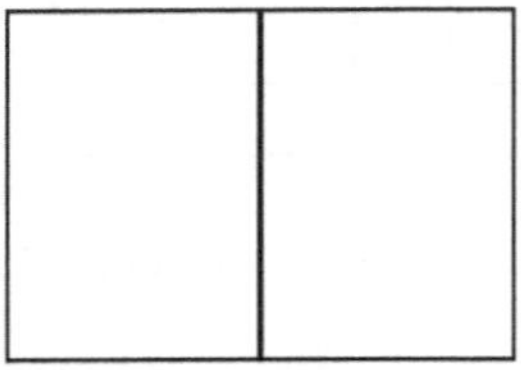

1. selecionar o formato e o tamanho das páginas espelhadas;

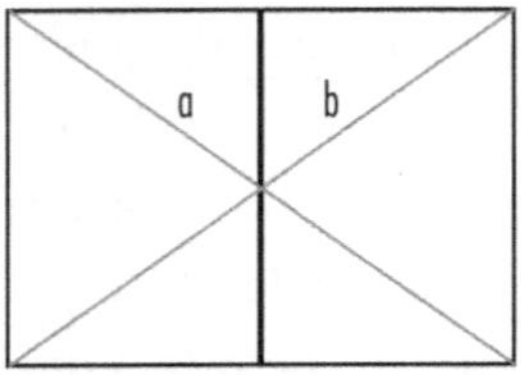

2. desenhar linhas diagonais (*a* e *b* na figura) de uma extremidade a outra das páginas;

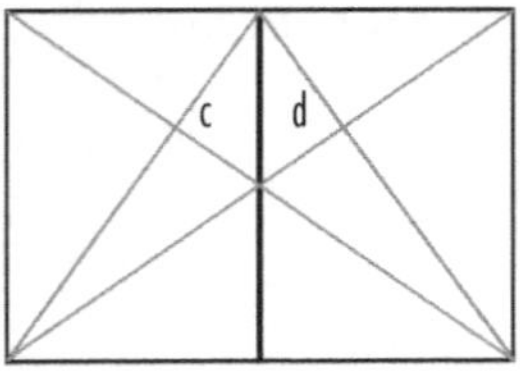

3. traçar linhas diagonais (*c* e *d* na figura) a partir dos cantos inferiores das páginas espelhadas até a calha;

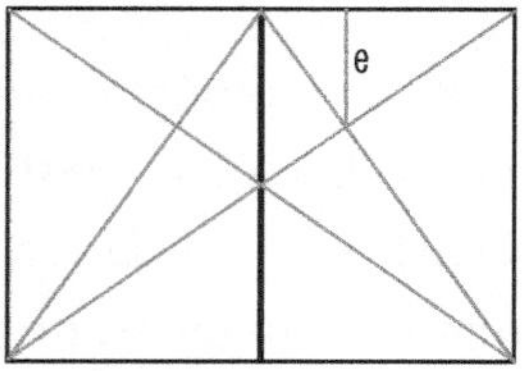

4. na página direita, a partir do ponto onde as duas diagonais encontram-se, desenhar uma linha vertical (*e* na figura) em direção à borda da página;

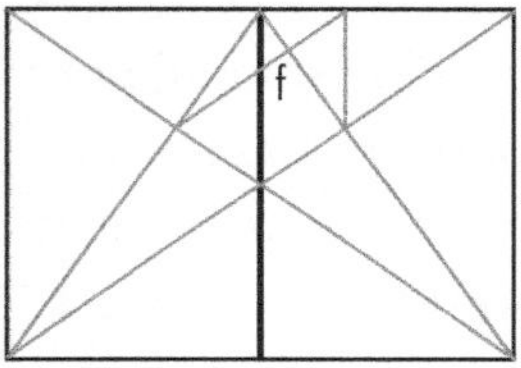

5. a partir do ponto determinado no alto da página da direita, desenhar uma linha (*f* na figura) no sentido da intersecção das duas diagonais na página da esquerda;

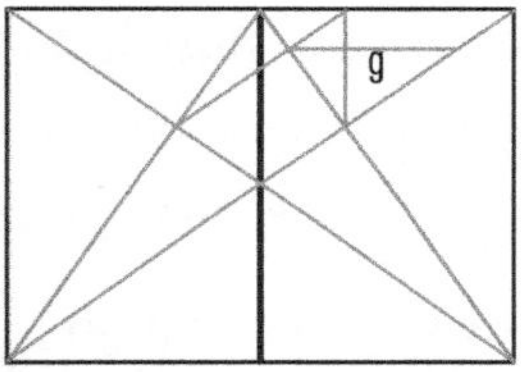

6. desenhar uma linha horizontal (*g* na figura) por meio da página e, a partir da intersecção na página da direita, avançar um nono na direção da largura da calha da página.

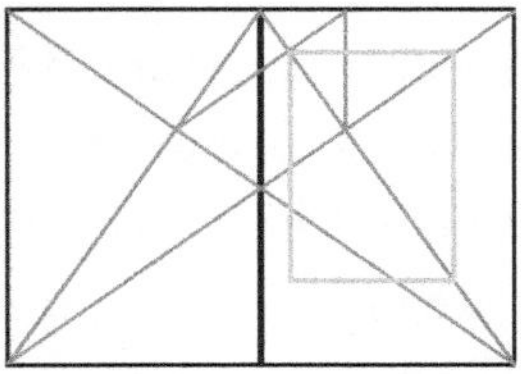

7. determinada a parte superior da caixa de texto, traçar seus lados paralelamente à margem da página, sendo sua parte inferior dividida pela diagonal da folha.

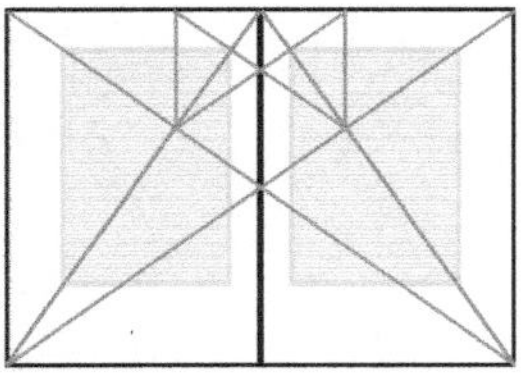

8. O mesmo processo deve ser aplicado à página da esquerda.

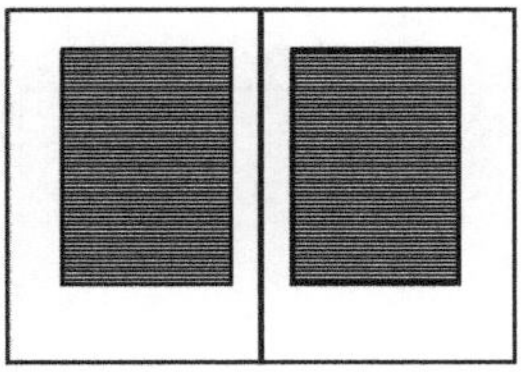

9. Formadas as caixas de texto, podem--se desenhar as linhas de base em seus interiores.

Sistema de grades de Paul Renner

Paul Renner (1948, citado por Haslam, 2007) também propôs um método de divisão em unidades em seu livro *Die Kunst der Typographie*, publicado no ano de 1948. O método de Renner consiste em subdividir um formato retangular em unidades, de forma a manter as mesmas proporções do original. Divide-se tanto a largura quanto a altura da página pelo mesmo número. Assim, pode-se gerar certa variedade de posições para a caixa de texto e de larguras de margem por meio da divisão da largura e da altura da página em acréscimos de 13, 14, 15, 16 e 17 unidades em diante.

Haslam (2007, p. 46) sugere cinco passos para a construção de grade com a aplicação do método de Paul Renner, os quais demonstramos a seguir por meio de figuras extraídas de sua obra:

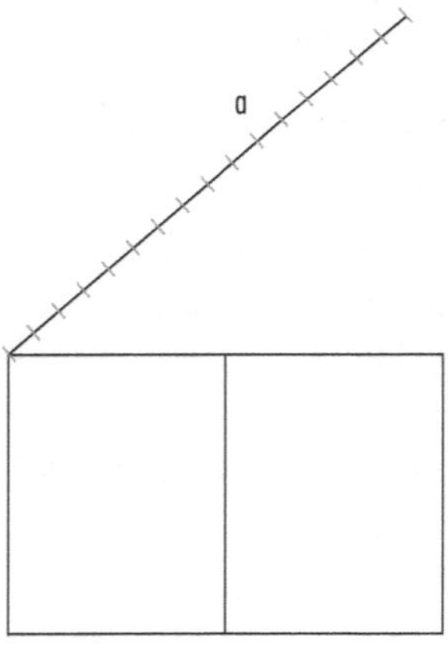

1. selecionar o formato e o tamanho da página e desenhar uma linha (*a* na imagem) de aproximadamente 45° do canto superior esquerdo da página espelhada. Esse processo de medição emprega 16 acréscimos da unidade estimada ao longo da linha;

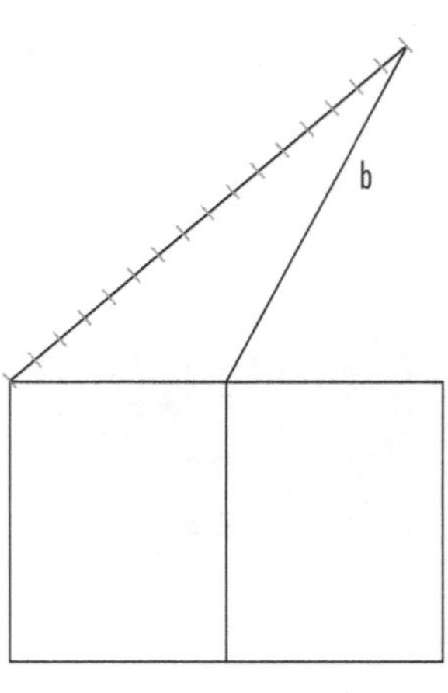

2. desenhar uma linha de transposição (*b* na imagem) a partir do acréscimo unitário mais distante do canto superior direito da página;

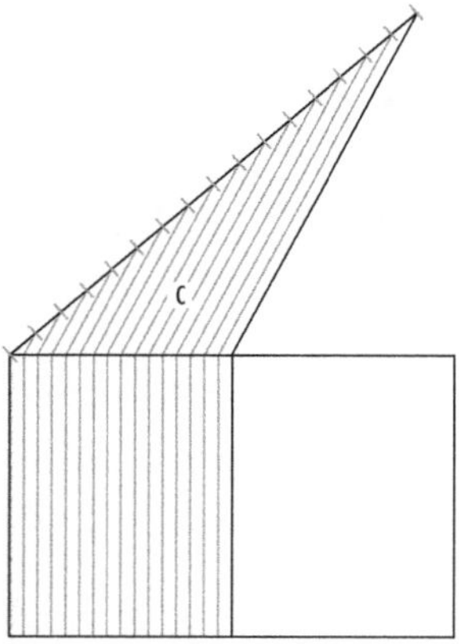

3. traçar linhas (*c* na imagem) a partir de cada um dos acréscimos unitários paralelas à linha de transposição, de forma a interceptar a borda superior do papel. Em seguida, devem-se desenhar as colunas verticais;

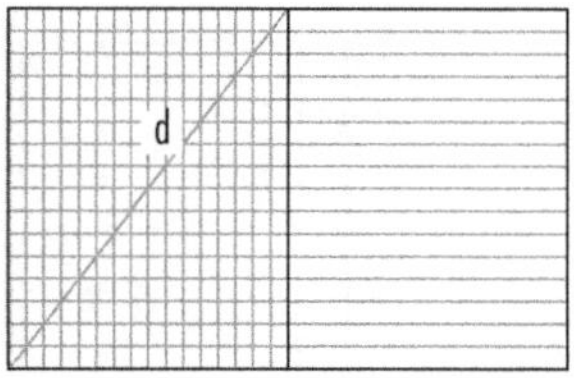

4. desenhar uma linha diagonal (*d* na imagem) por meio da página espelhada e traçar linhas horizontais a partir do encontro dela com as divisões verticais, o que resulta em 256 unidades;

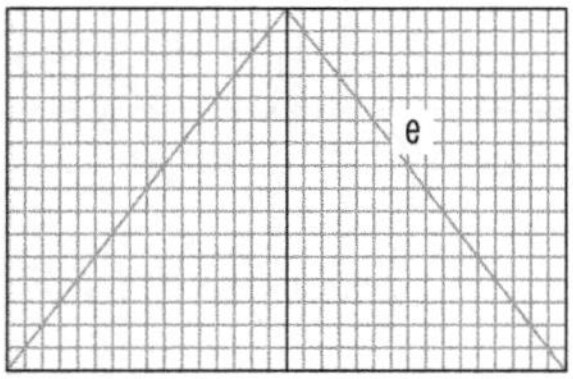

5. desenhar uma diagonal (*e* na imagem) através da página da direita, formando intersecções que guiarão o desenho das verticais paralelas, resultando em mais 256 unidades.

Nas figuras anteriores, verifica-se que essa divisão geométrica proposta por Paul Renner dá origem a 512 unidades de proporções iguais, que viabilizam inúmeras possiblidades de proporção de margens, colunas, áreas de texto, imagens etc.

Retângulos raiz quadrada

Também é possível elaborar a grade da página por meio do uso de retângulos "raiz quadrada". Conforme Haslam (2007), os retângulos raiz quadrada são retângulos que podem ser subdivididos em unidades menores, refletindo as proporções originais de altura e largura da página.

Desse modo, a largura das margens e a posição da mancha podem ser definidas pela intersecção das diagonais e dos círculos, cujos diâmetros baseiam-se na largura dos retângulos.

Figura 3.8 – **Retângulo raiz quadrada**

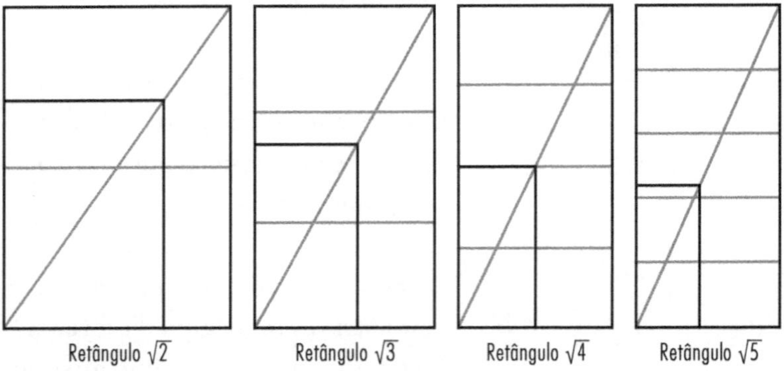

Fonte: Haslam, 2007, p. 48.

Como mencionamos, alguns designers recorrem a escalas para tomar decisões sobre o formato e o projeto de grades. Essas escalas modulares permitem a construção flexível de grades apoiadas em um conceito do livro. Por exemplo, um livro sobre moda pode assumir uma escala baseada em uma silhueta ou no formato de peças de roupas. Para Haslam (2007), essa abordagem faz com que a estrutura seja moldada pelo conteúdo, e não o contrário, isto é, o conteúdo moldado por uma estrutura imposta. O uso de escalas modulares pode fundar-se em qualquer unidade de medida: milímetros, polegadas, pontos etc.

Figura 3.9 – **Grade com escala proporcional**

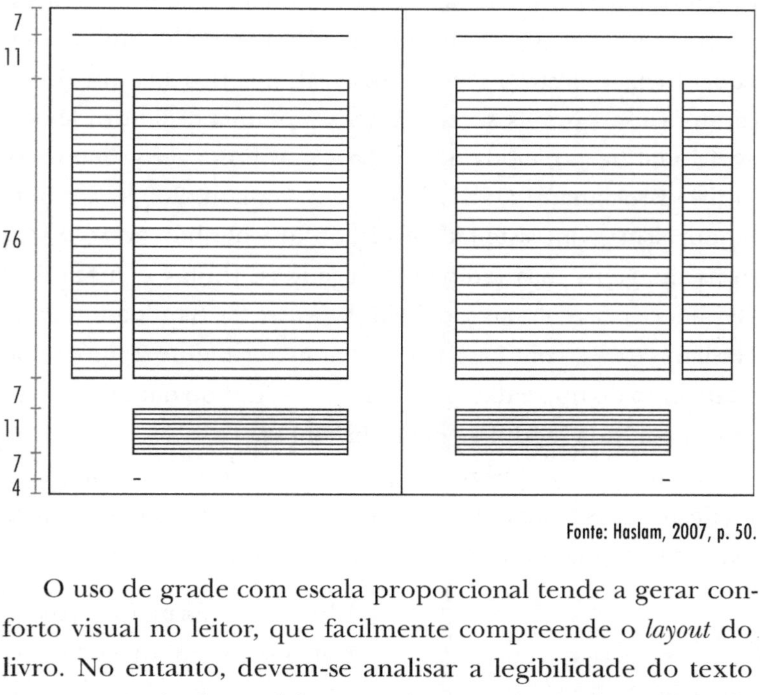

Fonte: Haslam, 2007, p. 50.

O uso de grade com escala proporcional tende a gerar conforto visual no leitor, que facilmente compreende o *layout* do livro. No entanto, devem-se analisar a legibilidade do texto e a recorrência de sua leitura. Assim como o citado modelo de silhueta, alguns formatos podem tornar-se cansativos e monótonos se aplicados em uma grande sequência de páginas.

Grade modernista

Jan Tschichold, em seu livro *The New Typography*, de 1928, questionou os antigos formatos de tipos e grades e abriu caminho para uma nova abordagem "modernista" de livros. De acordo com Haslam (2007), essa abordagem de design foi iniciada com a Bauhaus e o construtivismo, entre as décadas de 1920 e 1930, e difundida após a Segunda Guerra Mundial, com a ampliação das ideias de Tschichold pela nova geração de designers.

Na Suíça e na Alemanha, nomes como Max Bill, Emil Ruder, Hans Erni, Celestino Piatti e Josef Müller-Brockmann começaram a usar grades sistematizadas por uma estrutura lógica e racional de posicionamento de textos e imagens. Segundo Müller-Brockmann (1961, citado por Haslam, 2007), a grade modernista é um sistema sofisticado que alinha não só o texto às imagens, mas também a legendas, títulos e subtítulos. Geralmente, as colunas são divididas entre 2 e 8 unidades. Para Haslam (2007), com base nisso, o designer define a tipografia, o tamanho do tipo e das entrelinhas, verificando quantas linhas cabem em cada módulo e em cada coluna.

O autor sugere seis passos para a construção de uma grade modernista, os quais demonstramos adiante por meio de figuras extraídas de sua obra (Haslam, 2007, p. 56):

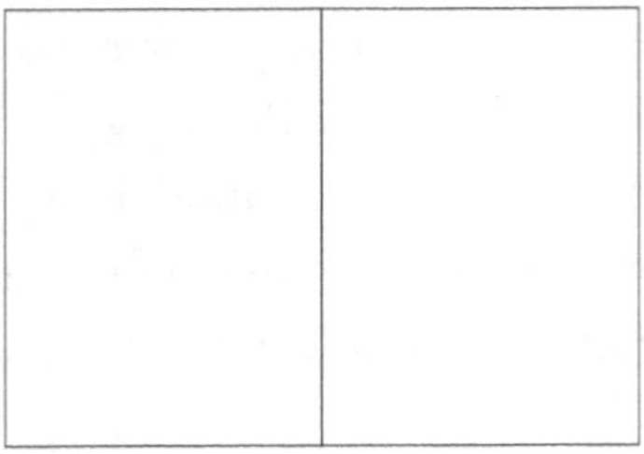

1. selecionar o formato, a paisagem ou o retrato e o tamanho do papel;

2. escolher as larguras aproximadas das margens em relação ao conteúdo e, com isso, definir a área da mancha de texto;

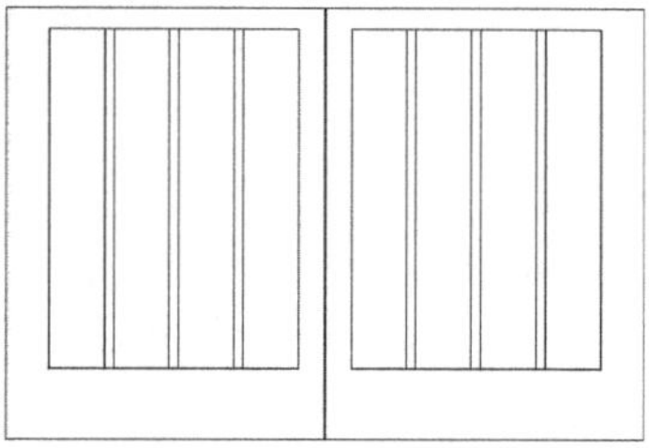

3. dividir a área da mancha pelo número esperado de colunas e inserir as calhas separadoras;

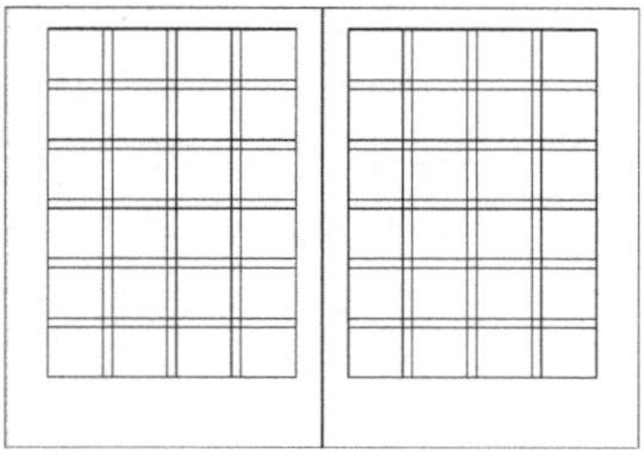

4. dividir as colunas em unidades;

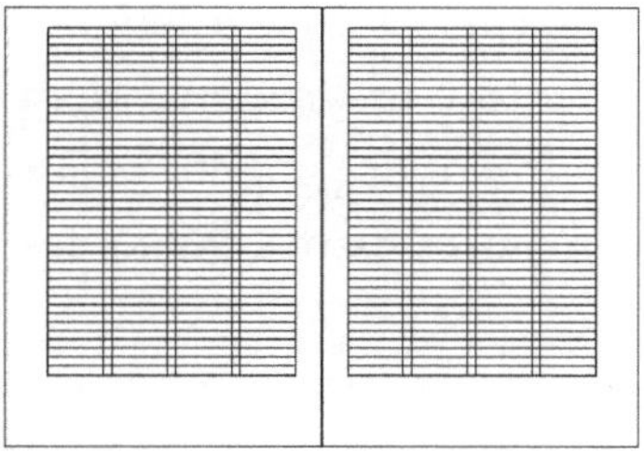

5. decidir os tamanhos do tipo e das entrelinhas;

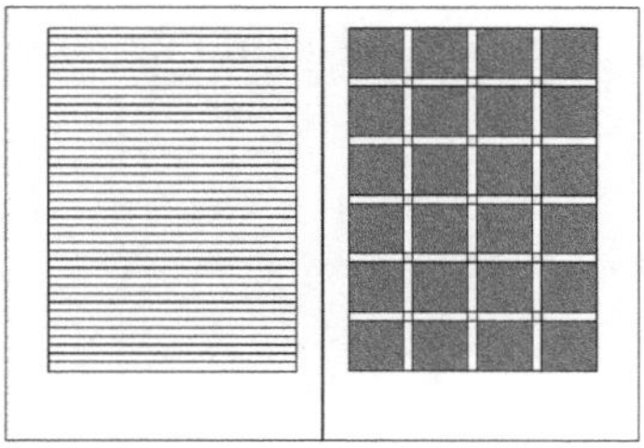

6. sobrepor as linhas de base horizontal e as colunas verticais às unidades.

O cálculo de linhas por módulo consiste na divisão do número de linhas na coluna pelo número de unidades, mas, antes disso, deve-se reduzir o número de linhas vazias, que serão os espaços em branco entre as unidades. Por exemplo:

> Número de linhas na coluna = 48
> Número de linhas vazias = 4
> Número de unidades = 6
> Cálculo: 48 – 4 = 42 | 42/6 = 7 linhas por unidade

Se a página contiver 4 colunas, a área será ocupada por 24 unidades por página. Ainda que o cálculo resulte em um número decimal, o designer pode, de acordo com Haslam (2007), resolver a questão da "meia-linha" arredondando o valor para o número mais próximo divisível por 6 e obtendo um novo valor para o número de unidades por coluna. Outra opção é modificar o tamanho do tipo e as entrelinhas ou realizar pequenas mudanças no valor das margens. Assim, com a grade construída, o designer segue moldando os demais elementos e faz os ajustes necessários.

Ainda para o autor, a grade modernista permite que o designer encontre as posições exatas para o texto e as imagens, além de viabilizar variações dinâmicas. Nesse sentido, quanto maior a divisão da mancha em unidades, maiores as possibilidades de diagramação.

Adotar mais de uma grade é algo comum à maioria dos livros simples. Pode-se optar por um modelo de grade para páginas ocupadas apenas por texto e outro para páginas com imagens.

Também é possível atribuir modelos específicos de grades a um dos elementos pré-textuais ou pós-textuais, como o sumário, o glossário ou o índice. Estabelecendo-se como base uma grade simples, ainda que se atribuam diferentes modelos a determinadas páginas, o projeto mantém sua unidade.

Conforme Haslam (2007, p. 58), "quanto mais complexo for o sistema de grades, maior será o número de possíveis variações do *layout*". Alguns designers levam a utilização das grades ao extremo e formam "camadas" de grades de diferentes propostas com o intuito de gerar resultados experimentais. O uso extremo dessa abordagem pode ocasionar saturação visual.

Para Haslam (2007), a grade modernista apresenta limitações. Fotografias e desenhos, por exemplo, são produzidos em diversos formatos, e nem todos são acomodados adequadamente nessa abordagem em unidades, necessitando de cortes. Alguns designers acabam por ajustar o comprimento e a largura dos módulos a fim de fazer caber as imagens completas, provocando a quebra da grade. Por isso, no caso de livros de fotografias e catálogos de arte, recomendam-se sistemas de grade menos dogmáticos, de modo a criar um arranjo que melhor comporte o conteúdo sem cortes e sem perdas de informação visual.

Sistema de grade quadratim

Até então, vimos sistemas de grade elaborados de fora para dentro, moldando o conteúdo da página para que caiba em um formato preestabelecido. Agora, analisaremos como elaborar a grade de dentro para fora.

A princípio, de acordo com Haslam (2007), identifica-se o número de colunas exigido para acomodar o texto e as imagens conforme as características do conteúdo, para, em seguida, determinar as larguras exatas das margens.

Antigamente, na composição tipográfica, as grades eram elaboradas com base em um quadrado de um tipo de metal chamado de *eme* ou *quadratim*, o qual ajudava a delimitar a largura da coluna e o intervalo. A grade era formada pelo uso alternado do eme e do intervalo e pela elaboração de um padrão de colunas de 12 quadratins. O quadratim eme era empregado na medição da largura de linhas, colunas e demais elementos. Por exemplo, uma coluna teria x emes de largura. Esse sistema de 12 quadratins era muito usado por tipógrafos na Grã-Bretanha e nos Estados Unidos, já que é oriundo de medidas imperiais.

Figura 3.10 – **Sistema de 12 quadratins**

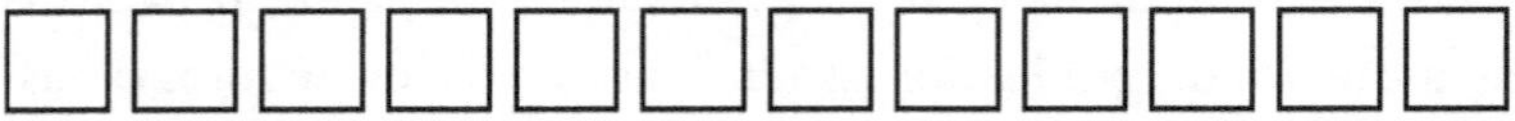

Fonte: Haslam, 2007, p. 65.

Definido o quadratim adequado, o designer consegue desenvolver uma grade com múltiplas colunas de forma fácil. Segundo Haslam (2007), todos os elementos da página podem ser estipulados em quadratins, seja linha de base, seja formato.

Birdsall (citado por Haslam, 2007) adaptou o sistema imperial dos quadratins ao que ele chama de "sistema de grade quadratim métrico". No quadratim métrico, as dimensões externas da página são especificadas em milímetros, e as internas da grade são indicadas em pontos. Birdsall (citado por Haslam, 2007) explica que sua adaptação é um sistema híbrido entre o imperial e o métrico, mantendo as vantagens de ambos.

Essa abordagem estabelece uma medida-padrão para as dimensões externas e internas da página. Os quadratins eme e os intervalos dão lugar a quadrados métricos construídos em 12 colunas básicas. O sistema pode ser adaptado para comportar qualquer número de colunas; para isso, basta estabelecer as divisões básicas de colunas e intervalos de grade e delimitar as margens conforme a mancha de texto (Haslam, 2007).

Figura 3.11 – **Construção de grade pelo sistema quadratim métrico**

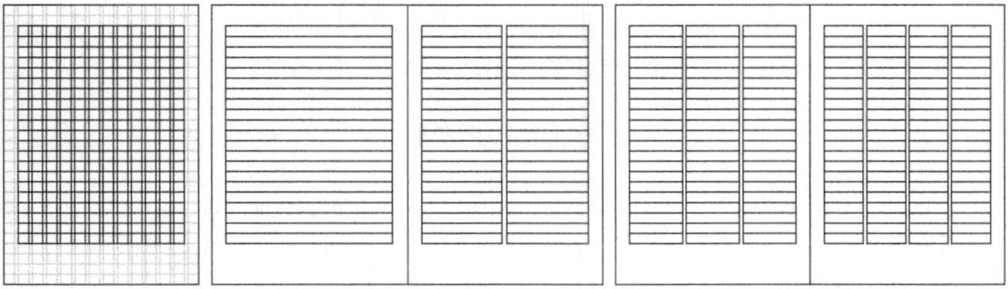

Fonte: Haslam, 2007, p. 65.

Haslam (2007) sugere seguir uma sequência de quatro passos para a construção de uma grade baseada no sistema quadratim métrico. Utilize lápis, régua e papel ou um *software* de diagramação para acompanhar o raciocínio por meio de rascunhos.

O primeiro passo concerne ao formato da página (retrato, paisagem ou quadrado). Deve-se determinar a quantidade de colunas necessárias para comportar o conteúdo, bem como estabelecer o comprimento da linha tendo em vista o peso e o tamanho do tipo utilizado.

O segundo passo consiste em selecionar uma divisão quadratim métrica, em que os quadratins definem a largura do bloco de texto, assim como o número de colunas e sua largura. Conforme a figura adiante, considerando-se uma divisão de 12 quadratins de 10 mm cada, com 4 mm de espaço entre eles, é possível obter:

- uma coluna única de 164 mm (12 quadratins × 10 mm + 11 espaços × 4 mm = 164 mm);

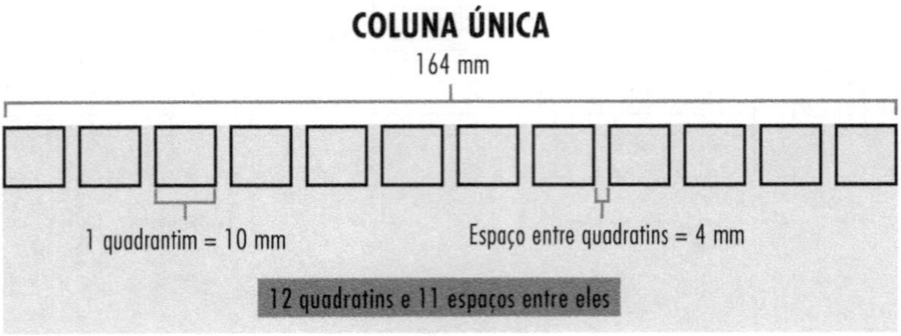

- duas colunas de 80 mm de largura cada, a partir de um intervalo de 6 quadratins (6 quadratins × 10 mm + 5 espaços × 4 mm = 80 mm);

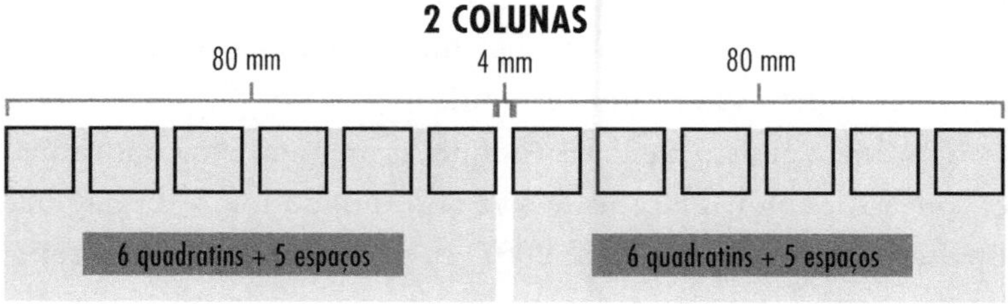

- três colunas de 52 mm de largura cada, a partir do intervalo de 4 quadratins (4 quadratins × 10 mm + 3 espaços × 4 mm = 52 mm);

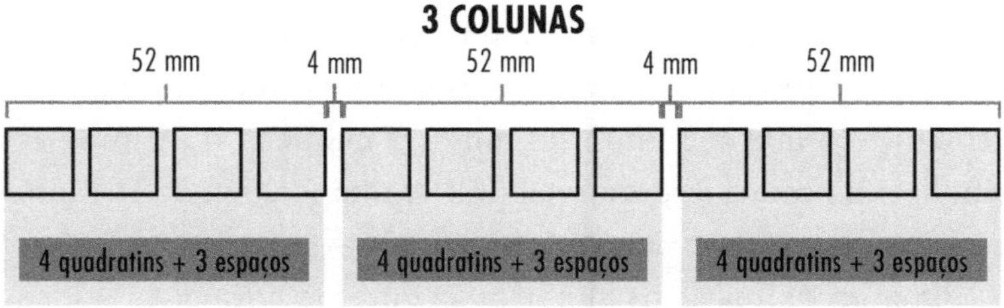

- 4 colunas de 38 mm de largura cada, a partir do intervalo de 3 quadratins (3 quadratins × 10 mm + 3 espaços × 4 mm = 38 mm).

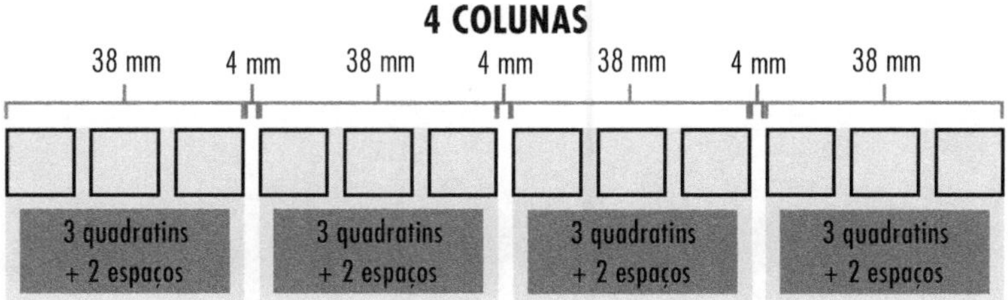

Já o terceiro passo corresponde à ação de determinar a profundidade da grade em quadratins, por exemplo, uma coluna com profundidade de 22 quadratins de 10 mm cada tem uma profundidade total de 220 mm, pois, nesse caso, não há espaços superiores ou inferiores. O *leading*, ou seja, o espaçamento entre as linhas, é definido posteriormente.

Por fim, o quarto passo visa definir as margens em quadratins e, com isso, obter a largura e a profundidade totais da página. Birdsall (citado por Haslam, 2007) considera o uso de margens laterais iguais, porém o sistema quadratim pode ser utilizado para gerar margens diferenciadas de acordo com o projeto. O designer deve pensar a forma de encadernação do projeto para calcular as margens internas ideais.

Na figura a seguir, é possível examinar um exemplo de uma grade de coluna única com 12 quadratins. Nela foram adicionados 1 quadratim + 1 intervalo às margens interna e externa (10 mm + 4 mm = 14 mm, 14 mm × 2 margens = 28 mm), assim ficando com a largura total de 192 mm (coluna de 164 mm de largura + 28 mm de margens laterais).

Quanto às margens superior e inferior, foram aplicados 2 quadratins acima e 4 quadratins abaixo da coluna (10 mm × 2 = 20 mm, 10 mm × 4 = 40 mm), assim definindo a profundidade da página em 280 mm (coluna de 220 mm de profundidade + margem superior de 20 mm + margem inferior de 40 mm).

Figura 3.12 – **Definição de margens e dimensão total da página no sistema quadratim métrico**

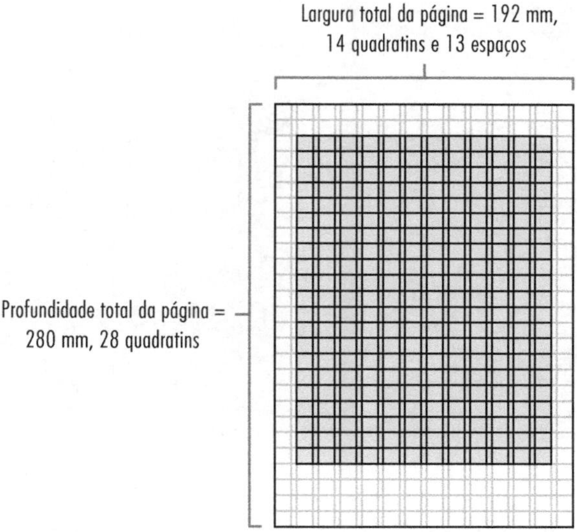

As divisões da página (verticais e horizontais) são especificadas em milímetros, logo, os demais elementos, como a linha de base, as entrelinhas e o tipo, também precisam ser expressos nessa unidade de medida. Trabalhando-se com essa abordagem, o sentido da construção da grade de dentro para fora torna-se perceptível.

Quadrados incrementais de grade

Além de livros, outros impressos também utilizam o sistema de grade baseado em quadrados para comportar informação. Os cartógrafos, por exemplo, baseiam-se nele para criar mapas.

Figura 3.13 – **Mapa cartográfico**

Nicky/Shutterstock

A grade cartográfica é uma estrutura quadrada que desempenha duas funções específicas: 1) delineia a escala da área geográfica demarcada; e 2) dá apoio a um sistema indexador composto por coordenadas. Livros históricos com uma cronologia sequencial podem valer-se de uma estrutura de grade dividida com base em espaços temporais, como décadas ou séculos. Assim, é possível contar a história de civilizações antigas passo a passo, utilizando divisões verticais para indicar cada acontecimento marcante. Nesse caso, como afirma Haslam (2007), a estrutura é gerada pela distribuição das posições do conteúdo em determinado recorte de tempo.

Grade orgânica

A grade orgânica, por outro lado, modifica-se por intermédio das páginas e conforme as mudanças de informação. A estrutura dela em cada página é única e emprega elementos comuns ao longo do livro. Essa abordagem aproxima-se de uma "animação", no sentido de que células sucessivas podem conter a mesma imagem inúmeras vezes. No caso das páginas, podem apresentar a mesma mancha de texto, desde que feitas pequenos ajustes de enquadramento.

Figura 3.14 – **Páginas espelhadas com grade orgânica**

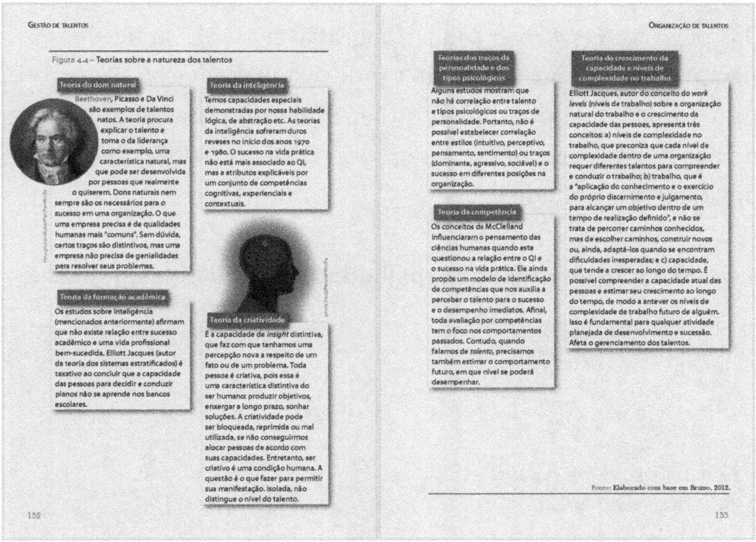

GESTÃO DE TALENTOS

Figura 4.4 – Teorias sobre a natureza dos talentos

Teoria do dom natural

Beethoven, Picasso e Da Vinci são exemplos de talentos natos. A teoria procura explicar o talento e toma o da liderança como exemplo, uma característica natural, mas que pode ser desenvolvida por pessoas que realmente o quiserem. Dons naturais nem sempre são os necessários para o sucesso em uma organização. O que uma empresa precisa é de qualidades humanas mais "comuns". Sem dúvida, certos traços são distintivos, mas uma empresa não precisa de genialidades para resolver seus problemas.

Teoria da formação acadêmica

Os estudos sobre inteligência (mencionados anteriormente) afirmam que não existe relação entre sucesso acadêmico e uma vida profissional bem-sucedida. Elliott Jacques (autor da teoria dos sistemas estratificados) é taxativo ao concluir que a capacidade das pessoas para decidir e conduzir planos não se aprende nos bancos escolares.

Teoria da inteligência

Temos capacidades especiais demonstradas por nossa habilidade lógica, de abstração etc. As teorias da inteligência sofreram duros reveses no início dos anos 1970 e 1980. O sucesso na vida prática não está mais associado ao QI, mas a atributos explicáveis por um conjunto de competências cognitivas, experienciais e contextuais.

Teoria da criatividade

É a capacidade de *insight* distintiva, que faz com que tenhamos uma percepção nova a respeito de um fato ou de um problema. Toda pessoa é criativa, pois essa é uma característica distintiva do ser humano: produzir objetivos, enxergar a longo prazo, sonhar soluções. A criatividade pode ser bloqueada, reprimida ou mal utilizada, se não conseguirmos alocar pessoas de acordo com suas capacidades. Entretanto, ser criativo é uma condição humana. A questão é o que fazer para permitir sua manifestação. Isolada, não distingue o nível do talento.

152

ORGANIZAÇÃO DE TALENTOS

Teorias dos traços da personalidade e dos tipos psicológicos

Alguns estudos mostram que não há correlação entre talento e tipos psicológicos ou traços de personalidade. Portanto, não é possível estabelecer correlação entre estilos (intuitivo, perceptivo, pensamento, sentimento) ou traços (dominante, agressivo, sociável) e o sucesso em diferentes posições na organização.

Teoria da competência

Os conceitos de McClelland influenciaram o pensamento das ciências humanas quando este questionou a relação entre o QI e o sucesso na vida prática. Ele ainda propôs um modelo de identificação de competências que nos auxilia a perceber o talento para o sucesso e o desempenho imediatos. Afinal, toda avaliação por competências tem o foco nos comportamentos passados. Contudo, quando falamos de *talento*, precisamos também estimar o comportamento futuro, em que nível se poderá desempenhar.

Teoria do crescimento da capacidade e níveis de complexidade no trabalho

Elliott Jacques, autor do conceito do *work levels* (níveis de trabalho) sobre a organização natural do trabalho e o crescimento da capacidade das pessoas, apresenta três conceitos: a) níveis de complexidade no trabalho, que preconiza que cada nível de complexidade dentro de uma organização requer diferentes talentos para compreender e conduzir o trabalho; b) trabalho, que é a "aplicação do conhecimento e o exercício do próprio discernimento e julgamento, para alcançar um objetivo dentro de um tempo de realização definido", e não se trata de percorrer caminhos conhecidos, mas de escolher caminhos, construir novos ou, ainda, adaptá-los quando se encontram dificuldades inesperadas; e c) capacidade, que tende a crescer ao longo do tempo. É possível compreender a capacidade atual das pessoas e estimar seu crescimento ao longo do tempo, de modo a antever os níveis de complexidade de trabalho futuro de alguém. Isso é fundamental para qualquer atividade planejada de desenvolvimento e sucessão. Afeta o gerenciamento dos talentos.

Fonte: Elaborado com base em Bruno, 2012.

153

Fonte: Lotz; Gramms, 2012, p. 152-153.

Cada capítulo pode receber pequenas variações do mesmo arcabouço. Pode parecer um modo arbitrário de estruturar um projeto, mas é tão válido quanto qualquer outro sistema. Os leitores podem estranhar, em um primeiro momento, contudo, após folhear algumas páginas, passam a assimilar o ritmo da grade, que se torna um elemento inédito na obra.

Livros sem grades

Muitos livros ilustrados são projetados sem o uso de grades: ficção, literatura, infantis, livros de artes etc. Geralmente, tendo sido estabelecidos o formato e o tamanho do livro, suas imagens são desenhadas ou pintadas com base na proporção das páginas. O *lettering* (ou a tipografia) pode ser aplicado, mas não precisa seguir um padrão rígido de apresentação. Podem-se usar caracteres tipográficos ou letras manuscritas, mas a linha de base e o espacejamento, segundo Haslam (2007), devem ser devidamente tratados.

Figura 3.15 – **Modelo de páginas espelhadas de um livro sem grades**

Pássaros voavam no céu
em direção ao Sol...

Tithi Luadthong/Shutterstock

Atualmente, com a disponibilidade de programas de editoração digital, é possível compor um *layout* sem o uso de grades; assim, texto e imagens podem ser dispostos com fluidez.

3.2.2 Considerações sobre os diferentes sistemas de grade

Conforme Haslam (2007, p. 68), "a noção de grade adequada adere mais literalmente ao princípio de se basear o sistema no conteúdo do livro". Se o foco do projeto é visual, é possível construir uma grade alicerçada nesse fator. Um livro de arquitetura, por exemplo, pode usar a fachada de um edifício, apresentando, na página da direita, a fachada frontal, ao passo que, na página da esquerda, a projeção vertical. Desse modo, a grade do livro comporta o conteúdo nos desenhos do arquiteto.

O autor explica que a grade adequada não é um recurso passivo, imprimindo significado na relação entre a forma do conteúdo e a forma do livro. Ao aplicar de modo literal os aspectos dessa abordagem, é possível que o designer obtenha como resultado uma estrutura tediosa, que pode ser uma distração para o leitor.

Dessa forma, o ideal é realizar um estudo de grades, efetuar testes consoantes com o tipo de conteúdo disposto, bem como procurar adequar a grade a um ritmo de leitura agradável e dinâmico para o público-alvo do projeto.

Billion Photos/Shutterstock

CAPÍTULO 4

TIPOGRAFIA EM USO

A tipografia é a arte e o processo de criação na composição e na impressão de um texto por meio de tipos, que são modelos de representação de cada letra, também conhecidos como *caractere*. O objetivo da tipografia é estruturar a comunicação escrita, seja de forma física, seja digital.

Para Samara (2011b), a tipografia está presente em todos os momentos: nas contas que pagamos, nas etiquetas de alimentos, em cartazes, na internet, na televisão. Constata-se, assim, o quanto as inovações tecnológicas impulsionaram a evolução cultural. Atualmente, todas as pessoas estão aptas a representar conceitos, tanto visual quanto expressivamente, por meio de movimento e imobilidade, antes limitados. Nesse contexto, o tipo passou por diversas transformações, desde sua composição por blocos de metal fundido com relevo das letras até os meios digitais.

Antigamente, os tipógrafos eram, essencialmente, os profissionais que trabalhavam com serviços de tipografia, ou seja, eles criavam composições, formavam a paginação e realizavam a impressão dos mais variados impressos. Esses profissionais continuam a ser valorizados na contemporaneidade, já que dispõem de mais recursos para suas criações, que podem converter um simples impresso em uma obra de arte. Os avanços tecnológicos permitem que esses profissionais centrem-se, cada vez mais, no desenvolvimento de novos modelos de representação das letras, criando coleções de caracteres tipográficos em diversos estilos, chamadas de ***fontes tipográficas***.

As letras do alfabeto latino que usamos, também conhecido como *alfabeto romano*, provêm dos desenhos de escritas e silabários médio-orientais, que foram modificados ao longo do tempo, resultando em um novo desenho de tipo, linear e simplificado. O alfabeto latino é o sistema de escrita alfabética mais utilizado no mundo, presente na maioria das línguas da Europa Ocidental e Central, como o português, algumas estendidas para além do território europeu em razão do processo de colonização, como foi o caso do português no Brasil.

Embora possivelmente não saiba, ao escolher determinada família tipográfica, o designer, de acordo com Araújo (2008), está buscando um estilo de traçado de letras desenvolvido no decurso evolutivo desses primeiros sistemas de escrita. Ao selecionar as fontes adequadas para a publicação, o designer, o diagramador e o editor ficam submissos às normas daqueles tipos no que diz respeito às medidas e aos modelos. Logo, a escolha tipográfica e a hierarquia de estilos ao longo do livro (corpo do texto, títulos, subtítulos etc.) devem ser planejadas e testadas. Segundo Araújo (2008), o editor não pode assumir todas as responsabilidades sobre a transformação do original em livro impresso. Isso demanda a devida composição e distribuição do texto no papel em função do peso e do formato.

4.1 Caractere tipográfico

A escolha do tipo para o projeto de um livro e sua aplicação no decorrer do texto exigem conhecimento sobre como harmonizar as partes que o compõem, ou seja, os caracteres, as linhas e os blocos de texto. Conforme Araújo (2008), isso requer uma relação ideal entre as medidas do tipo, seu traçado e a distribuição das linhas a fim de obter um resultado legível e confortável para a leitura.

Segundo Niemeyer (2010), as principais **partes do tipo** (Figura 4.1) são: hastes (linhas verticais), barras (linhas horizontais), barrigas e bojos (curvas ou circulares), montantes, ápices, vértices, serifas, esporas e ocos. As hastes podem ser denominadas *ascendentes* quando posicionadas acima da linha de X e *descendentes* quando posicionadas abaixo da linha de base. A autora salienta que nenhum caractere tem todas as partes, além de esclarecer que ainda há elementos específicos, como braços, ombros, ganchos e orelhas.

Figura 4.1 – **Partes que compõem o tipo**

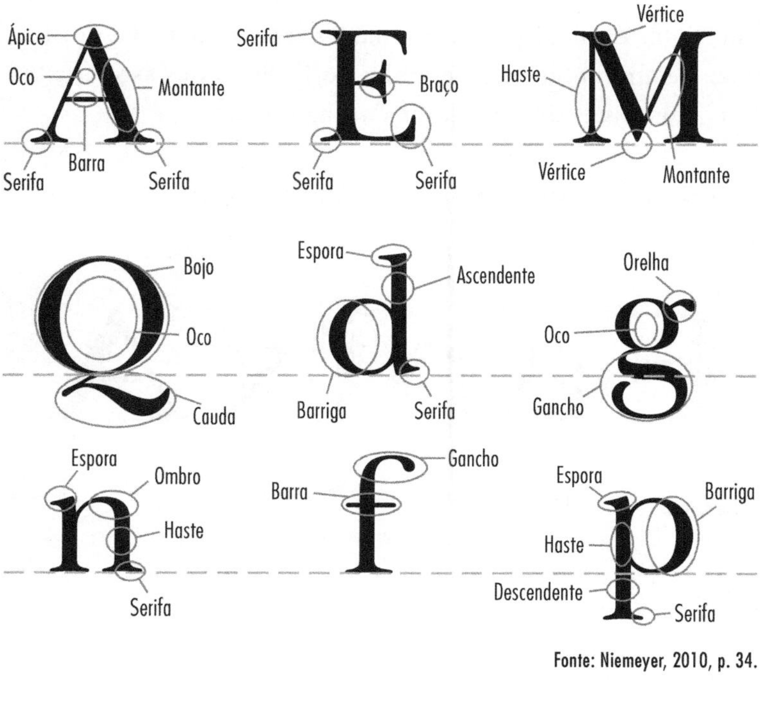

Fonte: Niemeyer, 2010, p. 34.

Araújo (2008) destaca o **olho**, a **haste** e a **serifa** como partes principais do tipo. Sendo o olho o desenho da letra em si, ele se torna a superfície de impressão do tipo. No caractere impresso, o maior espaço é ocupado pelo elemento espesso, que é uma linha grossa ou um traço pesado da letra. As hastes e as serifas também fazem parte do olho e são os itens que caracterizam o estilo da letra. A haste refere-se a cada um dos traços retos, oblíquos ou cursos que formam linhas de conexão em uma letra. A título de exemplificação, nas letras maiúsculas, aparecem em A, B, D, E, F, por exemplo. Nas minúsculas, são traços ascendentes, como em b, d, f, h; e descendentes, como em g, j, p, q e y. Por sua vez, a serifa consiste em um traço pequeno ou filete terminal em algumas letras.

De acordo com Niemeyer (2010), a posição dos caracteres, em uma linha, é guiada por determinadas **coordenadas** (Figura 4.2), quais sejam: linha de base, linha de X, linha das ascendentes, linha das descendentes e linha das maiúsculas.

Figura 4.2 – **Coordenadas de posicionamento dos tipos**

Fonte: Niemeyer, 2010, p. 35.

Com base na análise desses elementos, o designer cria uma relação entre o tamanho do tipo, a extensão da linha e os espaços de entrelinha. Araújo (2008) ressalta que é necessário atentar-se para a clareza do olho e de seu corpo em relação à largura das linhas, o que determina o equilíbrio da mancha de texto e resulta em uma boa legibilidade.

Para o autor, dois pontos devem ser considerados no momento da escolha de tipos para o projeto:

1. **Legibilidade** – Examinar os espaços brancos internos e externos da letra junto ao formato e à espessura do olho, das hastes e das serifas para que estes não comprometam a leitura do texto.
2. **Formato da página** – Analisar a relação entre o formato da página e as áreas em branco das margens, as entrelinhas, as palavras e o corpo do tipo para equilibrar visualmente as áreas de texto e de não texto.

Logo, não basta escolher uma família tipográfica; é necessário analisar todo o conjunto de sua aplicação ao projeto, caractere por caractere, linha por linha, parágrafo por parágrafo, página por página. A editoração eletrônica introduziu uma amplitude de fontes de vários gêneros. Segundo Araújo (2008), elas se diferenciam umas das outras pelos seguintes elementos:

- **Inclinação da letra** – Posição da letra em função do eixo do traçado, a qual geralmente aparece redonda ou romana; em grifo ou com itálico, que se trata de uma espécie de romano com estilo cursivo. O itálico é usado para destaques no texto, bem como para realçar palavras e expressões estrangeiras. O recurso também pode ser empregado em cabeçalhos e subtítulos no corpo do texto. Sua apresentação em letras maiúsculas, a depender da fonte escolhida, pode encerrar alguns problemas; por isso, é aplicado, na maioria dos casos, em minúsculas ou apenas na letra capitular.

- **Dimensão do olho** – Superfície total da letra. Para linhas compridas, Araújo (2008) recomenda que as letras minúsculas tenham um traçado mais amplo e de curvas mais abertas, como nas fontes *Baskerville* e *Palatino*. Já com olho mais estreito, consegue-se comportar mais palavras por linha, como a fonte *Bembo*.
- **Extensão das hastes ascendentes e descendentes** – Em alguns casos, esse item determina o espaço entre as linhas, afetando a legibilidade dos caracteres e da página como um todo. As letras com hastes ascendentes (superiores) são: b, d, f, h, k e l; ao passo que as letras de hastes descendentes (inferiores) são: g, j, p, q e y. Araújo (2008) salienta que alguns autores concebem o "t" como letra de haste ascendente, mas que, via de regra, suas hastes são de tamanho regular, comparando-se a outras letras, como o "k". A dimensão das hastes influencia a legibilidade na medida em que cria claros aparentes entre as linhas.

Figura 4.3 – **Altura das hastes**

Fonte: Araújo, 2008.

- **Força do tipo** – Esse aspecto afeta bastante a estética da página. As variações de densidade no traçado da letra conferem grande espessura à mancha, decorrente da espessura do olho. Logo, mesmo que as minúsculas tenham descendentes curtas, o conjunto de letras da página deve ser analisado para que não tire a densidade da mancha, o que requer entrelinhas robustas. Frequentemente, as famílias tipográficas dispõem de variedade de fontes em pesos distintos, como:
  - » **claro ou *light***: letras de traçado mais fino que o normal;
  - » **negrito ou *bold***: letras de traçado mais grosso que o normal;
  - » **preto ou *black***: letras de traçado grosso (mais grosso que o negrito), denso e pesado. Trata-se de um estilo geralmente usado em títulos, nunca para destaque em texto corrido.

Uma vantagem das fontes digitais é que elas podem ser personalizadas para atender às necessidades do projeto. A composição digital permite escolher a característica do olho conforme sua força; desse modo, tornou-se possível usar diferentes combinações de largura, peso e variações. Os recursos tecnológicos proporcionam agilidade ao processo de criação, mas a qualidade do projeto ainda depende da capacidade do designer de articular essas ferramentas a seu favor.

4.1.1 Classificação das famílias tipográficas

As classificações tipográficas foram criadas com o fito de estabelecer um padrão entre termos constantemente confusos empregados para definir cada estilo de tipo em diferentes gráficas e países. Assim, as fontes tipográficas são organizadas em famílias de acordo com seu estilo. Entre os sistemas adotados nos dias atuais, é possível detectar grandes referências ao sistema proposto por Vox.

O tipógrafo e educador francês Maximilien Vox classificou os estilos, no ano de 1954, pela observação de eventos importantes da história tipográfica e de aspectos formais das letras. Conforme Reis (2008), sua classificação distribui as famílias tipográficas em 9 classes:

1. *Humanes*, com serifas humanistas;
2. *Garaldes*, com serifas garaldinas;
3. *Réales*, com serifas reais;
4. *Didones*, com serifas didônicas;
5. *Mécanes*, com serifas mecânicas;
6. *Linéales*, lineais ou sem serifas;
7. *Incises*, com serifas incisas;
8. *Manuaires*, manuais;
9. *Scriptes*, escriturais.

Figura 4.4 – **Classificação de famílias tipográficas conforme Vox**

Fonte: Reis, 2008.

Os quatro primeiros tipos de letra são com serifa e indicados para textos longos. As letras *humanistas* e as *garaldinas* são modelos apoiados no estilo dos séculos XV e XVI. Essas classes são homenagens aos tipógrafos Claude Garamond (França) e Aldo Manuzio (Itália). De acordo com Reis (2008) e Araújo (2008), ambas apresentam serifas apoiadas e contraste inclinado, diferenciando-se apenas pela barra da letra "e", que é apresentada inclinada nas *humanistas* e reta nas *garaldinas*.

A classe das reais, por sua vez, remonta ao estilo das letras *romanas do rei*, desenvolvidas por Philippe Grandjean no ano de 1702. Trata-se de uma família de fontes com serifas apoiadas e com contraste vertical. Já as *didônicas* representam as famílias com serifas não apoiadas e filiformes, chamadas de *didot* pela classificação proposta por Francis Thibaudeau. Segundo os autores mencionados, essa classe também homenageia tipógrafos que foram referência na história da tipografia, a saber: Firmin Didot (França) e Giovanni Battista Bodoni (Itália). As demais classes são compostas por famílias de letras com serifas não tradicionais. Com isso, as *mecânicas* apresentam hastes mais espessas e pontiagudas. As *manuais*, porém, lembram a escrita cursiva, pois se assemelham a letras desenhadas.

Como destaca Niemeyer (2010), existem ainda outras classificações tipográficas. A Association Typographique Internationale (ATypI) adota a classificação *Vox/AtypI*, que se baseia no trabalho de Vox, com 7 classes de famílias: 1) *romanos* (divididas em *humanistas* ou *venezianos*, *garaldos* ou *garaldinos*, *transicionais*, *didones* ou *modernos* e *mecanizados*), 2) *lineares* ou sem serifa (divididas em *grotescos*, *geométricos*, *neogrotescos* e *humanísticos*), 3) *incisos*, 4) *manuais* (divididas em *decorativos* ou *display* ou *fantasia* e *brush*), 5) *manuscritos* (*script*), 6) *góticos* (divididas em *texturados*, *rotundos*, *bastardos fraktur* e variantes de *fraktur*) e 7) *não latinos*.

O Deutsches Institut für Normung (DIN) categoriza as famílias por meio da Norma n. 16.518 (DIN, 1964) em 11 classes: 1) *venezianos romano-renascentistas*, 2) *francês romano-renascentistas*, 3) *barroco-romanos*, 4) *romano clássico*, 5) *romano linear com serifa em ponta* (subdividida nos grupos *egipciano*, *clarendon* e *italiano*), 6) *romano linear sem serifa*, 7) variantes do *romano*, 8) *script*, 9) *romano manuscrito*, 10) *quebrados* (dividida em *góticos*, *góticos redondos* ou *rotundos*, *bastardos*, *fraktur* e variantes de *fraktur*) e 11) *não latinos*.

Já a classificação europeia, inspirada no sistema do inglês Christopher Perfect, apresenta as classes: *humanistas* (ou venezianos), *estilo antigo* (*old style*), *transicionais*, *modernos*, *serifas retas* (*slab serif*), *sem serifa* e *display*. Por sua vez, o sistema de Thibaudeau, criado no ano de 1921, baseia-se no desenho das serifas e divide as famílias nas classes: *elzevir*, *antigo*, *didot*, *egípcio*, *grotesca* (sem serifa) e *fantasia*.

No Brasil, a literatura sobre tipografia adota versões adaptadas dessa classificação. Sobre isso, Niemeyer (2010) e Rocha (2002) comentam que é comum encontrar divisões derivadas do sistema de Thibaudeau, contemplando os grupos *romano*, *egípcio*, *gótico*, *manuscrito* e *fantasia*, ainda que esses sistemas estejam caindo em desuso.

Fontes vetoriais digitais

Para diferenciar *fonte* e *tipo*, Araújo (2008, p. 278) explica que "as fontes são conjuntos de caracteres e símbolos desenvolvidos em um mesmo desenho. Esse desenho de letra ou caractere é chamado de tipo". Hoje, os avanços tecnológicos viabilizam o uso de fontes vetoriais digitais na editoração eletrônica.

Niemeyer (2010) esclarece que as fontes vetoriais são definidas por caracteres formados por linhas e arcos registrados mediante uma fórmula matemática. Essa fórmula permite que as letras sejam escaláveis em diversos tamanhos de corpo. Assim, o designer tem mais flexibilidade na aplicação em projetos gráficos, já que pode reduzi-las ou ampliá-las conforme a necessidade, sem perda de qualidade.

As fontes digitais geralmente são divididas em dois padrões tecnológicos: 1) o *Adobe* e 2) o *TrueType*. O padrão *Adobe*, criado pela Adobe Systems, é compatível com a linguagem PostScript – linguagem de impressão padrão em quase todas as impressoras. Já o padrão *TrueType*, desenvolvido pelas empresas Microsoft e Apple, é empregado em computadores e máquinas com os sistemas operacionais Windows e Mac.

Sobre isso, Niemeyer (2010) explana, ainda, que o padrão *Adobe PostScript* surgiu por volta do ano de 1985, quando havia grande variedade de formatos para fontes digitais, e a Apple decidiu adotar um padrão para o uso em seus equipamentos de processamento de imagem. Logo, a empresa projetou a linguagem de descrição de página (*page description language* – PDL) Adobe PostScript para a impressora Apple LaserWriter, promovendo significativa revolução nos padrões de *layout* de página, junto à difusão dos programas de editoração eletrônica.

Quanto ao padrão *TrueType*, ele foi disponibilizado no ano de 1991, inicialmente para Mac e, posteriormente, expandido e embutido em *personal computers* (PCs) com Windows. O *TrueType* trouxe ajustes finos nos contornos das fontes em graus altos, melhorando a legibilidade em saídas de baixa resolução, como a tela do computador, as impressoras a *laser* e os jatos de tinta.

Para evitar problemas de impressão, é recomendável usar as fontes do padrão *Adobe* ou convertê-las para esse padrão, já que são compatíveis com uma maior quantidade de sistemas. Outra opção é converter o texto em curvas no momento da arte-finalização. Desse modo, o texto transforma-se em imagem vetorial, e o projeto mantém sua integridade. Niemeyer (2010) ressalta que nunca devem ser misturados os dois padrões de fonte em um mesmo arquivo. Essa ação pode causar erros na impressão ou na fotolitagem.

Há outro padrão de fontes vetoriais digitais relevante, o *OpenType*, desenvolvido no ano de 1996, em uma parceria entre a Adobe e a Microsoft, com vistas a unificar seus respectivos formatos, na época considerados os principais. O objetivo central era fazer um novo padrão em tipos de alta qualidade para a impressão em suportes digitais. O padrão começou a ser comercializado no ano de 2002, mas não teve a adesão esperada.

O *OpenType* previa o uso de fontes embutidas em documentos sem a necessidade de instalação. Assim, era esperado que se pudessem manipular os tipos diretamente das fontes em documentos para a internet, sem risco de alterações decorrentes da ausência dos respectivos arquivos no equipamento do destinatário, porém isso não foi possibilitado.

4.1.2 Aplicação dos tipos: espaço entre letras

Para Niemeyer (2010), o espacejamento consiste na distância entre os tipos. Antigamente, os tipos de metal eram colocados lado a lado, em distância mínima definida pela materialidade dos blocos, e os espaços eram aplicados por meio de espaçadores. Na fotocomposição e na tipografia digital, o limite da materialidade foi superado e os caracteres agora podem ser sobrepostos.

O termo ***kerning*** refere-se ao ato de ajustar os espaços horizontais entre pares de caracteres em um texto, com o objetivo de criar um padrão de espaço entre todos os tipos. Como cada letra tem uma largura própria, em alguns casos, faz-se necessário modificar esse espaço para melhorar a legibilidade. Conforme Niemeyer (2010), o processo de *kerning* é uma correção óptica para ajustar espacejamentos desproporcionais em determinadas combinações de caracteres.

As fontes digitais já dispõem de um *kerning* padrão, aplicado automaticamente pelos programas de editoração; no entanto, muitas vezes é necessário um aprimoramento manual. Por isso, ao alterar o espaçamento de letras ou palavras, seja para reduzi-lo, seja para aumentá-lo, sugere-se imprimir o texto para a verificação, pois, como Haslam (2007, p. 88) aponta, "a sobreposição do preto da tinta sobre o branco do papel possibilita uma visualização mais clara do tamanho do tipo". Esse exame é fundamental porque espaços justos ou muito largos criam ruídos e comprometem o ritmo da leitura.

Figura 4.5 – **Exemplo de aplicação de *kerning***

sem *kerning* **ATEU**

com *kerning* **ATEU**

Fonte: Niemeyer, 2010, p. 73.

Não é indicado deformar a letra para ajustá-la na linha ou na grade. Condensar ou expandir um tipo manualmente pode gerar um resultado pouco satisfatório, a menos que a fonte tipográfica já tenha versões em outros pesos. Nessa direção, Haluch (2013) explica que a legibilidade depende da união entre a forma do tipo e os espaços vazios a sua volta.

O ***tracking***, por sua vez, consiste no controle do espaço entre os caracteres em um bloco de texto. As fontes digitais também apresentam um *tracking* próprio, que pode ser alterado em programas de editoração; todavia, esse recurso deve ser usado com cautela, visto que um *kerning* muito reduzido pode tornar o texto ilegível. Ainda assim, o *tracking* é uma ótima solução para eliminar **linhas viúvas, órfãs e enforcadas** da mancha de texto, as quais comprometem significativamente o ritmo de leitura do material, além de prejudicarem a navegação visual entre os parágrafos.

Figura 4.6 – **Exemplo de aplicação de *tracking***

CTA EVMadf glmnopx0147	muito largo
CTA EVMadf glmnopx0147	largo
CTA EVMadf glmnopx0147	normal
CTA EVMadf glmnopx0147	apertado
CTA EVMadf glmnopx0147	muito apertado
CTA EVMadf glmnopx0147	reduzido*

* (inviável em composição com tipos de metal)

Fonte: Niemeyer, 2010, p. 74.

Os termos *viúva* e *linha quebrada* referem-se a uma linha que sobrou do último parágrafo de uma página e que continuou na seguinte, ficando "sozinha", separada do restante do parágrafo. Já a palavra *órfã* diz respeito à primeira linha de um parágrafo que ficou isolada no fim de uma página e que o restante continuou na seguinte. Por fim, a chamada *linha enforcada* é uma linha curta que sobrou no fim de um parágrafo e é formada por uma palavra pequena ou uma sílaba, o que, visualmente, gera um grande espaço vazio na mancha de texto.

4.1.3 Aplicação dos tipos: espaço entre linhas

O espaço da entrelinha (ou *leading*) é a distância entre a linha de base de uma linha do texto até a linha de base seguinte. Haluch (2013) explica que a entrelinha define a linha de texto e, por isso, deve ser minuciosamente trabalhada, a fim de não ser grande nem pequena demais e, assim, viabilizar uma leitura clara.

Geralmente, é padrão acrescentar dois pontos a mais do que o corpo da letra para a elaboração da entrelinha. Entretanto, o cálculo da entrelinha deve ser realizado de acordo com a fonte escolhida, baseando-se em suas serifas ou na ausência delas, na quantidade de palavras por linha e, principalmente, na legibilidade do bloco de texto.

Figura 4.7 – **Exemplo de aplicação de *leading***

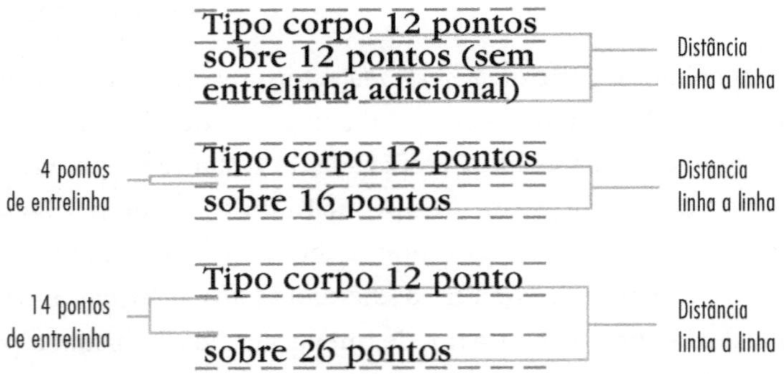

Fonte: Niemeyer, 2010, p. 75.

A média de 45 a 75 caracteres para uma linha de texto é boa para uma página de uma única coluna. A "linha ideal" seria formada por 65/66 caracteres, considerando-se as letras e os respectivos espaços. Na criação de uma página com múltiplas colunas, a média de 40 a 50 caracteres é a recomendável. Para Haluch (2013), em textos descontínuos, como os de elementos pré-textuais, textuais e pós-textuais, por exemplo, na bibliografia ou nas notas de rodapé, podem-se usar linhas com 85 a 90 caracteres.

A escolha da entrelinha deve considerar a altura da coluna ou da página, caso o texto seja apresentado em coluna única. A entrelinha consiste na distância de uma linha de base a outra. Para fins de *briefing* e documentação de projetos gráficos, a notação utilizada para identificar o tamanho da altura do tipo e sua respectiva entrelinha é tamanho/distância. Por exemplo, um texto com tipo de 11 pontos e entrelinha de 12 pontos é representado por 11/12. Textos curtos e títulos podem utilizar entrelinha negativa desde que as ascendentes e as descendentes não se choquem. Em texto corrido, colunas mais largas requerem entrelinhas maiores que colunas estreitas, assim como tipos mais pesados e de corpo grande demandam mais entrelinhas que os leves e pequenos.

Haluch (2013) afirma que títulos, subtítulos, citações, notas de rodapé, ilustrações e legendas criam variações na entrelinha de base e que a quantidade total de espaço vertical de cada variação deve ser um múltiplo comum dessa entrelinha. Por exemplo, se o texto apresentar entrelinha de 13 pontos, a entrelinha referente às variações deve ser um múltiplo de 13 pontos, como 26, 39 ou 52 pontos. Após as variações, o texto deve retomar a entrelinha de base.

Ainda segundo esse autor, no caso dos subtítulos, o espaço vertical pode ser dado de forma simétrica, com uma linha antes e outra depois, ou assimétrico, com um espaço superior maior que o inferior. Desde já, o somatório precisa ser igual ao número par de linhas de texto, por exemplo. Subtítulos 11/13 em caixa alta e baixa, com 8 pontos acima e 5 pontos abaixo, totalizando 13 pontos, é o que se considera apropriado.

4.2 Alinhamento do texto

Quanto à organização do bloco de texto, Niemeyer (2000) destaca que ele pode ser alinhado à esquerda, à direita, bem como ficar centralizado ou justificado. Em alguns casos, utiliza-se texto não alinhado conforme as margens da página. O designer pode optar por posicionar o texto contornando uma imagem, por exemplo. Confira algumas possibilidades a seguir.

Este é um exemplo de texto alinhado à esquerda. Ele se caracteriza por uma borda reta no lado esquerdo e uma borda irregular no lado direito. Essa configuração permite que o início da linha seguinte seja encontrado facilmente.

Este é um exemplo de texto alinhado à direita. Ele se caracteriza por uma borda reta no lado direito e uma borda irregular no lado esquerdo. Essa configuração faz com que o início da linha seguinte sempre mude de posição.

Este é um exemplo de texto alinhado ao centro, ou seja, centralizado. Ele se caracteriza por bordas irregulares nos dois lados. Os inícios das linhas também variam sempre de posição. Mais usado em títulos do que em parágrafos.

Este é um exemplo de texto justificado. Ele se caracteriza por bordas retas nos dois lados, o que faz com que inícios e fins de linhas fiquem sempre alinhados. Uma boa configuração de hifenização e justificação é necessária para manter um espaçamento adequado.

O mais comum é que o corpo da parte textual seja alinhado à esquerda, justificado ou não. No caso do texto não justificado, é importante realizar ajustes na quebra das palavras e evitar que monossílabos fiquem sozinhos no fim da linha. É importante, ainda, revisar o texto quanto à sua hifenização. Para utilizar a autohifenização disponível nos programas de editoração, deve-se configurar corretamente o idioma em português brasileiro e, é evidente, proceder a uma nova leitura para se certificar de que não há erros. Caso ocorra hifenização no final de uma linha, é indicado deixar pelo menos duas letras em uma linha e três letras na próxima – por exemplo, *ja-neiro* em vez de *janei-ro*. Sobre a questão, Haluch (2013) recomenda evitar a hifenização em mais de três linhas consecutivas, nomes próprios, expressões numéricas e endereços eletrônicos.

4.3 Recursos de composição

O uso de letras maiúsculas e minúsculas é fruto do manuseio ancestral de materiais para a reprodução do texto na escrita monumental, em que se gravava sobre pedras, ossos ou bronze de forma proporcional, isto é, caractere por caractere. A escrita cursiva, por sua vez, costumava ser empregada em atividades cotidianas, como as escolares e a troca de correspondências, em razão de sua rápida reprodução manual, facilitada também pelas abreviações que ela contempla (Araújo, 2008).

As letras maiúsculas e minúsculas comumente são respectivamente designadas pelos termos *caixa alta* e *caixa baixa*, em virtude da disposição dos tipos móveis na caixa tipográfica antigamente. As maiúsculas são chamadas de ***caixas altas*** porque ficam na parte superior da caixa, e as minúsculas, de ***caixas baixas*** porque ficam na parte inferior da engenhoca. De acordo com Haluch (2013), nessa caixa se encontram todos os elementos da família tipográfica, o quadratim eme, o meio-quadratim, as ligaturas, os numerais e demais sinais tipográficos.

As maiúsculas são divididas em versais e versaletes. As **versais** são as maiúsculas com a altura de caixa alta, e as **versaletes** são maiúsculas com a altura de caixa baixa. Por sua vez, o termo ***capitular***, utilizado também para determinar as versais, refere-se, principalmente, a seu uso na primeira letra, na primeira palavra, no primeiro parágrafo ou no início de um capítulo. Confira os exemplos adiante:

Este é um exemplo de aplicação de letra capitular descendente em início de parágrafo. Neste caso, temos uma capitular com altura de duas linhas.

Este é um exemplo de aplicação de letra capitular ascendente em início de parágrafo, também com altura de duas linhas.

Neste exemplo, o primeiro está composto em VERSAL e o segundo em VERSALETE.

A **indentação** (ou entrada) consiste no espaço em branco na primeira linha do parágrafo, comumente aplicado à esquerda. A indentação à direita é raramente usada, e, quando ocorre, faz-se uso em simultâneo com a indentação à esquerda. Em geral, serve para destacar um trecho no corpo do texto, como citações longas.

O **recuo** é um recurso que indica pausa e separa um parágrafo do anterior. Segundo Niemeyer (2010), ele é o inverso da indentação, pois se trata de um alinhamento à esquerda da primeira linha do parágrafo, que é seguida por linhas alinhadas mais à direita da margem esquerda, criando um espaço em branco, como em uma indentação. Via de regra, o recuo é usado para destacar itens em uma lista de tópicos. Observe adiante um exemplo de aplicação tanto de indentação quanto de recuo.

Este é um exemplo de aplicação de indentação em um parágrafo. A primeira linha se destaca por iniciar mais à direita que as demais.

Este é um exemplo de aplicação de recuo em um parágrafo. Neste caso, a primeira linha inicia mais à esquerda que as demais.

Caso o texto seja dividido em partes precedidas por título ou subtítulo, o recuo não é necessário. Como forma de marcar o início de um parágrafo, podem ser utilizados outros recursos, como recuo externo com capitular ampliada, linha caída e marca de parágrafo, caixas ou pontos. Haluch (2013) explica que os recuos de parágrafo mais comuns são de 1 eme ou com valor correspondente a 1 entrelinha.

Blocos de citações podem ser destacados por meio de itálico, tipo em tamanho reduzido ou recuo lateral. Além disso, eles devem ser separados do texto contínuo em uma linha antes. Caso a entrelinha da citação seja menor do que a do texto corrente, deve-se realizar a devida compensação no espaço posterior entre a citação e a continuação do texto para manter o alinhamento deste.

Outros elementos podem funcionar como guias de leitura ou adornos para o *layout*, como fios ou filetes, orlas, bordas, bigodes e colchetes. Os **fios**, um recurso aplicado regularmente, são linhas simples usadas para diversos fins, como separar seções e delimitar a área de quadros e gráficos, por exemplo. Os **bigodes** auxiliam na separação de partes do texto, como fins de capítulos, ao passo que as **orlas** contornam as margens da página ou colocam em evidência uma parte do texto, como o título.

4.4 Blocos de texto e legibilidade

O modo como o designer organiza a informação na página, segundo Araújo (2008), pode tanto comunicá-la bem quanto deixar o leitor confuso, impactando a legibilidade do texto. A legibilidade está relacionada à maneira como as palavras e as frases são dispostas nas linhas, tornando a leitura cômoda ou desconfortável. Essa disposição deve estabelecer uma unidade com os demais elementos da página.

Figura 4.8 – **Composição dos tipos na grade**

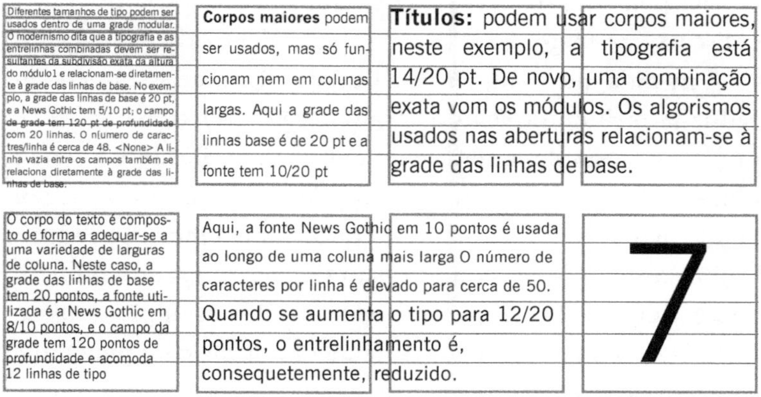

Diferentes tamanhos de tipo podem ser usados dentro de uma grade modular. O modernismo dita que a tipografia e as entrelinhas combinadas devem ser resultantes da subdivisão exata da altura do módulo1 e relacionam-se diretamente à grade das linhas de base. No exemplo, a grade das linhas de base é 20 pt, e a News Gothic tem 5/10 pt; o campo de grade tem 120 pt de profundidade com 20 linhas. O n[umero de caractres/linha é cerca de 48. <None> A linha vazia entre os campos também se relaciona diretamente à grade das linhas de base.
Corpos maiores podem ser usados, mas só funcionam nem em colunas largas. Aqui a grade das linhas base é de 20 pt e a fonte tem 10/20 pt
Títulos: podem usar corpos maiores, neste exemplo, a tipografia está 14/20 pt. De novo, uma combinação exata vom os módulos. Os algorismos usados nas aberturas relacionam-se à grade das linhas de base.
O corpo do texto é composto de forma a adequar-se a uma variedade de larguras de coluna. Neste caso, a grade das linhas de base tem 20 pontos, a fonte utilizada é a News Gothic em 8/10 pontos, e o campo da grade tem 120 pontos de profundidade e acomoda 12 linhas de tipo
Aqui, a fonte News Gothic em 10 pontos é usada ao longo de uma coluna mais larga O número de caracteres por linha é elevado para cerca de 50.
Quando se aumenta o tipo para 12/20 pontos, o entrelinhamento é, consequetemente, reduzido.
7

Fonte: Haslam, 2007, p. 57.

Uma vez que a leitura das palavras é projetada em blocos de parágrafos, elas estão subordinadas a um ritmo que é guiado pelo movimento ocular e precisa de pausas ocasionais. Nessa direção, os olhos fazem movimentos retroativos para mudar de linha, mas também podem fazê-los para voltar a um trecho não compreendido, seja pela complexidade do conteúdo, seja por questões visuais de diagramação e tipografia.

O ato de ler consiste justamente em apreender unidades constituídas por grupos de palavras em sequência para formar significados. Com isso, é importante considerar o número de movimentos e pausas de leitura – segundo Araújo (2008), elas ocupam cerca de 94% do tempo de leitura –, dado que, por intermédio deles, surge a compreensão sobre a informação ali expressa. Quanto às referidas pausas, elas variam em função da extensão de palavras, linhas e recortes de texto. Logo, devem ser criadas por meio da quebra de parágrafos e sem comprometer o discurso do texto.

À medida que o número e a duração das pausas aumentam, reduz-se o ritmo de leitura. Araújo (2008) relaciona isso à redução do ritmo de leitura, que, por sua vez, incide em maior número de desvios de atenção, acarretando a perda da legibilidade. No início da impressão, era costume tentar reproduzir as formas manuscritas que tinham tipos com grande número de ligaduras e abreviações nos códices. Por exemplo, a *Bíblia de 42 linhas* foi impressa por Gutenberg por meio de uma fonte com 290 caracteres.

Na atualidade, ainda contando com ligaduras, as fontes variam entre 140 e 230 sinais. Contudo, para Araújo (2008), essa redução de número de caracteres não confere, automaticamente, legibilidade ao texto. O autor salienta que a escolha do tipo a ser usado em um livro precisa considerar a inclinação, a dimensão do olho, a altura de suas hastes ascendentes (superiores) e descendentes (inferiores) e, também, a força dos caracteres. Desse modo, determinadas composições costumam prejudicar a leitura, como:

- uso de maiúsculas em itálico em caracteres que apresentam inclinação irregular, o que provoca junções nas letras e afeta o equilíbrio da linha;
- linhas muito compridas com tipos de olho estreito e curvas fechadas ou linhas muito curtas com tipos de olho amplo e curvas abertas;

- fontes formadas por caracteres minúsculos com hastes ascendentes e descendentes muito curvas ou longas, o que ocasiona excessivos espaços em branco entre as linhas.

A figura adiante exemplifica esses casos.

Figura 4.9 – **Composições tipográficas que comprometem a legibilidade**

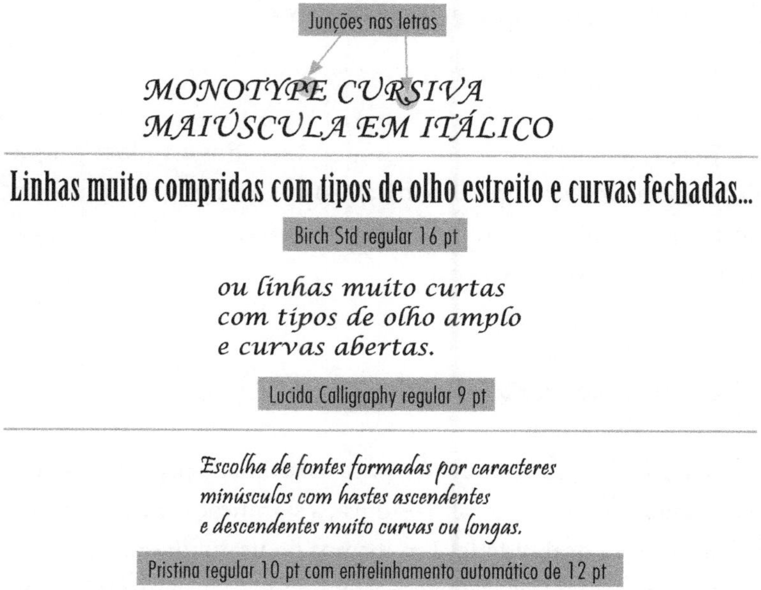

Junções nas letras
MONOTYPE CURSIVA
MAIÚSCULA EM ITÁLICO
Linhas muito compridas com tipos de olho estreito e curvas fechadas...
Birch Std regular 16 pt
ou linhas muito curtas
com tipos de olho amplo
e curvas abertas.
Lucida Calligraphy regular 9 pt
Escolha de fontes formadas por caracteres
minúsculos com hastes ascendentes
e descendentes muito curvas ou longas.
Pristina regular 10 pt com entrelinhamento automático de 12 pt

A legibilidade não é um princípio aplicado a cada tipo isoladamente, mas a todo o conjunto, pois a leitura acontece por meio da percepção das palavras, e não letra por letra. Para Araújo (2008), as letras minúsculas são mais legíveis que as maiúsculas porque estas apresentam forma retangular. Por isso, na editoração de livros, utilizam-se as maiúsculas apenas nos títulos e, no corpo do texto, apenas em casos de destaque. Confira, a seguir, caracteres minúsculos e maiúsculos, versaletes e reduzidos.

abcdefghijklmnopqrstuvwxyz

ABCDEFGHIJKLMNOPQRSTUVWXYZ

ABCDEFGHIJKLMNOPQRSTUVWXYZ

ABCDEFGHIJKLMNOPQRSTUVWXYZ

Dessa forma, fica evidente a importância dos estudos tipográficos associados à compreensão do uso das grades para o sucesso do projeto gráfico, assunto de que trataremos mais detalhadamente nas próximas seções.

4.5 Critérios de usabilidade

Segundo Niemeyer (2010), para a escolha do tipo adequado, o designer deve considerar a estética, a significação, a adequação ao projeto e a usabilidade. Em termos de usabilidade, é preciso verificar os seguintes critérios: a legibilidade, a leiturabilidade e a pregnância.

A legibilidade é atribuída a um texto na medida em que ele permite a identificação de cada um dos caracteres ali dispostos, o que depende da espessura da haste e da forma do caractere.

Quando as formas das letras de um trecho podem ser compreendidas rapidamente, são consideradas legíveis.

Niemeyer (2010) distingue a legibilidade do caractere da legibilidade do texto impresso. A autora explica que a **legibilidade do caractere** consiste na facilidade de o leitor identificar um caractere individual como uma letra particular. Já a **legibilidade do texto** concerne à facilidade com que grupos de caracteres são identificados como uma palavra.

A **leiturabilidade** é um conceito que se refere à qualidade textual, a qual permite reconhecer a informação expressa por grupos de caracteres com significação (palavras, frases e textos). A leiturabilidade é fortemente influenciada pelo espacejamento entre letras, palavras, entrelinhas, comprimento de linhas e de margens. Além dos parágrafos do texto, o conceito engloba, de acordo com a autora, tabelas, notas de rodapé e outros elementos. Por isso, entende-se que, quando um texto apresenta baixa legibilidade, sua leiturabilidade também é baixa; contudo, ele pode não ter boa leiturabilidade, mas ser altamente legível.

A **pregnância** refere-se à qualidade de um caractere de ser altamente visível, reconhecível separadamente do entorno. Niemeyer (2010) explica que quanto mais uma linha se destaca entre outras, mais pregnante ela é. O corpo do texto de livros não precisa ser pregnante, porém algumas palavras ou trechos dele devem atrair mais atenção que outros, por exemplo, citações. Para contraste, empregam-se tipos com corpo, peso e inclinação diferenciados ou recursos como entrelinhamento e indentação.

4.6 Composição da página e fluxos de navegação

O fluxo de navegação de um livro consolida-se na composição dos elementos de repetição (confira a imagem adiante) dispostos em suas páginas, como títulos, subtítulos, paginação, notas de rodapé, citações, cabeças etc. No Capítulo 2, versamos um pouco sobre esses elementos, com o intuito de esclarecer a anatomia do livro e sua ordem de apresentação. Agora, vamos ampliar o conhecimento a respeito da composição de cada um deles, que deve acompanhar o estilo e a identidade de cada projeto.

Figura 4.10 – **Páginas espelhadas: elementos de repetição**

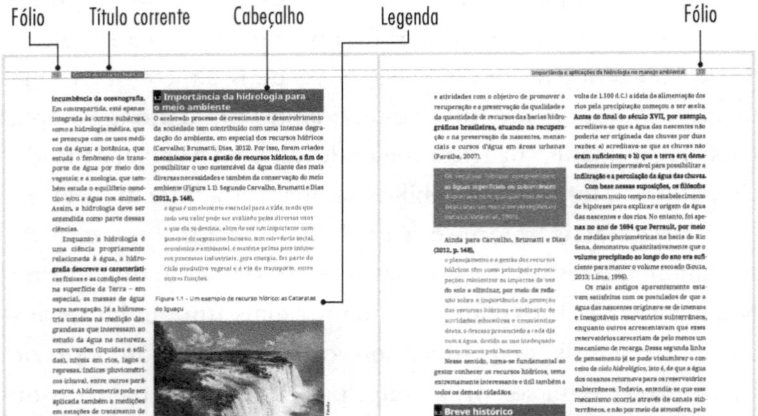

Fonte: Soares, 2015, p. 16-17.

Esses elementos desempenham funções específicas no *layout* do livro, as quais descrevemos em todo este subcapítulo. Eles devem ser invisíveis de tal modo que atrapalhem a leitura e, ao mesmo tempo, previsíveis o suficiente para serem percebidos pelo leitor e para guiá-los ao longo do texto.

4.6.1 Sumário

O sumário serve de lista de verificação para o impressor e de guia para o leitor. Os cadernos da publicação precisam ser conferidos e posicionados em sequência durante o processo de alceamento. Geralmente, o sumário ocupa a página da direita, mas pode estender-se em páginas espelhadas no caso de grandes trabalhos, detalhando o conteúdo ao explicitar item por item dos capítulos.

Figura 4.11 – **Sumário em páginas espelhadas**

Fonte: Martins et al., 2010, p. 4-5.

Para criar um sumário, o designer deve, a princípio, decidir a ordem de cabeçalhos e fólios. Ao colocar primeiro o título e, logo após, o fólio, confere-se maior ênfase ao conteúdo. Quando o algarismo dos fólios é apresentado inicialmente, maior destaque é dado ao sistema de navegação.

Os subtítulos podem figurar com recuos em linhas separadas, abaixo do título principal ou com o mesmo alinhamento, mas peso tipográfico diferente. Quando os cabeçalhos e os títulos ocupam comprimentos diferentes de linha, deve-se ligá-los aos algarismos do fólio por meio de uma linha pontilhada ou pontos elípticos, alinhando-os pela justificação.

4.6.2 **Paginação**

Tradicionalmente, a numeração das páginas é feita aplicando-se os números pares na página da esquerda e os números ímpares na página da direita. Há quem considere a capa como primeira página, seguida pelas guardas e pelas folhas preliminares em sequência única até a quarta capa, ainda que essas páginas sejam entendidas como "cegas", comumente, não recebendo aplicação de numeração.

Em contraste, livros antigos exibem outra numeração de fólios, os quais são formatados em algarismo romano ou em letra nas páginas preliminares. Alguns designers e editores ainda utilizam esse sistema, considerando-o prático para a manipulação do trabalho por parte de editores, designers e produtores, ao passo que os indexadores catalogam o conteúdo e buscam permissões de reprodução de imagens.

Livros técnicos e manuais costumam utilizar codificação numérica e decimal para a identificação dos títulos e subtítulos e das seções. Dessa forma, um capítulo denominado "3" engloba as subseções "3.1", "3.2" e "3.3", por exemplo. Logo, torna-se crucial trabalhar a sinalização dessa codificação a fim de que não se confunda com a numeração dos fólios.

4.6.3 **Fólios**

Como vimos, os fólios são aplicados em cada página do livro. A sequência da numeração é iniciada com o número "1" acrescido sempre em uma página da direita, seguido pelos números "2" e "3" nas páginas seguintes, o que forma a primeira página dupla do livro. Há quem prefira numerar somente as páginas da direita ou imprimir ambos os números das páginas espelhadas apenas na página da direita.

Adicionam-se os fólios, comumente, nas margens externas das páginas, na borda externa inferior, podendo aparecer centralizados com o bloco de texto na base da página, quando este se encontra em uma coluna única. Caso o livro contenha muitas páginas e seja constantemente acessado pelo índice, é recomendável inserir o fólio próximo ao cabeçalho para que o leitor encontre mais facilmente as informações. Outra opção é aplicá-lo na altura média da borda exterior do bloco de texto, uma vez que isso permite que o leitor visualize imediatamente os números ao folhear o livro. Independentemente do local acomodado, deve-se ter em mente que o fólio precisa respeitar a natureza e o design da obra.

4.6.4 Aberturas de capítulo, hierarquia dos títulos e cabeçalhos

Os capítulos são divisões dentro da estrutura do livro. Em livros de não ficção, como este em suas mãos, cada capítulo tem significado autônomo e pode ser lido como o leitor preferir. O início de um capítulo deve ser destacado dentro da parte textual por meio da significância visual. Geralmente, a página de capítulo é uma página da direita ou uma página espelhada com composição distinta.

Figura 4.12 – **Abertura de capítulo: hierarquia de elementos**

Fonte: Maciel; Brito, 2021, p. 14-15.

Os títulos correntes são aplicados no topo da página, ao longo da borda exterior do bloco de texto ou na margem inferior da folha, na forma de um título de rodapé.

Os cabeçalhos (ou *headings*) são os títulos que identificam uma nova parte do texto, explicitando uma divisão temporal, uma separação de argumentos por assunto ou uma por contexto. Haslam (2007) afirma que praticamente todos os livros empregam cabeçalhos e que obras de referência e de não ficção incluem uma hierarquia de conteúdos nos títulos.

Os cabeçalhos devem ser colocados em uma nova linha e com tamanho ou peso diferenciado para se destacarem. Dessa forma, o designer, ao fazer as escolhas tipográficas, deve considerar as seções que dividem o conteúdo em partes a fim de lhes atribuir a devida sinalização tipográfica por meio de cabeçalhos.

4.6.5 **Citações**

As citações inclusas no texto devem ser sinalizadas conforme o caso. Quando são curtas, devem figurar entre aspas duplas. Quando ultrapassam três linhas, devem ser expostas com uma linha de distância do texto anterior, seguida de uma linha de distância de espaço do restante do texto. Via de regra, aplicam-se às citações recuo e alinhamento justificado à direita, mas também tipos em peso e tamanhos distintos ou em itálico.

4.6.6 Explicações e legendas

Ilustrações, fotografias e gráficos no geral podem necessitar de esclarecimentos por intermédio de um texto explicativo ou de uma legenda. A legenda pode ser alocada ao lado (por meio da grade das linhas de base) ou abaixo da imagem. Haslam (2007) salienta que nem sempre é preciso mencionar a posição em que a imagem se encontra (acima, abaixo ou ao lado da legenda), já que ela e o texto estão próximos. Contudo, se forem exploradas várias imagens, é interessante indicar à qual exatamente a legenda se refere. Caso seja inserida uma única legenda para todas as imagens, faz-se necessário informar a direção do item explanado, como "sentido horário", "sentido anti-horário" ou "em respectiva ordem". No caso de várias imagens e legendas, pode-se aplicar numeração indicativa em negrito ou itálico.

Quando imagens são reproduzidas totalmente sangradas na página da direita, sua legenda pode ser colocada na página da esquerda e com o pertinente direcionamento ("na página oposta", por exemplo). Uma página espelhada com sangramento total pode ter sua legenda disposta na página mais próxima possível, orientando o leitor com a frase "na página anterior" ou "na página a seguir".

As legendas também podem ser aplicadas em forma de texto vazado em uma imagem, o que é muito comum em revistas. Nesse cenário, é necessário estudar cuidadosamente como essa alteração será realizada, de modo que haja o devido contraste sobre a imagem; do contrário, a legibilidade será afetada. Segundo Haslam (2007), a tipografia utilizada deve ter tonalidade pelo menos 30% diferente da imagem em que será impressa, com o propósito de obter contornos bem-definidos.

Diagramas, fotografias e gráficos podem demandar a identificação de partes específicas da imagem na legenda. Diante disso, Haslam (2007) propõe adicionar a informação diretamente na imagem: se for um dado curto, usam-se números para ocupar menos espaço; se for um dado longo, inserem-se linhas-guia para conectar a informação ao respectivo elemento.

As linhas-guia devem ter peso tipográfico distinto das linhas do diagrama para não haver confusão entre elas e não devem assemelhar-se a setas. Em diagramas de anatomia, por exemplo, em que é necessário acrescer um grande número de textos explicativos, é aconselhável o uso conjunto de números e linhas-guia.

4.6.7 Fonte de pesquisa, notas de rodapé, de margem e finais

Como já vimos e de acordo com Haslam (2007), as notas de rodapé são aplicadas ao pé da página, e as notas de margem, às bordas laterais da página. Já as notas de fonte de pesquisa expressam a origem das ideias mencionadas no texto, mas não diretamente referenciadas, e são aplicadas na base inferior da página no fim do capítulo ou no final do livro, em uma seção específica na parte pós-textual intitulada *Notas finais*.

Esse tipo de referência é muito utilizado em publicações acadêmicas e requer caracteres de identificação (números, letras ou símbolos sobrescritos; dessa forma, a sequência numérica é reiniciada) ao longo do texto. Devem-se distinguir as notas de rodapé e a margem das notas de fonte de pesquisa utilizando-se letras para identificar uma e números para a outra. Para não comprometer a mancha de texto, alguns designers preferem colocar as letras e os números de identificação na mesma fonte do corpo do texto e em tamanho reduzido, aplicados entre a altura de X e a altura da caixa alta.

As Bíblias, conforme aponta Haslam (2007), recorrem a números de referência para identificar os versículos, que são assim encontrados rapidamente, sobretudo em uma leitura pública. Em algumas versões dessa escritura, os números dos versículos são colocados fora da mancha de texto principal, em uma coluna separada, o que facilita ainda mais sua localização no miolo. Esse modo de identificação também é usado em alguns trabalhos da área jurídica e em relatórios científicos.

4.6.8 Glossário e índice

Geralmente encontrado em livros de não ficção, o glossário expõe a definição de termos técnicos mencionados no texto, sendo alocado em página específica na parte pós-textual do livro. Nessa seção, é fundamental sinalizar o começo de cada item e separá-lo das explicações, o que pode ser feito por meio do aumento de peso do tipo, de letras maiúsculas ou de quebras de linha.

O índice, por sua vez, só é criado após a finalização do livro. Haslam (2007), esclarece que, diferentemente do sumário, que é colocado no início da obra e oferece um panorama dela ao leitor, o índice permite a pesquisa de referências e imagens específicas. O indexador o elabora conforme o nível de detalhes requerido no *briefing* do projeto e examina o livro no intuito de identificar palavras-chave e os respectivos fólios.

4.7 Relação imagem e texto

O papel do designer de livros, na perspectiva de Haslam (2007), não está relacionado apenas à elaboração de *layouts* de páginas e à diagramação, mas também à garantia da ampla compreensão da informação transmitida pelo autor. Isso implica lançar um olhar mais profundo sobre a relação imagem-texto. Com isso, o designer vai além da perfeição tipográfica, assumindo responsabilidades quanto à interpretação da obra, à direção de arte e à composição visual como um todo.

É consenso que o termo *imagem* diz respeito a qualquer figura, desenho, ilustração, gráfico, texto ou outra reprodução que seja visível ao olho humano e que represente um artefato, uma pessoa ou uma informação original em suas características, cores e perspectivas. Segundo Araújo (2008), as ilustrações são percebidas como reproduções de desenhos e pinturas com a fotografia. No âmbito do design de livros, denomina-se *iconografia* o conjunto de imagens em uma publicação, ou seja, toda a documentação visual que a constitui.

As imagens podem exercer vários papéis na parte textual de um livro: ornamentar a obra (o que desperta sensações no leitor e o faz estabelecer diferentes conexões entre os conteúdos do material e o de outros já lidos, por exemplo), ilustrar partes do texto (elucidando o contexto narrado ou complementando o sentido de uma explicação), sintetizar conteúdos ou mesmo ser a protagonista da obra (é o caso de livros de arte e infantis).

Atualmente, a produção editorial conta com vários programas de ilustração e tratamento de imagens. Os **programas de ilustração** vetorial, por exemplo, permitem criar ilustrações e figuras em alta resolução. O Adobe Illustrator e o CorelDraw são referência para essa função. Uma opção gratuita e de código aberto é o Inkscape, que vem ganhando grande número de adeptos nos últimos anos.

Já os **programas de edição e tratamento** de imagens auxiliam na produção de imagens em *bitmap*, uma vez que possibilitam definir dimensões, equilibrar cores, nitidez e brilho e, ainda, criar composições de imagens. O Adobe Photoshop destaca-se isoladamente como maior referência nessa função, sendo seguido pelo Corel Photopaint. Hoje, o programa gratuito e de código aberto Gimp é expressivo entre dispositivos móveis e vem conquistando espaço em virtude do fácil acesso e da praticidade de uso.

Dessa maneira, favoreceu-se a elaboração de uma iconografia original para uma obra, isso no que diz respeito à parte técnica, pois ainda é essencial saber contextualizar a inserção de cada imagem no texto. Conforme Haluch (2013), quando o livro é composto por ilustrações, o designer deve realizar os seguintes procedimentos em sua confecção:

- definir a margem de proteção da ilustração em relação à respectiva legenda e aos blocos de texto;
- verificar se a obra será impressa em uma ou mais cores, o que requer uma preparação diferenciada para cada caso;

- resguardar espaço nas páginas ímpares e nas laterais externas para a aplicação das ilustrações;
- estabelecer um bom fluxo de leitura em que a imagem caminhe no mesmo ritmo que o texto, o que pode ser obtido com o auxílio de modulações na grade.

Araújo (2008) descreve em maiores detalhes a responsabilidade do designer ou do iconógrafo na seleção das imagens para o projeto. Ele lança questionamentos como o uso simultâneo de gravuras, fotos, mapas e gráficos em uma mesma obra ou o uso exclusivo de apenas um desses elementos; a avaliação da necessidade de encomendar ilustrações esboçadas especialmente para o livro; e a conveniência ou não do uso de determinadas ilustrações conforme os métodos de impressão e produção do livro.

O autor ainda ressalta os pequenos empecilhos nesse processo, como não encontrar certas ilustrações essenciais à obra ou não conseguir os direitos de uso delas, o que pode ser amenizado com ilustrações próprias fruto dos *softwares* mencionados anteriormente.

Quando o projeto é baseado na exibição de imagens e ilustrações, os designers e iconógrafos muitas vezes deparam-se com um grande desafio em mãos. Por exemplo, as enciclopédias dependem de imagens como fotos sobre a vida animal, mapas, gráficos, diagramas e ilustrações jornalísticas, que refletem e complementam o que foi exposto no texto. Da mesma maneira, livros didáticos ainda contam com ilustrações no modelo de "instruções programadas", que, de forma educativa, viabilizam a compreensão ou mesmo prevalecem sobre o texto.

Os livros infantis são, em grande parte, elaborados por ilustradores, orientados por supervisores editoriais, designers ou iconógrafos. Araújo (2008) salienta que o melhor que já se produziu em termos de ilustração nos últimos decênios foi justamente para o leitor infantojuvenil. Para Araújo (2008), livros de artes e de luxo exigem maior qualidade iconográfica e de impressão, pois reproduzem fotografias e trabalhos plásticos originais.

Para melhor compreender a composição de obras infantis, recomendamos consultar as produzidas pelo projeto *Leia para uma criança*, coordenado pelo Itaú, as quais são disponibilizadas *on-line* e enviadas gratuitamente à residência de todos que preencherem o formulário de solicitação no *site*.

LEIA PARA UMA CRIANÇA. **Estante digital**. Disponível em: <https://www.euleioparaumacrianca.com.br/estante-digital/>. Acesso em: 20 out. 2021.

Para Edward Tufte (citado por Haslam, 2007), para que as mensagens contidas na obra sejam transmitidas e assimiladas satisfatoriamente, o autor e o leitor precisam falar a mesma linguagem cultural. Por isso, o designer e o editor devem fazer com que todos os componentes (textuais e gráficos) dela sigam essa linguagem.

Quando a imagem do livro é um gráfico ou diagrama, que trazem dados estatísticos, sua composição reúne três elementos: 1) dados, 2) grades e 3) legendas. Conforme Haslam (2007), a decoração do gráfico pode estar atrelada à necessidade de realçar seu caráter científico ou de torná-lo mais artístico e coerente com o contexto da obra. Como o principal elemento de interesse do leitor são os dados, deve-se excluir qualquer ornamento que venha a poluir visualmente e atrapalhar seu entendimento. Uma produção mais limpa, com menos adereços, é essencial principalmente porque nem todos os leitores estão familiarizados com determinados tipos de gráficos e diagramas.

Algumas imagens, fotografias, ilustrações ou diagramas contribuem especificamente para a identificação de objetos, pessoas e ideias. Livros de referência costumam utilizá-las para esse fim, como dicionários ilustrados com definições visuais. Assim, é possível que o leitor reconheça imageticamente animais, órgãos e membros do corpo humano, planetas, objetos completos ou as partes que os compõem.

Conforme teoria proposta por Haslam (2007), as imagens são comumente apresentadas na forma de pontos de observação, cores, silhuetas e escalas com maior riqueza de detalhes. Segundo o autor, diagramas e gráficos fazem conexões visuais que ajudam na compreensão de informações numéricas, que, quando inseridas em tabelas, muitas vezes levam mais tempo para ser absorvidas pelos leitores. Especialmente diagramas favorecem o rápido reconhecimento de padrões, hierarquias, ordens e proporções, e sua formatação cumpre uma série de convenções no tratamento de medidas, porcentagens etc.

Gráficos de barras (Figura 4.13) ou histogramas servem, sobretudo, para comparar informações de mesma espécie. A informação numérica resume dados específicos que podem mostrar a evolução de um processo/fato em determinado recorte temporal. Esse tipo de gráfico pode ser disposto vertical ou horizontalmente.

Figura 4.13 – **Gráfico de barras**

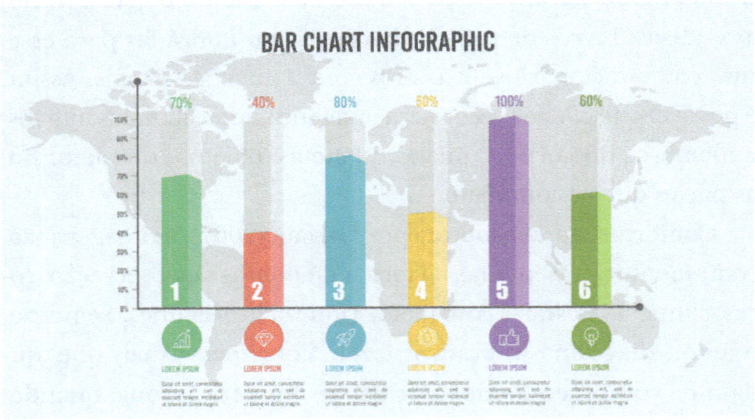

maximadesign/Shutterstock

Gráficos de linha do tempo (Figura 4.14), por seu turno, necessariamente explicitam transformações sequenciais nos dados sobre alguma questão. Quer dizer, representam uma cadeia única de eventos ordenados quanto ao tempo ou a escalas de velocidade. Via de regra, eles são traçados conforme a direção da largura da página, mas podem ser dispostos na vertical ou na horizontal. Ainda, podem integrar páginas espelhadas, conforme o tipo de encadernação proposto (deve-se ter atenção para que não se perca nenhuma informação nas calhas do livro).

Figura 4.14 – **Gráfico de linha do tempo**

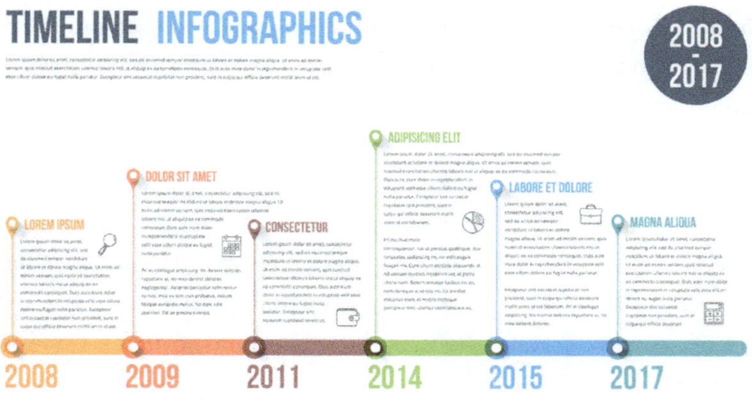

Aleksandr Bryliaev/Shutterstock

Em oposição aos gráficos de barra e de pizza, cujo detalhamento de dados é fechado, esse tipo de gráfico pode conter uma sequência interminável, contextualizando o passado, descrevendo o presente e indicando projeções futuras acerca do tema. No caso de linhas do tempo ilustradas, é necessário elaborar legendas eficientes para cada entrada, a fim de evitar interpretações erradas.

Quando surge a necessidade de reproduzir projeções de mapas em livros, costuma-se contar com cartógrafos especializados para auxiliar na seleção. Conforme Haslam (2007), todas as projeções geográficas distorcem a apresentação do globo, sejam as distâncias e as orientações, sejam as áreas. Por essa razão, esses materiais contemplam apenas uma das seguintes qualidades: equidistância, conformação (direções condizentes com o globo) ou equivalência (área condizente com o globo). Logo, a escolha de cada projeção deve ser feita em consonância com o contexto da informação a ser veiculada.

Destacando novamente os diagramas, eles representam visualmente a relação entre elementos ou grupos de elementos cuja compreensão não é suficiente se apoiada apenas em números ou texto verbal. Para a leitura dos diagramas, o leitor precisa conhecer as convenções específicas desse tipo de gráfico.

Os diagramas lineares constantemente são confundidos com mapas, porém simbolizam as conexões entre determinados pontos/elementos, e não entre posições geográficas. Em geral, adota-se a codificação por cores para que o leitor percorra corretamente as sequências de intersecções. Um exemplo desse tipo de diagrama são os mapas das redes de metrô e trem.

Figura 4.15 – **Diagrama linear**

maximmmmum/Shutterstock

Quanto à representação de figuras tridimensionais em duas dimensões (Figura 4.16), de acordo com Haslam (2007), isso demanda profundo entendimento de suas convenções por parte do designer, já que apresentam relações complexas. Os desenhos técnicos exibem objetos tridimensionais em duas dimensões com o objetivo de descrever sua posição, seu tamanho e suas formas. Normalmente, são encontrados em livros técnicos, científicos e acadêmicos.

Figura 4.16 – **Representação tridimensional em duas dimensões**

Alexzel/Shutterstock

Haslam (2007) argumenta que os ilustradores técnicos apoiam-se em princípios da geometria descritiva do desenho ortográfico para explicar conceitos e matérias. Essas figuras podem representar a visão "explodida" de um objeto, mostrando seus componentes, ou uma visão em perspectiva, inserindo-o em um plano fixo de observação.

Os diagramas sequenciais (Figura 4.17) (também conhecidos como *passo a passo*), no meio editorial, podem englobar desenhos, fotografias ou maquetes. Alguns são formados simplesmente por imagens, outros necessitam de legendas para acompanhá-las e conduzir sua leitura em etapas. Esse tipo de diagrama exige grande planejamento para que imagem e texto dialoguem e equilibrem-se de maneira satisfatória. O ideal é que o leitor visualize uma sequência curta de ações como se estivesse realmente vendo ação em vídeo.

Figura 4.17 – **Diagrama sequencial sobre como lavar as mãos**

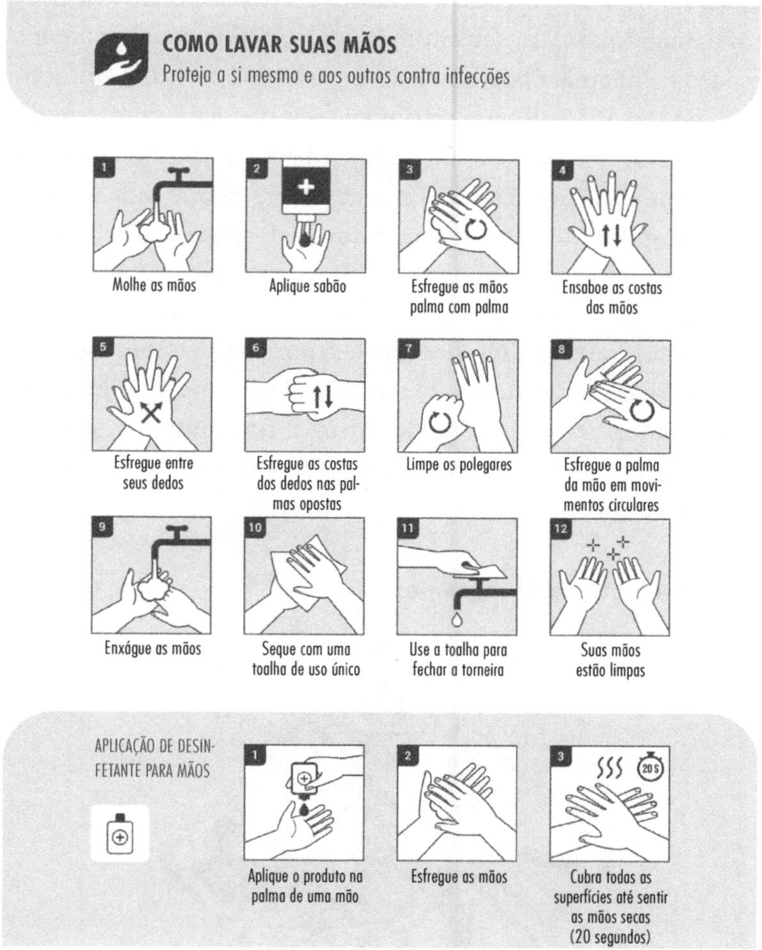
COMO LAVAR SUAS MÃOS
Proteja a si mesmo e aos outros contra infecções
1
Molhe as mãos
2
Aplique sabão
3
Esfregue as mãos palma com palma
4
Ensaboe as costas das mãos
5
Esfregue entre seus dedos
6
Esfregue as costas dos dedos nas palmas opostas
7
Limpe os polegares
8
Esfregue a palma da mão em movimentos circulares
9
Enxágue as mãos
10
Seque com uma toalha de uso único
11
Use a toalha para fechar a torneira
12
Suas mãos estão limpas
APLICAÇÃO DE DESINFETANTE PARA MÃOS
1
Aplique o produto na palma de uma mão
2
Esfregue as mãos
3
20 S
Cubra todas as superfícies até sentir as mãos secas (20 segundos)

elenabsl/Shutterstock

Os símbolos são imagens cujo significado é amplamente conhecido e que podem ser inseridos em livros e em mapas, gráficos e diagramas para substituir palavras, já que ocupam menos espaço na página. O designer deve garantir que a comunicação seja clara o suficiente e que o símbolo seja de fácil reconhecimento. Por isso, esse profissional deve conhecer o contexto da obra, bem como seu público-alvo; assim, pode realizar uma seleção tendo como norte as tradições culturais desses leitores.

Já os pictogramas (Figura 4.18), para Haslam (2007), são símbolos que representam pessoas e objetos, substituindo nomes ou substantivos. Os ideogramas, por sua vez, representam ações e ideias, substituindo verbos. Os pictogramas também são empregados em sequência, de forma a transmitir a noção de processo; cada um ilustra uma ideia, e o leitor pode criar conexões entre elas.

Figura 4.18 – **Conjunto de pictogramas**

Migren art/Shutterstock

Por fim, é pertinente citarmos as tabelas (Figura 4.19) e as matrizes, que podem apresentar dados de forma numérica, alfabética ou pictográfica. Com o propósito de que eles sejam examinados de uma só vez, tabelas e matrizes devem adotar uma estrutura de grade. Além disso, textos explicativos são aplicados em seus eixos vertical e horizontal para que o leitor identifique cada item exposto.

Figura 4.19 – **Tabela de informação nutricional**

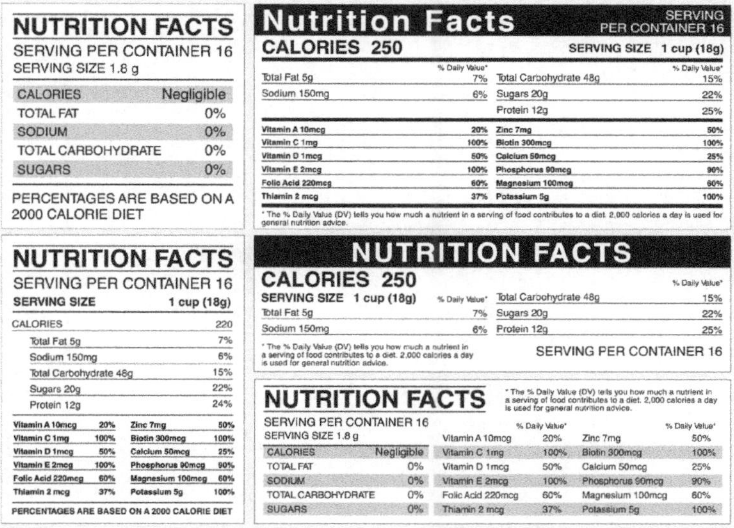

PegasuStudio/Shutterstock

É recomendado que as tabelas sejam acompanhadas por um texto-âncora, isto é, um texto que esclareça seu objetivo e sua relevância para o entendimento da narrativa que está sendo contada.

No próximo capítulo, trataremos da editoração eletrônica e, com isso, será possível entender globalmente os aspectos analisados até aqui. Consideramos de suma importância que você faça a releitura dos capítulos anteriores em caso de dúvida e sugerimos que procure sempre observar livros de sua coleção pessoal para identificar os exemplos citados e criar um coletânea de boas práticas. Ademais, propomos que aplique a seus trabalhos de curso os conceitos assimilados nesta obra, a fim de verificar na prática o funcionamento de alguns recursos, tornando, assim, seus estudos mais dinâmicos e eficientes.

Billion Photos/Shutterstock

CAPÍTULO 5

EDITORAÇÃO ELETRÔNICA

Com o formato do livro definido e o projeto gráfico planejado, o arquivo digital é iniciado. Hoje, o design editorial conta com diversos programas para o desenvolvimento de livros, revistas e diferentes tipos de publicação: trata-se dos *softwares* chamados de *programas de editoração eletrônica*. Entre eles, o InDesign, o PageMaker, o QuarkXPress e o Scribus se destacam, sendo este último uma opção de código aberto.

Cada um desses programas apresenta certas particularidades. Conforme Haluch (2013), para iniciar o projeto de editoração eletrônica, primeiro é necessário criar um documento novo e configurá-lo de acordo com as características preestabelecidas:

- número de páginas;
- disposição das páginas, ou seja, se as folhas serão impressas apenas em um lado ou frente e verso (*facing pages*);
- formato, ou seja, tamanho e orientação (retrato ou paisagem);
- margens, que podem ficar inicialmente zeradas para posterior definição;
- número de colunas e distância entre elas, que também pode ficar inicialmente zerado para posterior definição.

Realizada a configuração inicial do documento, é importante salvá-lo para evitar que imprevistos técnicos o corrompam ou o deletem, ocasionando perda de tempo para o alcance dos objetivos visados. O computador pode travar, a energia elétrica pode oscilar, tudo pode acontecer; contudo, se você salvar constantemente seu trabalho, ficará resguardado.

Agora, é necessário configurar a página-mestre, a qual consiste em um modelo de página organizado com determinadas características e que pode ser inserido em uma ou mais páginas do arquivo. Quer dizer, funciona como um fundo que é aplicado às páginas. Seus elementos não interferem no desenvolvimento delas, pois, ainda que visíveis nelas, não são editáveis. De acordo com Haluch (2013), geralmente, esse recurso é utilizado para marcar a modulação da grade e criar um padrão para elementos extratextuais. É possível criar múltiplas páginas-mestres; assim, podem-se designar modelos para páginas específicas, como abertura de capítulo, sumário, índice, bibliografia e páginas especiais.

Orienta-se começar a construção da grade na página-mestre criando-se linhas-guia. Por exemplo, se o objetivo é trabalhar com uma grade de 12 unidades e o tamanho estabelecido é de 16 × 23 cm, é necessário dividir 160/12 e 230/12. Assim, é possível determinar o tamanho de cada unidade. Em geral, o designer e o diagramador somente precisam preencher determinadas informações referentes a número de colunas, número de linhas e espaço entre elas, para que o próprio programa de editoração realize os cálculos e estruture o documento.

Nesse momento, as margens podem ser definidas, ainda que alteradas futuramente. É importante atentar-se para a posição das cabeças e dos fólios na paginação do documento, de modo a criar margens que os comportem adequadamente para uma boa navegação do livro.

Por meio de comandos como "inserir" (ou "*place*"), é possível inserir textos (.doc, .docx, .rtf, .txt), imagens (.jpeg, .png, .psd, .tiff, .bitmap, .ai), arquivos de descrição de páginas EPS (Encapsulated PostScript) e arquivos de documento portáteis PDF (Portable Document Format). Usualmente, esse comando aparece no menu "arquivo" do programa de editoração. Na inserção de um documento, uma janela costuma se abrir para que o designer e o diagramador optem por preservar a formatação original do arquivo ou por inseri-lo de outra forma. Os textos podem ser inseridos com a formatação original ou receber a formatação nativa do arquivo de editoração eletrônica.

No InDesign, quando as imagens são de extensões editáveis de programas da família Adobe, como o formato PSD (Adobe Photoshop) ou o AI (Adobe Illustrator), é possível escolher entre inseri-las por completo ou adicionar camadas específicas do arquivo. Nesse caso, após isso, se editadas no programa de edição de imagens nativo, o programa de editoração compreende essas alterações e sinaliza para que o usuário as aceite, assim atualizando o documento do projeto.

5.1 Criação de estilos para o texto

Cumpre experimentar o tipo definido para o projeto utilizando alguns parágrafos de um texto-padrão, aplicando-lhe o tamanho e a entrelinha estipulados para conseguir observar a formação da mancha de texto.

Os programas de editoração permitem a criação de diferentes configurações de estilo de texto, usados conforme a necessidade – por exemplo, um estilo para o texto corrente, outro para títulos, subtítulos, legendas etc. Cada estilo criado, de acordo com Haluch (2013), pode ser ajustado ao longo do projeto, refletindo diretamente na atualização do texto em que foi aplicado.

Por exemplo, se o texto corrente estava com um estilo de texto com tamanho de 11 pts e foi alterado para 12 pts, o texto será automaticamente atualizado para o novo tamanho, ocupando mais páginas no documento.

No estilo de texto, é possível ajustar a tipografia, o tamanho do corpo do tipo, a cor, configurar como versal ou versalete, aplicar *baseline* normal, sobrescrito ou subscrito, aplicar variação romana, itálica ou negrito, configurar entrelinha, espacejamento, alinhamento, capitulares etc.

5.2 Arte-final

Araújo (2008) aponta que, após a editoração da publicação e a aprovação final da editora, tem início o processo de arte-finalização para a produção gráfica. Antigamente, depois da aprovação do *layout*, a arte-finalização compreendia a montagem de todos os textos e as marcações em tinta nanquim para orientar o posicionamento de fotos e de ilustrações nas páginas. A marcação das cores a serem utilizadas era feita separadamente, em folha de papel-manteiga colocada acima da arte-final.

Conforme o autor, fotografias e ilustrações eram produzidas antes da arte-final, e os textos eram organizados em tiras por meio de fotocomposição em equipamentos chamados *typesetters*, os quais aplicavam o texto em filme ou papel fotográfico. O arte-finalista posicionava as tiras de texto em sua posição na página e, para isso, usava cola de benzina ou cera.

Nos anos 2000, o processo de produção para a impressão em *offset* sofreu uma enorme mudança. Antes, esse processo envolvia a criação de matrizes em fotolitos, a impressão de provas de prelo para, posteriormente, ser feita a impressão final. Nessa época, surgiu um novo procedimento, o *computer to plate* (CTP), que substituiu o fotolito. No CTP, as matrizes passaram a ser chapas de impressão geradas por meio dos arquivos de arte final.

Na contemporaneidade, os avanços tecnológicos permitem capturar imagens por intermédio de câmeras fotográficas digitais, *scanners* e, até mesmo, *smartphones*. Além disso, diversos bancos de imagens disponibilizam na internet grandes acervos para compor trabalhos editoriais. Alguns bancos de imagens disponibilizam imagens gratuitas, *royalty-free*; outros prestam serviços que exigem pagamento de uma taxa sempre que a imagem for utilizada. Há valores que variam conforme o tamanho e o tipo de utilização feita. Já os textos, nessa conjuntura, são digitados no computador e organizados por meio de editoração eletrônica. Segundo Araújo (2008), tendo sido o projeto aprovado, a impressão é feita pelo arquivo digital fruto da editoração eletrônica.

Uma vez elaborado um bom *layout*, a arte-finalização resume-se a conferir as configurações do projeto conforme o *briefing* e os métodos de impressão e encadernação a serem empregados, bem como a fazer os devidos ajustes, caso necessário. Em seguida, as matrizes de impressão digital, os filmes ou os fotolitos são feitos por intermédio de impressoras especiais chamadas *imagesetters*, que possibilitam prepará-los de forma completa, incluindo textos e imagens. Araújo (2008) explica que essas são impressoras a *laser* de alta definição e qualidade aplicam todos os elementos diretamente sobre o papel fotográfico, sem precisar de uma matriz física sobre um cilindro.

As impressoras a *laser* e a jato de tinta garantem alta qualidade de impressão, operando com resoluções de 300 a 1200 dpi (pontos por polegada, *dots per inch*). Já as *imagesetters*, com resoluções de 1.200 a 4.000 dpi.

Dessa forma, conforme assinala Araújo (2008), a produção editorial, atualmente, conta com um processo totalmente digital, desde o design do livro até sua impressão e seu acabamento, o que assegura uma qualidade muito superior. Haluch (2013) salienta que se deve sempre considerar a policromia para a finalização da arte, pois é o modo de impressão mais comum em gráficas e editoras.

Mesmo que a arte de uma capa seja formada apenas por duas cores, o processo em policromia reduz custos consideravelmente, uma vez que todo o livro pode ser assim impresso, não havendo, dessa maneira, a necessidade de readaptação dos processos de impressão para a impressão em duas cores. Capas com cores especiais necessitam ser impressas em máquinas específicas e exigem maior controle para que haja fidelidade de cor nas diversas edições do livro.

À medida que essa nova tecnologia trouxe agilidade para a produção gráfica, também foi exigida maior atenção e responsabilidade com a arte-finalização, já que, se houvesse algum problema, a chapa seria gravada com erros, ocasionando grandes prejuízos. Por isso, é de extrema importância criar um *checklist* para a verificação de todos os detalhes do documento em seu processo de arte-finalização, de modo a evitar ao máximo todo e qualquer erro, seja textual ou visual, seja editorial ou técnico.

A arte-final dos livros geralmente é enviada para a gráfica ou editora em arquivos no formato PDF e concentra todas as informações do documento: formato, fontes utilizadas, cores, imagens, linhas de corte, sangramento etc. Dependendo do tamanho da equipe de arte, a função de fechar o arquivo da arte-final pode ser atribuída ao designer, ao diagramador ou a um arte-finalista. Considerando o modelo de *checklist* de Haluch (2013), sugerimos as seguintes etapas de conferência para o fechamento do arquivo, em casos de trabalho impresso em *offset*:

1. Verificar se as configurações de cores e resolução de imagens estão corretas. No caso de um livro colorido, todas as imagens devem estar no sistema de cores CMYK (ciano, magenta, amarelo e preto). Caso o livro seja impresso em preto e branco, as imagens devem ser ajustadas para o sistema *Grayscale* (escala de cinzas). É necessário que elas estejam em alta resolução, isto é, inseridas no arquivo em seus tamanhos reais, sem redução pelo programa. O ideal é que a resolução seja de 300 dpi, o que garante qualidade e fidelidade de detalhes na impressão.
2. Averiguar se o formato, o tamanho da página e a configuração das margens estão corretos.
3. Eliminar cores especiais que não estejam sendo utilizadas. Caso o trabalho requeira cores especiais, será necessário gerar um PDF em *composite* para que a cor especial apareça. Além disso, é necessário enviar à gráfica ou à editora referências em

escala *Pantone* das cores especiais no projeto para a devida confirmação dos tons de cores escolhidos.

4. Confirmar se a cor preta no documento e em suas imagens está devidamente configurada como apenas *black* 100%, sem porcentagens de outras cores de escala. Pode ocorrer de a cor preta ser formada por outras cores de escala quando o arquivo é gerado em RGB, podendo incidir em um preto saturado, com tendência para um tom de marrom-escuro na impressão. Logotipos de editora, códigos de barra e outras imagens aplicadas em elementos pré-textuais ou pós-textuais podem estar em RGB e passar despercebidos, por isso é importante verificar todo o conteúdo do documento.
5. Fechar o arquivo por meio do recurso de impressão em PostScript (.eps) e gerar a arte-final em PDF por programas conversores de PostScript, como o Acrobat Distiller. Também é possível gerar diretamente um PDF no programa de editoração. Nesse caso, uma janela é exibida para a configuração do arquivo PDF. Das configurações padrões sugeridas pelo programa, a mais indicada é a "qualidade de impressão" (*press quality*).
6. Se utilizados textos na cor preta configurados como black 100%, deve-se aplicá-los em *overprint* (impressão sobreposta) sobre fundos de cores claras. O *overprint* é uma configuração do preenchimento de um objeto que impõe que uma cor seja impressa em cima de outra. Dessa forma, evita-se que falhas de registro provoquem contornos brancos em volta do objeto.
7. Fechar o arquivo PDF em *composite*, que consiste na devida separação das cores em camadas.

8. Configurar a inclusão das fontes tipográficas utilizadas no arquivo PDF.
9. Configurar as marcas de corte e o sangramento. É recomendado deixar uma margem de segurança de 1 cm em torno do livro para o refile e de 3 a 5 mm para o sangramento. Projetos coloridos devem incluir barras de cor para que, no momento da impressão, os produtores gráficos possam verificar se a coloração acrescida ao papel está com a tonalidade correta.
10. Verificar a quantidade de páginas do arquivo. Haluch (2013) lembra que os livros são impressos em cadernos múltiplos de 8, logo, o número de páginas deve ser suficiente para fechar esses cadernos (ou seja, 16, 32, 64 páginas, e assim por diante). É importante confirmar as especificações da encadernação com a gráfica ou editora.
11. Enviar arquivos referentes a acabamentos especiais, como verniz ou faca, em arquivos PDF separados. Esses arquivos devem ser em apenas uma cor e apresentar os mesmos formato, tamanho, linhas de corte e dobra que o arquivo de impressão. Esse procedimento pode englobar capas e itens extras anexos ao livro.

5.2.1 Desenvolvimento histórico do processo de arte-finalização

Após a substituição das formas de chumbo fundido (tipos, entrelinhas, fios e *quadratins*) pelo *offset* e a fotocomposição, o designer ou o arte-finalista passaram a atuar na composição de gabaritos com textos impressos em filmes e, posteriormente, na produção de arquivos digitais.

Antes da editoração eletrônica, era o arte-finalista quem fazia as composições dos elementos nas páginas, ainda que não tivesse participação nas decisões de design. O profissional recebia esboços (*rafes*) com grades, indicações de corte, área da mancha de texto, área de ilustrações e entrelinhamento já definidos. Por meio de ferramentas como esquadros, régua-tê, cola, benzina, pinças e estiletes, o arte-finalista, de acordo com Araújo (2008), montava os textos e desenhava os fios que seccionavam os elementos textuais ou enquadravam ilustrações, assim formando o gabarito em papel cuchê.

Os elementos de página eram cortados minuciosamente e colados conforme o esquema de grade fixado, ajustando-se dentro das medidas das linhas-guia. Depois, um papel transparente era sobreposto e fixado ao gabarito, que era chamado de *overlay*. Esse papel, além de proteger a montagem, levava instruções e traços de contorno dos desenhos para orientar o impressor sobre a posição e o tamanho corretos de aplicação. Esses esboços dos desenhos guiavam a confecção de cópias fotográficas para inserção na arte-final.

O editor ou o revisor acompanhavam e conferiam a técnica de montagem por meio de confronto com os originais antes de enviar a composição ao impressor. As emendas inesperadas eram inseridas a lápis sobre o *overlay*, no lugar em que se encontrava o erro. As correções costumavam ser feitas diretamente na arte-final e utilizavam sobras de letras do mesmo tipo ou com uma nova composição. Araújo (2008) aponta que, após realizados os ajustes, as correções eram apagadas do *overlay*.

A arte-final para uma impressão com cor era montada de maneira diferente. O ilustrador separava as cores por meio de folhas sobrepostas de filme próprias para desenho. Araújo (2008) menciona que esse filme era uma espécie de película transparente de poliéster para reproduções em negativo ou positivo. Dessa forma, um filme recebia todos os traços em preto, outro recebia todos os traços em azul, e assim por diante. A soma das películas formava o desenho completo. As porcentagens que determinavam o uso de cada cor eram descritas no próprio filme (100% preto, 40% azul etc.), e as marcas de registro eram imprescindíveis para orientar o alinhamento das sobreposições no momento da impressão. As marcas de registro consistem em cruzes finas desenhadas em, ao menos, três lugares fora da área de impressão.

Figura 5.1 – **Camadas da arte-final para a impressão em cores**

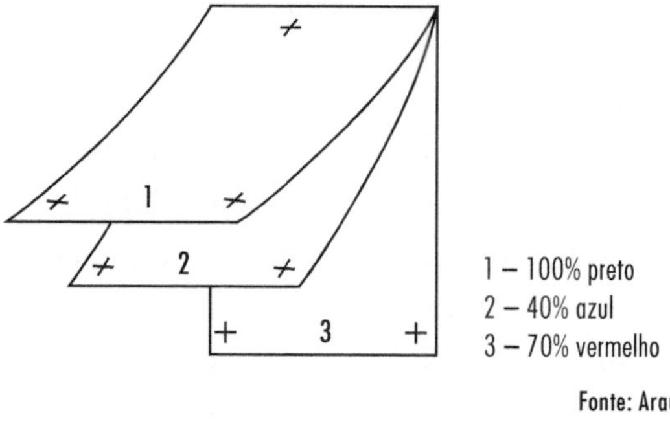

Fonte: Araújo, 2008, p. 440.

Colados todos os elementos da publicação no gabarito, traçados os fios de destaques ou ilustrações e aplicado o *overlay*, a arte-final estava pronta. Então, o arte-finalista averiguava se as margens e o contorno das emendas estavam limpos. A benzina era utilizada para remover excessos de cola, que poderiam reter poeira e comprometer a impressão, causando pequenas "sujeiras" ou linhas indesejadas ao longo da página. Araújo (2008) comenta que era costume aplicar tinta opaca (guache branco) sobre falhas e defeitos com o fito de neutralizá-los, já que a tinta não era reproduzível na impressão.

5.2.2 **Arte-final da capa**

Conforme Haluch (2013, p. 69), "o universo do projeto de capa é totalmente diferente do que trabalhamos em projeto de miolo". Dessa forma, além de conhecimento técnico, é necessário desenvolver um processo criativo. A autora sugere o armazenamento de diferentes referências visuais para que o designer tenha subsídios para a criação da capa do livro. Livros, filmes, fotografias, embalagens, revistas, tendências de moda, tudo pode inspirar a criação de um conceito novo.

Haluch (2013, p. 70) questiona: "uma boa capa precisa ser de um bom livro? Mas o que é um bom livro afinal?"; e afirma que o mais importante é que a capa cumpra seu papel. Entende-se que ela precisa transmitir o tema principal do livro e agradar ao público-alvo a que se destina. A capa do livro é formada pela primeira (frontal), segunda e terceira capas (que ficam na parte interna do livro), bem como pela quarta capa (contracapa), pela lombada e pelas orelhas.

Figura 5.2 – **Configuração da capa do livro**

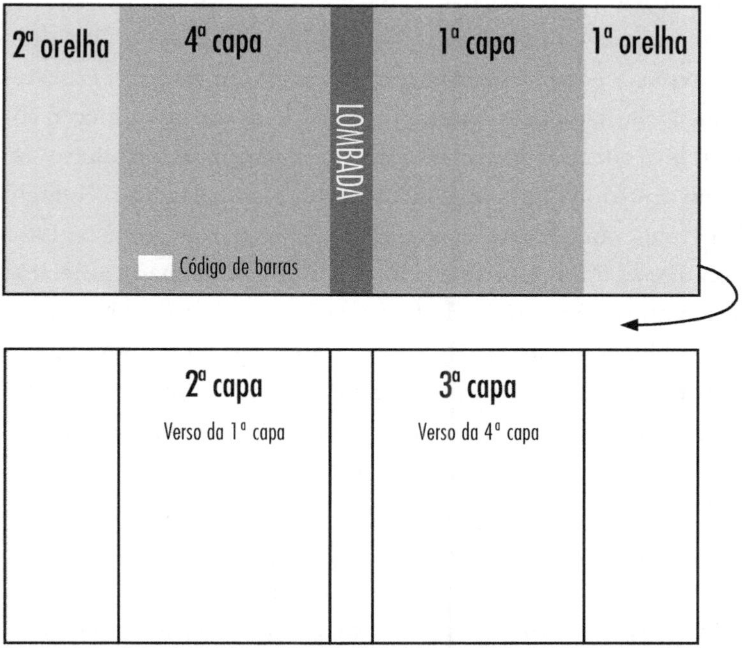

Fonte: Haluch, 2013, p. 71.

Na primeira capa são apresentados o título, o subtítulo e a chamada da obra; o nome do autor e o do ilustrador, caso seja um livro ilustrado; e o logotipo da editora. Na quarta capa, é comum dispor um texto que reflita o conteúdo do livro a fim de promovê-lo, como um resumo, um trecho expressivo ou recomendações de personalidades influentes na área e críticos literários sobre a publicação. O código de barras com o registro ISBN (International Standard Book Number, padrão internacional de numeração de livros) e o logotipo da editora também estão inclusos nessa parte.

A lombada é uma parte muito importante, pois é a área que fica exposta para a identificação do livro em estantes e prateleiras. Nela, são apresentados o nome do autor ou apenas o sobrenome, o título do livro, o logotipo da editora, o número da edição ou o do volume, caso faça parte de uma coleção. Haluch (2013) salienta que, no meio editorial, existe dois tipos de lombada que se diferem no sentido da leitura. A **lombada americana**, em que o texto aplicado fica rotacionado à esquerda, sendo mais fácil sua identificação caso o livro esteja sobre uma mesa; e a **lombada francesa ou europeia**, em que o texto aplicado é rotacionado à direita, o que permite melhor leitura quando o livro está disposto em prateleira.

As orelhas do livro, por sua vez, contêm informações a respeito da obra em si e de seu autor. A primeira orelha costuma trazer um texto explicativo sobre o tema do livro, e a segunda orelha apresenta informações sobre o autor, foto seguida de um minicurrículo ou lista de outras obras anteriormente publicadas.

O fluxo de trabalho do designer, do ilustrador ou do capista no projeto da capa do livro envolve as seguintes etapas, segundo Haluch (2013):

1. conceituação após a leitura dos originais;
2. concepção de ideias e primeiros rascunhos;
3. desenvolvimento digital no computador: pesquisa de imagens, tipografia – geração de alternativas;
4. definição de, pelo menos, três alternativas de *layouts* para a apresentação e a apreciação;
5. ajustes ou geração de novas alternativas;
6. aprovação final da primeira capa e estruturação final da capa inteira.

As orelhas devem equivaler à metade da medida da capa para que haja um bom acabamento, do contrário, tendem a abrir e atrapalhar a manipulação do livro durante a leitura. A coluna de texto aplicada deve ter em torno de 5 a 6 cm, e o texto pode ser alinhado à esquerda ou justificado e hifenizado, assim evitando que haja grandes espaços entre as palavras. Segundo Haluch (2013), o acabamento da orelha deve ter pelo menos 1,5 mm de seixo, que fica na dobra das orelhas e confere o acabamento da primeira e da quarta capa.

O acabamento da capa é de extrema importância. Por isso, assim como o fechamento do miolo do livro, é essencial verificar se as imagens estão em alta resolução e em 300 dpi, utilizando o sistema de cores CMYK ou com a devida separação de cores, caso sejam usadas cores especiais. Vale ressaltar a necessidade de se aplicar a configuração *overprint* em textos sobre fundos claros, evitando-se contornos brancos, que impedem uma boa legibilidade.

5.3 O papel

De acordo com Haluch (2013), os papéis utilizados na confecção do miolo são específicos para a impressão editorial e sofrem isenções especiais de certos impostos, com o objetivo de baratear os custos e incentivar a produção de livros e a disseminação de cultura e informação. Os tipos de papel mais usados no Brasil para impressão de miolos são o *altaprint*, o *offset*, o pólen e o cuchê. Conforme Araújo (2008), a qualidade da definição do desenho dos caracteres depende muito da escolha do papel que o receberá, independentemente do sistema de impressão utilizado.

Como substituto de antigas matérias-primas (fibras de linho e algodão), a produção industrial de papel começou a empregar materiais com fibras (bambu), resinas (epícea, pinho) e resíduos agrícolas (palha) e têxteis (estopas) e, até mesmo, industriais (reaproveitamento de papel usado) já no século XIX.

Atualmente, grande parte do papel contém fibra vegetal (celulose) misturada com várias fibras de madeira, o que se reflete não só nas características desse papel, mas também em sua relação com determinada tipografia ou quantidade de texto. Nesse sentido, Araújo (2008) argumenta que a escolha do papel para o projeto deve ser guiada conforme os preceitos a seguir.

- **Sentido da fibra**, ou seja, a direção na qual as fibras se alinham – O papel dobra e rasga mais facilmente nessa direção. Logo, para a impressão de livros, a melhor escolha é um papel com fibras longas correndo em sentido longitudinal à folha, paralelamente à lombada; assim, as páginas podem ser viradas tranquilamente sem causar enrugamento. A direção da fibra pode ser verificada ao se rasgar a folha em duas direções, transversal e longitudinal; com isso, o papel se rompe em linha mais reta no sentido da fibra.

Figura 5.3 – **Sentido da fibra do papel**

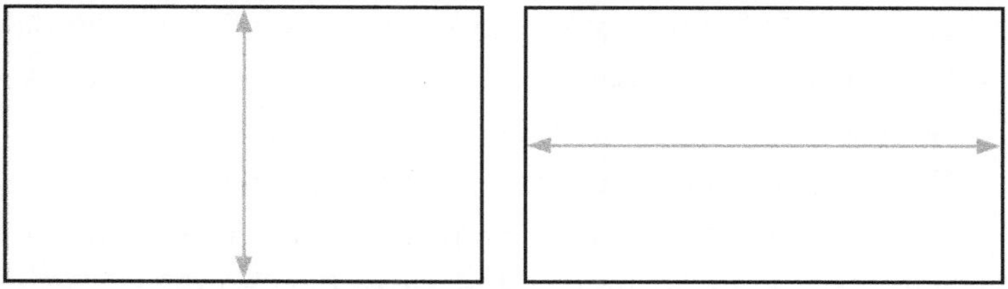

Fibra curta perpendicular à pinça da folha — Fibra longa paralela à pinça da folha

Fonte: Haslam, 2007, p. 197.

- **Cor do papel** – A "brancura" causada pela adição de alvejantes e pigmentos especiais pode influenciar a impressão do texto e das ilustrações. As áreas claras de imagens, por exemplo, dependem dessa brancura. Para a impressão em policromia, o grau de alvura do papel é determinante para sua qualidade e sua fidelidade de cores. Já para a impressão de livros de leitura com grande qualidade de texto corrido, indica-se o uso de papéis levemente amarelados e opacos, que evitam cansaço visual.

- **Opacidade** – Capacidade de o papel receber tinta em um lado da folha sem influenciar o outro lado da impressão. O papel muito transparente faz com que o leitor perca sua atenção pela sombra do texto impresso no lado oposto. Essa transparência é determinada pelo peso e pelo corpo do papel.
- **Peso do papel** – Esse aspecto é medido em quilogramas de 500 folhas, ou seja, uma resma, ou em gramas de uma folha com superfície igual a um metro quadrado (90 g/m^2, 120 g/m^2, 300 g/m^2 etc.). O peso depende do tamanho da folha, mas não necessariamente da espessura do papel, pois isso é afetado pelos materiais em sua composição.
- **Espessura ou corpo do papel** – Isso determina o peso e o volume do livro. A gramatura do papel influencia os custos de impressão e a distribuição dos livros. Quanto mais áspera a folha, maior é sua espessura. Assim, para medir a espessura do papel, deve-se contar o número de páginas por centímetro (*ppc*). Por exemplo, o papel *offset* de 90 g/m^2 comporta 164 páginas por centímetro.
- **Textura** – Aspecto da superfície do papel e seu grau de rigidez. Pode ser lisa, texturizada etc. Cada projeto requer uma textura diferente. Para o miolo do livro, é importante verificar o grau de lisura das fibras que compõem a folha para que, em tipos menores, seja claro e legível.

Figura 5.4 – **Diferentes texturas de papel**

Wongsakorn Dulyavit/Shutterstock

Embora um papel áspero e fosco seja mais confortável para leitura, quando há ilustrações e fotografias em cores e meios--tons, o ideal é o uso de um papel liso e brilhante, que garante maior definição de contraste dos tons. A impressão em tipografia (impressão direta) exigia papel áspero e espesso, levemente umedecido para que o tipo se acomodasse nele, garantindo boa reprodução. Hoje em dia, não há mais essa necessidade, embora o papel liso e seco tenha de ser resistente para receber pressão sem rasgar.

De acordo com Araújo (2008), na impressão *offset* (impressão por transferência), papéis tanto lisos quanto ásperos podem ser utilizados. No entanto, devem ser muito bem colados, pois a resistência da superfície deve ser maior que a umidade desse sistema e a força de arranque da tinta, que é mais pegajosa. Outra questão importante a se destacar é a acidez residual do papel. Determinados materiais e técnicas para a fabricação do papel ocasionam uma acidez mais alta ou mais baixa. Papéis com alta acidez residual ficam amarelos e quebradiços com o tempo, o que não é interessante na produção de livros. Para que a obra tenha maior durabilidade, indica-se recorrer a papéis alcalinos.

5.3.1 Classificação dos tipos de papel

Conforme o ponto de vista comercial, os principais papéis destinados à impressão de livros em grandes quantidades são:

- **Papel acetinado ou calandrado** – Item que apresenta superfície lisa e diferentes graus de brilho, determinados na calandra, que é um conjunto de cilindros no fim da máquina de fabricação de papel. Ao passar por um ou mais cilindros aquecidos, a folha ganha aspecto menos ou mais acetinado, com poros fechados e bem alisada.
- **Papel-pergaminho ou apergaminhado** – Tem aspecto áspero e rugoso. É tratado com ácido sulfúrico, portanto, não passa pela calandra. Não é aconselhado para a impressão de meios-tons ou caracteres finos na impressão tipográfica. Já na impressão *offset*, sua opacidade garante bons resultados.
- **Papel-bíblia ou Oxford** – Papel extremamente fino, com peso por volta de 45 g/m^2, embora opaco (sem brilho) e resistente. É utilizado principalmente em obras volumosas, como bíblias e dicionários. Sua característica opaca deve-se ao tipo

de material que o forma (pastas de sulfito e sulfato) e ao uso de minerais em sua fabricação (principalmente óxido de titânio). Tradicionalmente, é produzido pela Universidade de Oxford (Oxford University Press) desde meados de 1840, quando foi levado do Oriente como "papel da Índia".

- **Papel *bufã* (*bouffant*)** – Papel esponjoso e fofo, com alta porcentagem de carga mineral em sua composição, que é branqueada. Não é calandrado, por isso não é acetinado. É usado na impressão tipográfica em razão de sua capacidade de absorção de tinta.
- **Papel cuchê ou *couché*** – Item amplamente utilizado para uso editorial, tem superfície acetinada com partículas minerais (sulfato de cálcio, sulfato de bário, caulim, entre outras) e aglutinantes (gelatina e caseína). Como não tem poros nem rugas evidentes, suas folhas são sempre muito lisas e brilhantes. É indicado sobretudo para a impressão colorida ou em meios-tons. Pode ser usado em diferentes métodos de impressão, como a rotogravura, a tipografia e o *offset*.
- **Papel de impressão ou papel-imprensa** – Formado por 70% de pasta mecânica e pouca cola. É alisado em máquina de forma a ficar com peso entre 45 e 55g/m^2. É indicado para a impressão de revistas, catálogos e folhetos de tiragem reduzida. Sua qualidade é superior ao papel-jornal, que tende a ficar quebradiço e desbotado com o tempo.
- **Papel *offset*** – Fabricado com pasta química branqueada, com carga mineral entre 10% e 15% e muita cola. Sua superfície é uniforme, o que o torna resistente à umidade da impressão

litográfica, principalmente em *offset*. O papel *cuchê* faz parte dessa categoria de papéis.

- **Papel velino** – Item muito liso e compacto, como uma espécie de pergaminho fino. Foi criado por John Baskerville em meados de 1750, formado por pasta de trapos. É um papel sem marca-d'água.
- **Papel vergê, filigranado ou papel linha d'água** – Qualquer papel que apresente filigrana (fios riscados) ou marca-d'água.

Portanto, a escolha do papel deve considerar o tipo de conteúdo que será impresso, os métodos de impressão seguidos, bem como o uso e o público aos quais o livro se destina. Livros predominantemente textuais geralmente são impressos em papéis não branqueados, *off-white*, de tonalidade mais natural e confortável para a leitura.

Araújo (2008) explica que, ao longo das últimas décadas, a produção de papel foi modernizada e a variedade de papéis foi ampliada. O pólen (marca do fabricante) contempla três modelos: o *Rustic* com toque rústico e artesanal; o *Bold*, com opacidade e espessura elevada; e o *Soft*, com tonalidade mais confortável para a leitura por grandes períodos de tempo. O cuchê engloba diversos tipos, que variam em intensidade de brilho e textura, todos interessantes para a impressão de imagens coloridas e em meios-tons, principalmente as opções de retículas finas. O papel-cartão dúplex ou tríplex (240 g/m^2 a 300 g/m^2) tem duas ou três camadas de celulose e acabamento branco em ambas as faces. Ambos são utilizados sobretudo na confecção de capas de livros. Além deles, atualmente, o papel reciclado vem crescendo no meio editorial. Ele é formado por sobras de papel em variadas combinações e pode ser encontrado em diferentes cores e texturas.

5.4 A impressão

A tecnologia digital transformou completamente a impressão. Hoje, processos computadorizados vêm substituindo os tradicionais, o que requer conhecimento técnico dos profissionais da área. O produtor gráfico deve avaliar a competência, a pontualidade e os custos de diferentes fornecedores da editora a fim de contratar os serviços e os materiais necessários para os processos de pré-impressão, impressão e pós-impressão. Também é de sua responsabilidade gerenciar a evolução desses processos dentro do cronograma estipulado. O profissional deve ter o conhecimento necessário para transformar a arte-final digital em um livro impresso com excelente acabamento, o que implica saber sobre arte-finalização, diferentes tipos de materiais, métodos de impressão e acabamentos e, também, sobre armazenamento e distribuição depois de pronto.

Profissionais do setor editorial devem conhecer todo o fluxo de produção gráfica a fim de compreender a importância de cada escolha na composição do projeto. Aprender ferramentas de editoração eletrônica sem conhecer suas particularidades, que refletem na versão impressa do produto editorial, gera dificuldades tanto no fechamento de artes-finais quanto na escolha dos materiais apropriados para a confecção da peça, que pode não corresponder ao planejado na tela do computador.

5.4.1 Processos de pré-impressão

Araújo (2008) explica que, tradicionalmente, a arte-final era enviada impressa para a gráfica; hoje, arquivos em linguagem PostScript são colocados em discos e interpretados pelas impressoras. A arte-final pode ser enviada para a gráfica em arquivo digital aberto ou fechado. O arquivo aberto pode ser manipulado em qualquer computador utilizando-se o programa que o gerou. Nesse caso, uma pasta é enviada contendo o arquivo original, fontes utilizadas, imagens inseridas e arquivo final em linguagem PDF ou PostScript.

Já o arquivo fechado está pronto para a impressão, não podendo ser facilmente manipulado. É gravado em um disco, geralmente na linguagem PostScript, e submetido ao processamento da impressora. Esse arquivo contém todas as informações sobre tipos, ilustrações, posicionamentos e cores do projeto. Antigamente, não era possível visualizar o arquivo fechado para conferência, mas atualmente programas como o Adobe Distiller e o Adobe Reader já permitem essa ação.

O Adobe Distiller converte arquivos PostScript (.eps) em arquivos PDF (.pdf). O PDF é um formato criado pela Adobe que permite o envio, a visualização e a impressão de documentos formatados em qualquer lugar, sem a necessidade de um programa específico. O referido autor ainda comenta que é leve e compatível com impressoras profissionais, o que o tornou uma nova opção para fechamento e entrega de arquivos de arte-final. O Adobe Reader é um programa gratuito que permite visualizar arquivos em PDF, útil para a conferência do projeto. Existem diversos programas gratuitos no mercado para o mesmo fim. Dessa forma, hoje em dia, até mesmo os navegadores *web* propiciam a visualização de arquivos PDF, mas nem sempre os apresentam com fidelidade de detalhes.

As impressoras *imagesetters* (usadas na produção de filmes ou fotolitos) contam com o dispositivo RIP (Raster Image Processor), que interpreta as informações em linguagem PostScript, que, de acordo com Araújo (2008), as transforma em pontos a serem impressos no filme.

Assim, o uso de arquivos fechados é mais seguro, visto que essa interpretação é feita sem o risco de haver trocas de fontes ou erros de posicionamento. O arquivo é transformado em pontos justamente como foi "encapsulado". O uso de arquivos abertos ou fechados varia conforme a gráfica. É necessário atentar-se para as especificações de fechamento de arquivo de cada empresa.

Para fechar o arquivo, é necessário instalar um *driver* da impressora em que ele será impresso, ou seja, um programa que permite ao computador controlar a impressora. Com isso, para o fechamento em PostScript, é necessário um perfil de impressora PostScript, um PPD (PostScript Printer Description) que simula a conexão com uma impressora e descreve ao *driver* os formatos de impressão, resolução máxima e demais características.

Araújo (2008) explica que os sistemas tradicionais de impressão, como a tipografia e o *offset*, oferecem resultados com alta qualidade, imprimem em grandes formatos, em largas tiragens e a curtos prazos. No entanto, suas limitações são os altos custos e a demora no processo de pré-impressão, ou seja, nos acertos das máquinas e nos ajustes para dar início à impressão. Esse fator inviabiliza a impressão de pequenas tiragens.

As *imagesetters*, que são impressoras a *laser*, apresentam alta qualidade e rápida preparação para a impressão, porém também têm um custo elevado. Logo, a impressão digital é mais vantajosa para a produção de pequenas tiragens, da mesma forma que a impressão tradicional compensa mais em grandes tiragens.

Hoje, um livro pode ser produzido inteiramente em programas de editoração eletrônica, sem a necessidade de realizar processos manuais. Cada programa tem sua especificidade. Programas vetoriais como o Adobe Illustrador e o CorelDraw são utilizados para a elaboração de ilustrações. Já programas de edição de imagens como o Adobe Photoshop e o Corel Photo-Paint são mais utilizados para retoque de fotografias e composições gráficas.

Para a editoração eletrônica, o Adobe InDesign, que é uma evolução do antigo PageMaker, e o QuarkXPress são os mais utilizados. A arte-final pronta é entregue à gráfica em arquivo digital. O filme ou fotolito, que também é feito por meio do processo digital, é gravado em uma chapa. A impressão começa de fato quando se coloca essa capa na máquina impressora. Em seguida, a peça gráfica recebe o acabamento, ou seja, dobras, encadernação, vernizes, relevo etc. O acabamento consiste na etapa final da produção gráfica. Após essa etapa, o livro recebe sua forma final.

Dessa maneira o fluxo de trabalho na produção gráfica envolve três fases: a pré-impressão, a impressão e a pós-impressão ou acabamento. Na pré-impressão tradicional, fotolitos ou chapas planográficas eram gravadas para a confecção das matrizes; hoje, já se conta com matrizes com gravação digital. Na impressão, diferentes métodos podem ser utilizados para transferir a imagem do trabalho para o papel com o uso de pigmentos. Na pós-impressão, ou acabamento, é realizado o corte final e são feitas finalizações como dobras, relevos, vincos, encadernações e verniz.

As novas tecnologias estão cada vez mais encurtando as distâncias entre essas três etapas. Entre elas se destacam:

- ***Computer to film* (do computador para o filme)** – Produção dos filmes ou fotolitos diretamente no computador, filmes esses utilizados na gravação das matrizes para a impressão. As impressoras *imagesetters* produzem os filmes por meio de revelação química.
- ***Computer to plate* (do computador para a chapa)** – Conhecido como *CTP*, nesse método a impressora *imagesetter* é substituída por uma impressora *platesetter*, que grava a matriz digital diretamente nas chapas de impressão. Assim, o uso de filmes ou fotolitos é descartado, bem como o contato com produtos químicos. Essa tecnologia requer maior controle digital, já que o custo de produção das chapas é maior que o dos filmes. Logo, erros e falhas na arte-final acarretam grandes prejuízos. Nesse processo, a chapa de alumínio é retirada de um cassete por um dispositivo e uma folha de proteção é removida de sua área fotossensível. A chapa segue para um

tambor, cuja superfície será reproduzida a imagem. Após sua exposição à imagem, a chapa é transportada para um sistema de processamento automático que inclui revelação, retoque, lavagem, endurecimento e armazenagem.

- ***Computer to press* (do computador para a máquina de impressão)** – Semelhante ao *computer do plate*, nesse sistema a matriz de impressão também é obtida por meio da gravação da imagem em uma chapa; contudo, utiliza o método de gravação por raio *laser* com arquivos digitais gerados no computador. Assim, não há criação de filmes e fotolitos nem revelação. Como a exposição é realizada em todas as chapas de uma só vez, também não há necessidade de ajuste de registro. O resultado é de excelente qualidade, no entanto, seu alto custo restringe seu uso a impressões rápidas e pequenas tiragens.
- ***Computer to print* (do computador para a impressão) ou impressão digital** – Nesse método, não existe matriz. A imagem é criada pelas cargas elétricas em cilindros metálicos internos de máquinas que atraem os pigmentos e os transferem para o papel. Assim, é possível imprimir uma imagem diferente para cada "giro" da máquina, diversificando-se o trabalho na quantidade desejada. A impressão digital apresenta a mesma qualidade da impressão *offset* com chapas, entretanto, seu alto custo a torna viável apenas para pequenas tiragens.

Portanto, os sistemas CTP, *computer to press* e *computer to print* não usam mais o filme, a gravação é feita diretamente na chapa ou na impressora. O método tradicional e o *computer to film* ainda utilizam filme para a confecção da matriz. Na pré-impressão tradicional, a arte-final é entregue impressa e é colocada em uma câmara escura, onde é fotografada, formando um filme negativo que será posteriormente revelado. Esse negativo é colocado em uma mesa de luz, onde é retocado e as fotos são posicionadas. Com base no filme negativo, é feito um filme positivo, o fotolito, que, por meio de exposição à luz ultravioleta, é revelado e secado.

Na pré-impressão digital, a arte-final é enviada do computador para a *imagesetter*, que grava a *laser* um filme positivo. Esse filme positivo é revelado e sacado e, posteriormente, usado para gravação na chapa. O processo digital, embora rápido e de alta qualidade, requer calibração e manutenção constante dos equipamentos.

5.4.2 **Processos de impressão**

Os processos de impressão podem ser divididos em quatro categorias, caracterizadas principalmente pelo tipo de matriz ou forma utilizada: 1) relevo, 2) planográfico, 3) entalho e 4) estêncil. No relevo, a tinta é aplicada em uma superfície em alto-relevo da matriz ou forma. No planográfico, a tinta é aplicada na superfície de uma matriz plana. Já no entalho, a tinta preenche células abaixo da superfície da matriz. E no estêncil, a tinta é aplicada sobre uma tela.

Figura 5.5 – **Processos de impressão**

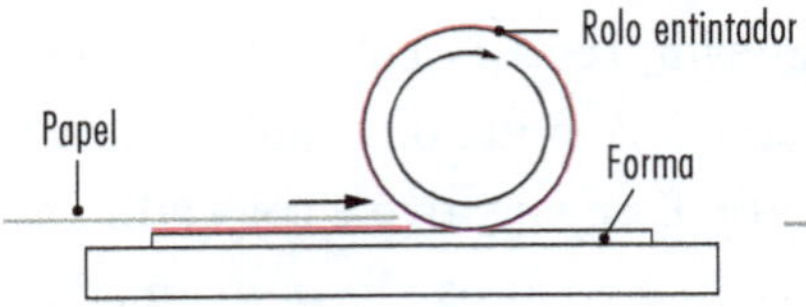

Impressão em relevo
A tinta (magenta) passa do rolo para a superfície em relevo da forma antes de o papel ser pressionado sobre ela.

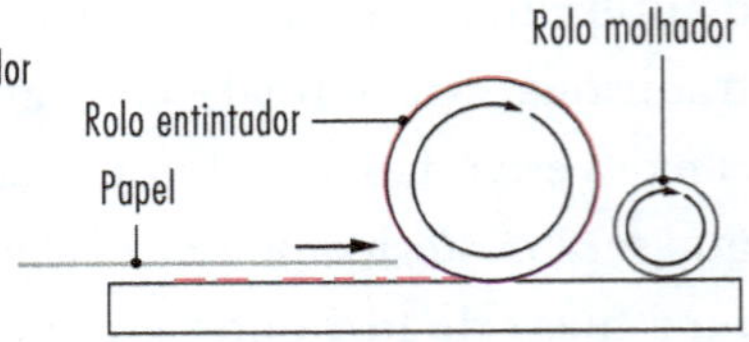

Impressão planográfica
A tinta é depositada na superfície seca da matriz, mas não nas áreas umedecidas pelo rolo molhador. O papel é pressionado contra a superfície para receber a impressão.

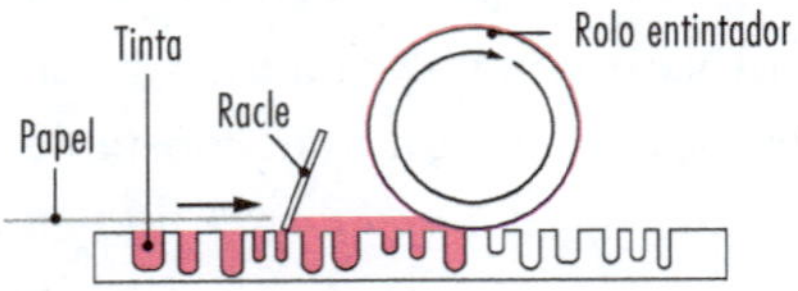

Impressão de entalho
A tinta é depositada abaixo da superfície da matriz, a racle passa sobre a superfície, deixando a tinta nas células e, quando o papel é pressionado sobre a superfície, a tinta é drenada das células.

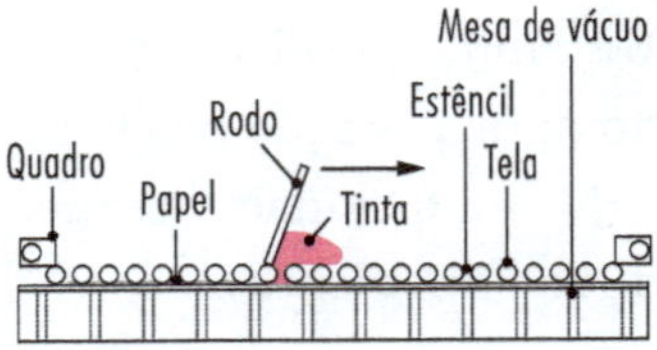

Impressão serigráfica
A tinta é forçada a passar através de um estêncil suportado por uma tela de tecido para o papel.

Fonte: Haslam, 2007, p. 211.

Cada método de impressão foi desenvolvido e aperfeiçoado no decorrer do tempo, considerando diferentes tipos de suporte, volume de impressão e tipo de uso do objeto final. As seções a seguir explicam o modo de impressão de cada categoria, tendo em vista seu desenvolvimento histórico e o processo mecânico atual.

Impressão em relevo

A impressão em relevo engloba as técnicas de xilografia, linoleogravura e tipografia. A tinta é depositada na superfície em relevo da forma ou clichê, que é pressionada sobre o papel, transferindo a tinta e realizando a impressão.

Como já vimos, a origem da tipografia é atribuída a Gutenberg, que inventou os tipos metálicos móveis e realizou a impressão da *Bíblia de 42 linhas* em meados de 1455. Os tipos móveis impactaram significativamente a produção de livros, o que culminou na abertura de diversas editoras e gráficas na Europa.

Segundo Haslam (2007), os tipos móveis permitiam que o impressor pudesse compor e reproduzir várias cópias de um texto de maneira autônoma, industrializando um ofício antes artesanal. Sendo mais rápido que a cópia manual, o processo, que era consideravelmente barato, aumentou o número de livros em circulação.

Impressão planográfica

Entende-se por *impressão planográfica* todo e qualquer processo de impressão em que a tinta é aplicada na superfície de uma matriz. Atualmente, o método de impressão planográfica mais utilizado no meio editorial é o *offset*. A impressão planográfica advém da litografia. O termo *litografia* tem origem grega (*lithos* e *graphein*) e significa "escrever na pedra". Esse processo foi desenvolvido por Aloys Senefelder em meados de 1818 e consiste em transferir tinta diretamente de uma superfície de pedra (a matriz) para a superfície do papel.

Desse modo, finas matrizes feitas de alumínio ou zinco com superfície granulada recebem uma substância gordurosa nas áreas de grafismo e uma película de água é aplicada sobre as áreas de contragrafismo. A tinta é aderida apenas nas áreas gordurosas do grafismo, sendo rejeitada pelas áreas úmidas do contragrafismo. Então, a imagem é transferida para o papel por meio da área entintada, permanecendo limpas as áreas de contragrafismo.

Figura 5.6 – **Matriz sendo entintada para processo litográfico**

Dmytro Vietrov/Shutterstock

A fotografia, que foi inventada no ano de 1830, começou a ser reproduzida mediante a pedra litográfica sensível à luz, no ano de 1851. Graças à sua evolução, a separação de cores da imagem foi possibilitada. Utilizando-se a escala de cores CMYK, era possível reproduzir imagens de meio-tom em quatro cores. Dessa forma, a litografia auxiliou no desenvolvimento de recursos importantes para a impressão moderna, como a seleção de cores, o uso do registro e de impressoras cilíndricas, tornando-se um processo comercial.

Figura 5.7 – **Processo de revelação fotográfica**

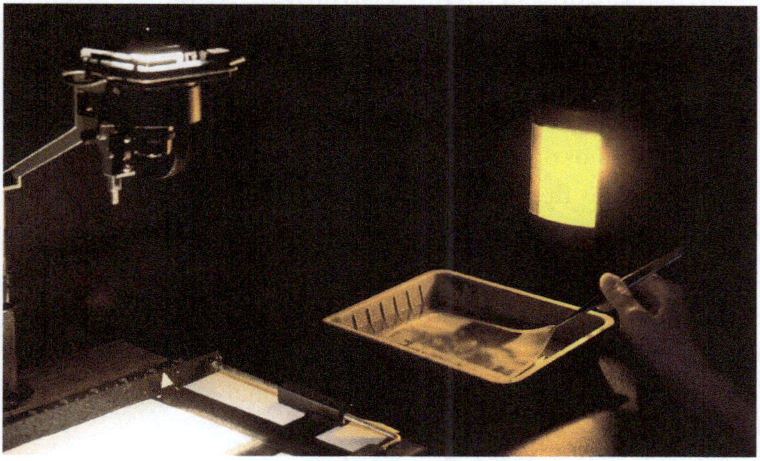

Zhanna Kavaliova/Shutterstock

No início do século XX, o processo de impressão *offset* surgiu. Nele, a tinta é transferida da matriz para um cilindro chamado de *blanqueta*, que é revestido com borracha antes de a imagem ser impressa no papel. Esse método permitia imprimir mais rápido e com maior variedade de cores que a tipografia. O *offset* visava principalmente à reprodução de ilustrações e fotografias; logo, inicialmente, não era tão indicado para a impressão de textos. A tipografia foi inventada para reproduzir textos e, posteriormente, adaptada para reproduzir desenhos e fotografias.

Segundo Haslam (2007), a litografia tornou-se a principal forma de reproduzir gravuras e caligrafias ao longo do século XIX. Os livros formados apenas de blocos de texto continuaram sendo impressos pela tipografia até 1960, quando foi criada a fototipografia, que consiste na transferência do texto para uma matriz litográfica por meio de um negativo fotográfico.

Entre os anos de 1900 e 1960, houve grande evolução técnica na composição tipográfica e litografia fotográfica. Entretanto, os profissionais ainda precisavam planejar o *layout* do livro considerando os textos e as imagens como elementos separados por serem impressos por meio de técnicas diferentes. A tipografia era a principal para se reproduzir textos, ao passo que a litografia e a rotogravura eram as principais e mais precisas técnicas para replicar imagens.

Figura 5.8 – **Gaveta para tipografia**

Nedrofly/Shutterstock

O método de fotocomposição transformou os tipos em imagens para serem reproduzidas pela litografia. Patenteado no ano 1894 por E. Porzsolt e William Freise-Greene, o método consiste em expor as imagens em um cilindro móvel de papel fotossensível por meio de uma centelha elétrica. Para os estudos de Haslam (2007), esse processo somente ganhou o mercado no ano de 1946, quando o US Government Printing Office adotou a fotocompositora intertipo. No momento em que a litografia passou a reproduzir textos, a tipografia começou a ser deixada de lado na impressão de livros. O design de livro tornou-se mais sólido, visto que texto e imagem puderam ser trabalhados em conjunto dentro de um *layout*, já que seriam reproduzidos por um mesmo processo. O *offset* tornou-se o principal método na impressão de livros.

O *offset* envolve a transferência das páginas do livro ou do arquivo digital para a superfície das matrizes, que podem ser folhas de alumínio, plástico ou papel de textura granulada. Essas matrizes são montadas em volta dos cilindros da impressora, sendo cobertas por uma camada de substância fotossensível (diazo ou fotopolímero). Tradicionalmente, filmes negativos ou positivos eram utilizados e, expondo fotograficamente a camada fotossensível, realizava-se a impressão. Hoje, como vimos, há a possibilidade de se transferir a imagem do computador diretamente para a matriz por meio do *computer to plate*. Assim, as matrizes movem-se por uma impressora com tecnologia a *laser*, orientada pela arte-final em linguagem PostScript.

Figura 5.9 – **Entintamento em uma impressora *offset* plana**

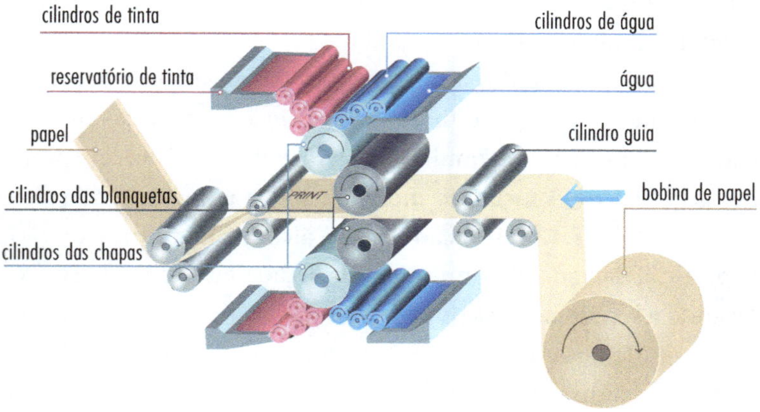

viktoria.snake/Shutterstock

As impressoras *offset* têm diversos cilindros e rolos. Rolos entintadores transferem a tinta do tinteiro para a matriz presa ao cilindro da chapa ou matriz. Já o cilindro da blanqueta, que recebe uma cobertura emborrachada, é entintado e entra em contato com o cilindro de contrapressão, que move a folha de papel e a pressiona contra a blanqueta, de modo a transferir a imagem da blanqueta para o papel. Nas impressoras planas, o papel é alimentado pelas pilhas, sendo destacado e sugado por meio de ventosas. O impressor pode ajustar o alimentador de papel conforme seu tamanho com aparadores móveis para que as folhas sejam presas por pinças por suas bordas. O formato da matriz de impressão é determinado de acordo com a circunferência do cilindro da matriz, já a largura da folha de papel é determinada por seu comprimento.

Antes de entintada, a matriz *offset* passa por um processo de umectação, em que é molhada e, com isso, as áreas de contragrafismo rejeitam a tinta. A superfície da matriz recebe uma camada fina de solução de molhagem por uma série de rolos emborrachados. Essa solução é a base álcool, que reduz a tensão superficial da água, diminuindo a absorção dela pelo papel e acelerando a secagem. Uma impressora *offset* dispõe de cerca de seis unidades de impressão, as quais podem ser ocupadas por tintas e vernizes. A tinta é transferida para os rolos emborrachados no trem de tintagem, passando de um rolo a outro, criando assim um filme uniforme de tinta na superfície dos rolos entintadores que entrarão em contato com a matriz.

Então, a matriz entintada transfere a imagem para a blanqueta, que, por sua vez, transfere a tinta para o papel, caracterizando a impressão como indireta. O cilindro de contrapressão assegura a transferência uniforme da imagem da blanqueta para o papel. Caso o projeto gráfico seja em apenas uma cor, a folha é retirada da impressora para receber os acabamentos. Do mesmo modo, se o projeto envolver aa impressão de várias cores, a folha é transportada para uma segunda unidade de impressão, processo que é repetido até que todas as cores sejam impressas. A secagem da folha pode ser feita com sopro de ar quente ou com pó borrifado por meio das próprias impressoras. No entanto, os modelos mais simples não dispõem desse recurso, logo, os impressores costumam colocar folhas em branco entre as folhas impressas para evitar a transferência de tinta de uma para a outra.

Haslam (2007) esclarece que as impressoras *offset* podem ser planas ou rotativas. As impressoras planas são alimentadas por folhas e podem chegar a imprimir 18 mil unidades por hora, já as impressoras rotativas utilizam bobinas de papel e chegam a imprimir até 80 mil cadernos por hora.

Impressão por entalho

A impressão por entalho consiste nos métodos de gravação por ácido, gravação por buril e rotogravura. Trata-se de comportar a tinta em células abaixo da superfície da matriz. A rotogravura é um dos principais métodos desse tipo de impressão, utilizando um cilindro de cobre no qual a imagem é feita em células gravadas em baixo-relevo. A arte-final para a impressão por meio da rotogravura também pode ser digital, baseando-se no mesmo processo que as matrizes *offset*, pelo *computer to plate*.

A arte-final é separada conforme as cores CMYK, e quatro matrizes são produzidas por meio de sinais digitais que controlam um cabeçote de gravação de diamante, que grava as células em um cilindro de cobre. Esse processo pode ser feito também pela gravação a *laser* e pela separação digital de cores.

Figura 5.10 – **Diferentes cilindros para rotogravura**

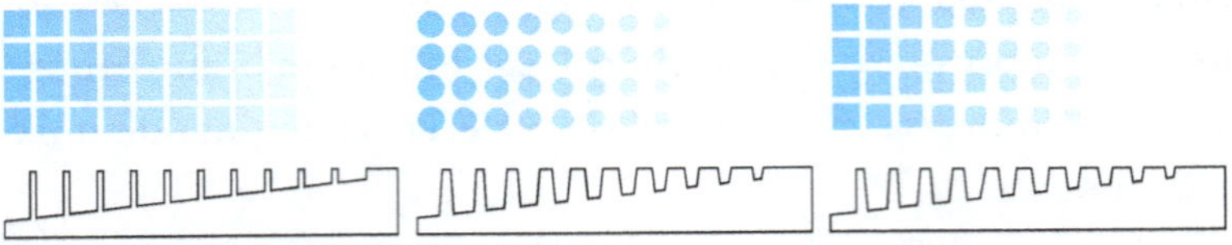

Diagrama esquemática das células do cilindro de rotogravura, com igual área, mas diferentes profundidades. Quanto mais profundas as células, mais tinta comportam e, portanto, mais densa a impressão.

Células circulares com área e profundidade variáveis.

Combinação de geometrias de célula com diferentes áreas e profundidades variáveis produz graduação tonal sutil.

Fonte: Haslam, 2007, p. 215.

A imagem é transferida por absorção da tinta do interior das células do cilindro. As imagens são reticuladas e, quanto maior a profundidade das células, maior a quantidade de tinta impressa. Assim, formam-se pequenos pontos com variações de tons suaves, o que produz uma boa cobertura do papel, com retículas quase imperceptíveis. Segundo Haslam (2007), a vantagem da rotogravura consiste na uniformidade de tom e de entintamento ao longo da impressão, resultando em trabalhos com alta qualidade.

Figura 5.11 – **Processo de impressão por meio de impressora de rotogravura**

1. Papel
2. Bobina
3. Cilindro de impressão
4. Cilindro gravado
5. Raclete
6. Tinteiro

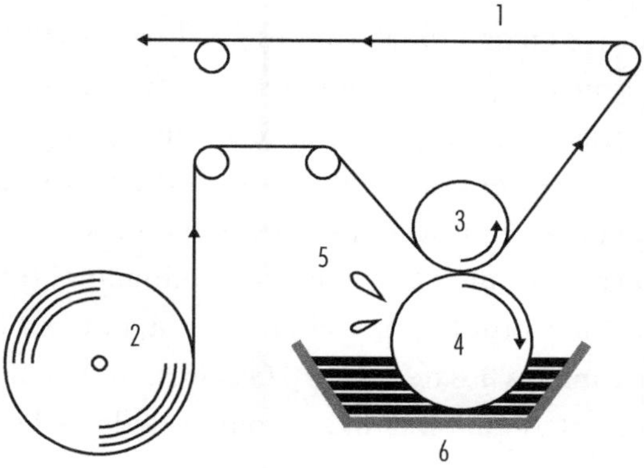

Esse método de impressão é amplamente utilizado em produtos baratos e de grande tiragem, como catálogos, revistas, papéis de embrulho e papéis de parede. A rotogravura é pouco empregada no meio editorial por ser um método de alto custo, limitando-se principalmente à impressão de portfólios fotográficos e livros de arte, que requerem alta qualidade de impressão, já que a passagem de tons é mais suave que no *offset*.

Impressão por estêncil

A impressão por estêncil ou serigráfica é um processo no qual a tinta é forçada a passar por uma tela, geralmente de seda, que é "mascarada" com estêncil para delimitar as áreas de grafismo e contragrafismo. Assim, a tinta passa pela tela apenas nas áreas de grafismo e transfere a imagem para o papel.

A serigrafia é um processo de impressão utilizado por romanos, chineses e japoneses há mais de 1.500 anos. Os japoneses faziam a tela com cabelo humano, o que posteriormente foi substituído por tecido de seda, que era tão resistente e fino quanto os fios de cabelo. Haslam (2007) explica que o estêncil era entintado manualmente com os dedos sobre a superfície a receber a impressão. Costumava-se utilizar a técnica para imprimir desenhos em telhas, tecidos e outros objetos.

No início do século XIX, o estêncil passou a ser fixado a um tecido, o que o tornou mais durável e, assim, ele pôde ser usado por mais vezes. No ano de 1907, a primeira patente foi registrada e, nela, o processo foi especificado com mais detalhes. O processo envolvia uma tela e um rodo, que servia para puxar a tinta e forçá-la a atravessar a tela.

Quanto à impressão em cores, esse processo permite a sobreposição de tintas opacas ou transparentes, logo, para a impressão de cada camada de cor, um estêncil é gerado. Com isso, torna-se possível reproduzir fotografias de meio-tom. Como a quantidade de tinta exposta ao papel é maior, a saturação das cores é mais viva.

Figura 5.12 – **Serigrafia manual em tecido**

AdaCo/Shutterstock

Na contemporaneidade, a tela passou a ser feita de fios sintéticos, que variam em termos de bitola, malha e número de fios por polegada. Caso a bitola seja fina, o número de fios é alto, e o detalhe é realçado na reprodução dos meios-tons. A malha da tela apresenta quatro tipos de variações: S (menor), M, T e HD (mais grossa). O estêncil pode ser feito tanto manualmente, por meio de um estilete, quanto em uma máquina plotadora, que risca o filme fotográfico.

A mesa de impressão serigráfica é feita de uma cama de madeira perfurada acoplada a um sistema de vácuo, que prende a folha. Acima da cama, é colocado um quadro articulado com dobradiças que serve de suporte à tela. Após presa a tela ao quadro, ele é abaixado sobre a cama. A margeação da folha é definida, e o quadro é levantado novamente para que o papel seja posicionado com o auxílio do vácuo. O quadro é abaixado novamente, e o impressor coloca a tinta sobre uma das bordas da área mascarada da tela e, com um movimento lateral, pressiona firmemente a tela sobre o papel, fazendo com que a tinta ultrapasse as malhas da tela. Concluído o processo, o papel é removido cuidadosamente e colocado em uma esteira para a secagem.

Figura 5.13 – **Mesa de impressão serigráfica**

Max4e Photo/Shutterstock

O estêncil fotográfico pode ser ampliado ou reduzido como positivos e negativos, que podem ser usados em uma câmera de artes gráficas. A imagem é transferida para a tela pelo filme fotossensível, sendo coberta com uma emulsão fotossensível. Segundo Haslam (2007), o filme, que também é fotossensível, é coberto com um negativo fotográfico, e os dois são colocados em uma prensa de contato e expostos à luz ultravioleta.

5.4.3 Processos de pós-impressão

Os processos de pós-impressão consistem na aplicação de acabamentos especiais às folhas impressas, na montagem e na encadernação, dando origem ao livro impresso completo.

Acabamentos especiais

O produto gráfico pode receber diferentes tipos de acabamentos especiais, conforme as características do projeto. Na produção de livros, a aplicação de acabamentos tende a se resumir à capa, e os que se destacam são:

- **Laminação** – Acabamento básico que confere à capa maior resistência e durabilidade sem aumentar consideravelmente os custos do projeto. A laminação pode ser brilhante ou fosca. Enquanto a laminação brilhante realça as cores e dá um acabamento mais reluzente, a laminação fosca realça a textura do papel da capa, propiciando um toque mais agradável ao tato. Como a laminação fosca não reflete a luz tanto quanto a brilhante, sugere-se prestar maior atenção nas porcentagens das cores, de modo a compensar esse efeito, tornando-as mais vibrantes. Haluch (2013) enfatiza a necessidade de cuidado ao se trabalhar com efeitos de tom sobre tom. A autora explica que, caso se utilizem percentuais muito próximos à diferença na impressão, torna-se imperceptível o acréscimo da laminação fosca. Como a cor no monitor é apresentada em forma de luz e o impresso em forma de pigmento, pode haver uma diferença considerável entre o projetado e o impresso. Por isso, realizar testes de impressão preliminares e compor o projeto com o auxílio de uma escala de cores impressa pode auxiliar na escolha de tons e evitar surpresas no resultado final.

- **Vernizes** – Existem diferentes tipos de vernizes, que podem ser aplicados em toda a área da capa (como o verniz ultravioleta, que protege a cor do desbotamento e dá mais brilho a ela) ou apenas em detalhes, o que chamamos de *verniz localizado* ou *verniz de reserva* (como o *high gloss*, que é mais espesso). A utilização de verniz localizado deve ser planejada a partir de um arquivo PDF separado, que delimitará as áreas que receberão aplicação. O verniz *high gloss* é muito usado em cores fortes e imagens e quando se deseja criar uma área destacada de brilho como um desenho independente. No mercado editorial, a combinação de verniz localizado com laminação fosca é uma alternativa de acabamento amplamente adotada.

Figura 5.14 – **Aplicação de verniz em estrelas**

Mateusz Atroszko/Shutterstock

- **Relevos** – A utilização de relevos confere elegância à publicação. Para utilizar esse recurso, é necessário escolher um papel de gramatura alta, como o cartão 240 g/m^2. O relevo é feito no papel por meio de clichês metálicos, que recebem a forma a ser impressa. Por ser um acabamento de maior custo, geralmente é empregado em tiragens maiores.

Figura 5.15 – **Aplicação de relevo**

Castleski/Shutterstock

- ***Hot stamping*** – Assim como o relevo, também utiliza clichê para sua aplicação. Uma fita metálica é aplicada ao papel por meio da ação do calor e a pressão do clichê, assim transferindo a película metálica para o papel. Esse efeito é muito utilizado em títulos de livros, capas e lombadas.

Figura 5.16 – ***Hot stamping* em cartão**

Tamisclao/Shutterstock

- **Facas especiais** – As facas com corte especial podem ser utilizadas no verso das orelhas, criando efeitos de cor e volume. Esse recurso valoriza a capa, assim como a aplicação de relevo, porém tem alto custo.

Montagem e encadernação

Araújo (2008) discorre que a folha de papel, conforme suas dimensões, pode comportar um número variável de páginas. Desse modo, após impressas e refiladas, as folhas são organizadas de modo que, quando dobradas, os números das páginas estejam em ordem sequencial. As folhas são cortadas e organizadas, formando cadernos de 8, 16 ou 32 páginas, que, reunidos, constituem o livro. Após sua saída da impressora, o papel segue a seguinte sequência de ações para dar forma ao livro:

- **Dobragem** – Ação de dobrar a folha impressa a fim de colocá-la no formato previsto para a publicação e organizar as páginas em numeração sequencial de fólios. Esse processo pode ser realizado tanto por máquinas "dobradeiras" quanto pela própria impressora, no caso de máquinas rotativas que utilizam papel em bobina.
- **Alceamento** – Processo de organizar os cadernos dobrados conforme a sequência das páginas. No processo mecânico, quando conclui o alceamento de todos os cadernos de um livro, o dispositivo receptor gira um quarto de rotação para separá-lo do próximo exemplar a ser alceado.
- **Brochagem** – Ação de aderir um conjunto de cadernos a uma capa flexível, constituindo um livro "brochura". Primeiramente, os cadernos são unidos por meio de costura, grampeação, espiral ou colagem para, posteriormente, serem colados à capa. Quanto à grampeação, há duas formas de aplicá-la aos livros. A **grampeação cavalo ou canoa**, que é utilizada em folhetos, catálogos, revistas e fascículos, consiste

em fixar as páginas por meio de grampos pela lombada ou linha da dobra. Já a **grampeação lateral**, mais frequente em livros e revistas muito grossos, refere-se à aplicação de grampos na borda do conjunto dos cadernos que atravessa todas as páginas. **Fechos em espiral** também podem ser aplicados da face superior à face inferior do conjunto, geralmente são metálicos ou de plástico e atravessam as páginas da lombada. A **colagem**, por sua vez, é a forma mais popular e barata de juntar os cadernos. Feita de forma automática pelas máquinas Perfect Binder, a cola é distribuída uniformemente pela lombada dos cadernos, ligando solidamente o conjunto. De acordo com Araújo (2008), quando o conjunto é muito grosso, costuma-se colar uma tira de gaze no dorso para conferir maior resistência. A máquina de colagem é responsável, também, por colar as capas nas lombadas e refilar o projeto, aparando e acertando os três lados independentes do dorso. O refile é comumente feito por guilhotinas automáticas trilaterais. Além disso, as capas da brochura recebem envernizamento ou plastificação, o que as impermeabiliza e as torna mais duráveis. Esse processo é realizado apenas em capas com papel de gramatura superior a 250 g/m², para evitar que a capa seja deformada pelo calor da aplicação. A **costura** dos cadernos é uma alternativa à colagem em livros bem acabados. A costura permite melhor manuseio e durabilidade. Geralmente é feita por meio de máquinas automáticas com fios de algodão ou linho. A linha pode atravessar a lombada de cada caderno ou do livro inteiro. Em seguida, a colagem da capa e o refile do conjunto são realizados.

Figura 5.17 – **Acabamentos de brochuras**

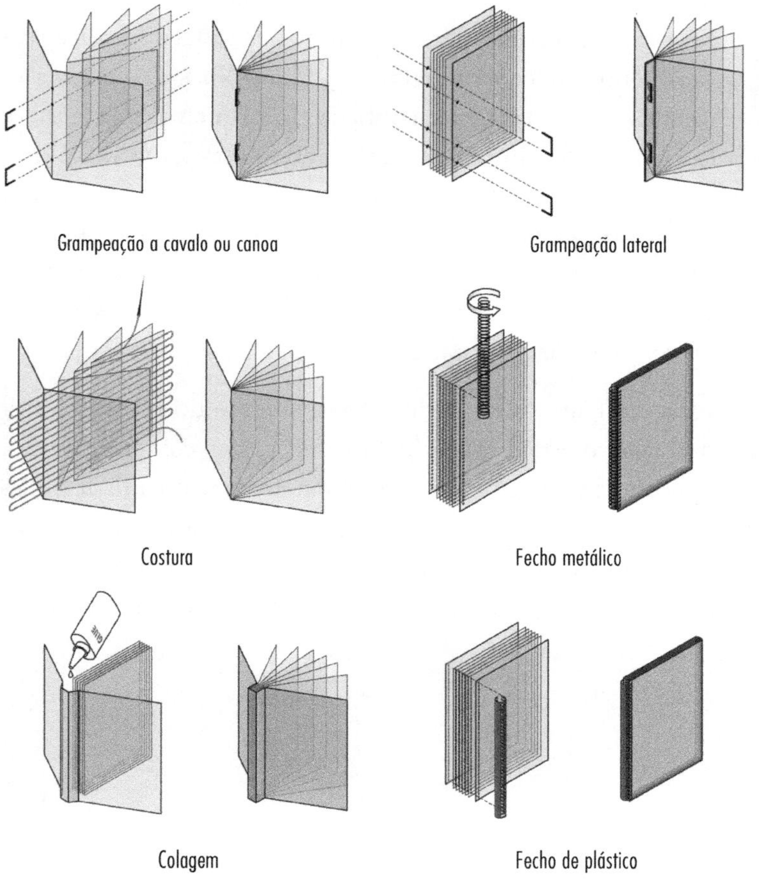

Zern Liew/Shutterstock

- **Encadernação** – Processo de aderir o conjunto de cadernos a uma capa dura. Apesar de semelhante ao processo de brochagem, na encadernação, todos os cadernos são costurados entre si, formando um conjunto. Folhas de guarda são coladas nas margens da lombada do primeiro e do último caderno com o intuito de fixar o livro à capa. O refile dos cadernos e das folhas de guarda é feito antes dessa junção. A **capa dura** é formada por camadas rígidas de papelão forradas com diversos materiais (papéis e tecidos em grande parte), e seu dorso geralmente é arredondado, de forma lisa ou com nervuras na lombada.

Para Haslam (2007), independentemente dos métodos utilizados, o livro estará acabado e pronto para a comercialização. Sua embalagem pode ser feita por meio de filme retrátil de polietileno ou celofane, selado a calor nas extremidades. Assim, esse artefato é protegido durante seu processo de comercialização e manuseio, o que evita danos antes que chegue às mãos do leitor.

Billion Photos/Shutterstock

CAPÍTULO 6

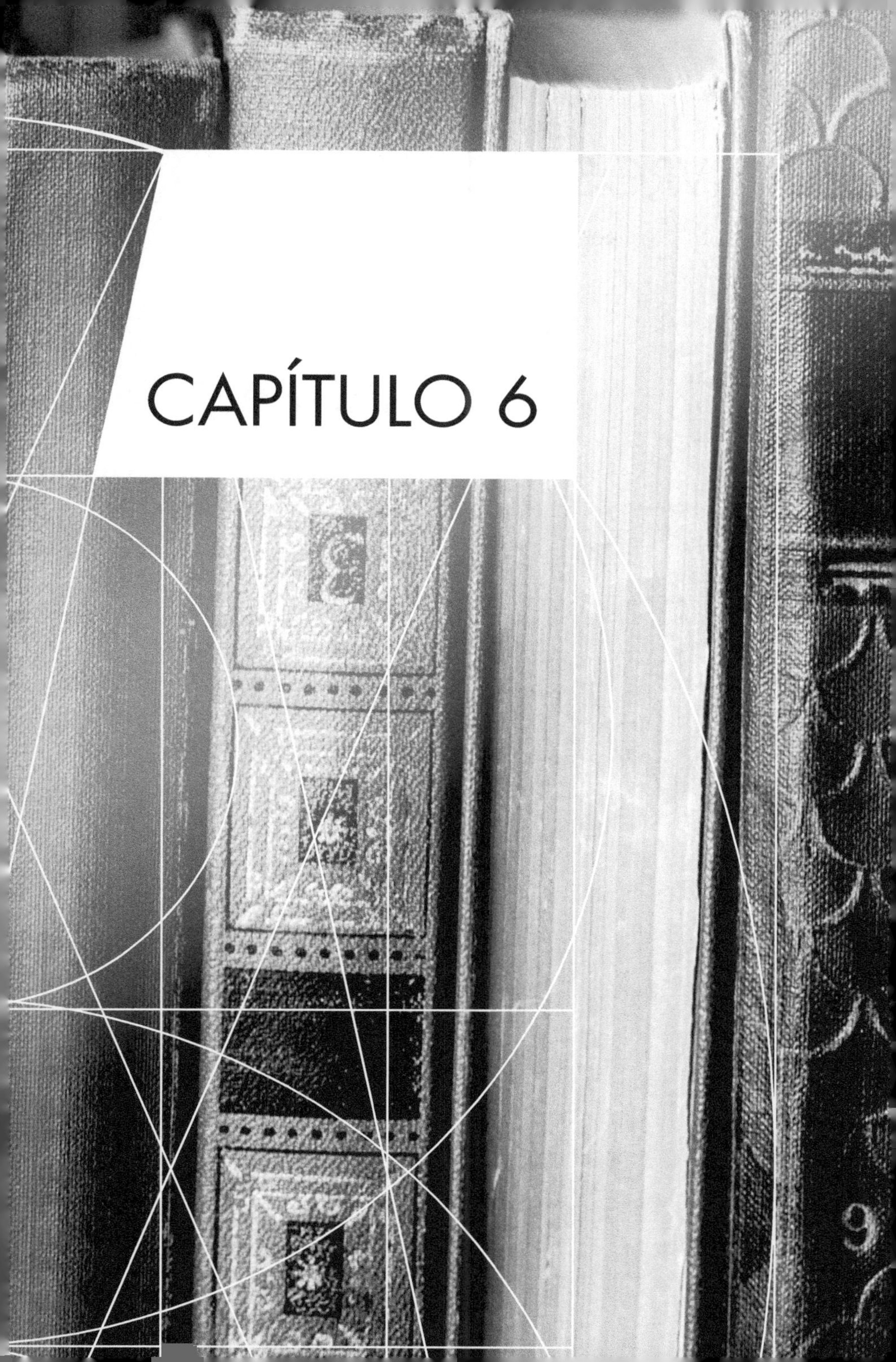

LIVROS DIGITAIS

O fenômeno da digitalização e o crescente mercado das publicações digitais expandiram o setor editorial, assim, o livro ganhou novos formatos, agora imateriais, e, consequentemente, toda a cadeia produtiva e de distribuição foi repensada. Nesse processo, as editoras que antes produziam um *briefing* para a publicação de um livro impresso, agora precisam considerar que essa obra deve ser reproduzida em meio digital. Isso implica realizar praticamente dois projetos gráficos, cada um considerando as particularidades de seu suporte, um papel ou um leitor eletrônico (*e-reader*) e como esse livro é inserido no cotidiano do leitor.

Para Flatschart (2014), o livro digital ou *e-book* pode ser entendido como fluido e multiforme, já que pode ser lido em diferentes suportes tecnológicos, como computadores, *smartphones*, *tablets* e leitores digitais, os *e-readers*. Dessa forma, seus elementos e recursos multimídia precisam ser adaptáveis a esses diferentes formatos para garantir fluidez a leitura.

As principais vantagens associadas ao livro em formato digital estão relacionadas à praticidade e à agilidade de acesso uma vez que se pode adquirir um *e-book* por meio de diferentes *sites* de venda na internet e recebê-lo no mesmo instante. Ainda é possível acessá-lo por diferentes suportes diretamente de plataformas armazenadas na nuvem. Sobre o acesso à leitura, Carrenho (2016) destaca que o livro digital contribui em três perspectivas distintas: geográfica, econômica e inclusiva. O autor explica que o livro em formato digital tem uma logística de distribuição mais concisa e automatizada por intermédio da internet, logo, pode ser disponibilizado imediatamente após sua compra.

Além disso, seu processo de produção diferenciado incide em um custo menor, pois não passa pela produção gráfica, possibilitando que os preços de venda sejam mais acessíveis a mais pessoas. Outro fator importante é seu acesso inclusivo à deficientes visuais, já que recursos multimídia permitem o aumento do tamanho das letras e a audiodescrição do conteúdo. De acordo com Phillips (2014), o escopo do livro digital pode ser divido em dois conceitos:

- A disponibilização de uma versão digitalizada da obra totalmente equivalente à versão impressa.
- A criação de uma versão totalmente digital da obra com recursos multimídia avançados, desenvolvida especificamente para plataformas e dispositivos tecnológicos.

Para Dubini (2013), o livro digital pode ser classificado tanto como um *e-book* quanto como um *app* (aplicativo). O autor entende o livro como um *e-book* quando esse se apresenta na forma de um texto desmaterializado que pode ser apresentado em diversos dispositivos, adequando-se a todos eles. O teórico ainda entende o livro como *app* quando se configura como um pacote de conteúdos multimídia.

Mod (2012), por sua vez, entende o livro digital sob a ótica do conteúdo. O autor explica que o livro digital pode ser de conteúdo amorfo (*formless*), definido (*definite*) ou interativo (*interactive*). O livro digital amorfo seria aquele que seu conteúdo não apresenta estrutura visual definida, adaptando-se a diferentes suportes de leitura sem que seu sentido seja alterado pela sua redistribuição. O livro digital de conteúdo definido seria aquele que a ordem da apresentação de sua estrutura interfere em seu sentido. Já o livro de conteúdo interativo seria aquele que contém elementos multimídia.

Silva e Borges (2016) atribuem o livro digital a duas categorias distintas, considerando seu design: livros digitais fixos e livros digitais fluidos. Os livros com design fixo têm estrutura com elementos regidos por proporções e posições fixas, por exemplo, os livros em formato PDF, em ePub, quando são réplicas de impressos, e em formato de *app*. Esse modelo é considerado a prova de erros já que sua estrutura é totalmente planejada para que a apresentação seja igual em qualquer meio de acesso. Entende-se que a estrutura do livro digital fixo é indicada quando o componente visual é importante para a experiência de leitura, como em livros infantis.

Os livros com design fluido, de acordo com os autores citados, têm estrutura flexível, ou seja, suas configurações formais variam, ainda que com certa organização estética para que se adequem a diferentes meios de acesso, como os livros em formato ePub fluido. Quanto ao formato tecnológico, vale ressaltar que existe uma grande variedade que comporta tanto livros de design fixo quanto fluido, associados a determinados programas de computador, *apps* e suportes específicos, como leitores eletrônicos (*e-readers*), *tablets* e *smartphones*. Chark e Phillips (2014) compreendem essa multiplicidade, que, por vezes, acaba dificultando a distribuição. No geral, o formato ePub é considerado um padrão universal.

Ainda que diferentes autores classifiquem o livro digital em distintas categorias conforme variadas óticas, entende-se que estas não são absolutas, e que um livro pode comportar-se como híbrido, contendo elementos estáticos e interativos.

Quanto aos suportes tecnológicos, Dubini (2013) e Rodrigues (2015) entendem que esses equipamentos, como computadores pessoais ou móveis, *smartphones*, *tablets*, leitores eletrônicos ou *e-readers*, e até mesmo *smartTVs*, podem ser utilizados para a leitura (Dubini, 2013; Rodrigues, 2015). Dessa forma, a sociedade da informação compreende o livro digital como um novo artefato. Procópio (2013a) assinala que a digitalização permitiu a desmaterialização do livro e, consequentemente, a separação dos conceitos de conteúdo e suporte que, hoje, podem ser gerenciados separadamente.

Logo, conforme diz Dubini (2013), o conteúdo torna-se líquido, atendendo às necessidades de informação diferentes, possibilitando experiências narrativas que se adaptam à especificidade de cada suporte.

Chartier (2014) argumenta que obras originalmente digitais ainda são escassas, ou seja, são projetadas especificamente para o meio digital, sem que sejam réplicas de produtos impressos. Grande parte dos livros digitais procura assemelhar-se ao livro impresso, seja pelo formato códex, seja por meio do uso de recursos visuais e sonoros que simulam uma experiência de livro impresso. Acredita-se que essa prática está associada a um processo de aprendizado destinado aos leitores assíduos de livros impressos, que, em um primeiro momento, precisam acostumar-se com a nova forma de consumir conteúdo digital.

Para Phillips (2014), os livros digitais que se constituem de réplicas das páginas de livros impressos acabam por não aproveitar as oportunidades que os recursos multimídia podem oferecer para enriquecer o conteúdo, mas essa prática de digitalização de obras impressas é importante para um período de transição inicial. Ainda, vale ressaltar que não há substituição entre impresso e digital e ambos os tipos de suporte são contemporâneos e complementares. Entretanto, é evidente que o fácil acesso aos livros digitais tende a aumentar o volume de consumo das informações disponibilizadas, o que não pode incidir na ruptura com a grande bibliografia produzida em meio impresso ao longo dos séculos. Tendo essa perspectiva em mente, a digitalização e a formação de "réplicas digitais" atua como um resgate cultural.

Pinsky (2013) e Costa (2014) acreditam que as sucessivas evoluções no modo de apresentar conteúdo e conciliar narrativas textuais com elementos multimídia vêm tornando livro digital um conceito sólido, não mais associado a aspectos do livro impresso. Como o meio digital conta com ferramentas como o hipertexto, a interatividade e a multimídia, o livro digital passa a ser entendido como uma nova mídia e o hábito da leitura ganha novas ações, como assistir, interagir e compartilhar. Cordón-Garcia et al. (2013) explicam que é difícil determinar as características que definem os livros digitais em razão da natureza ambígua que apresentam: são tangíveis no que se diz respeito ao suporte tecnológico da leitura, porém são intangíveis quanto ao conteúdo. Ainda assim, segundo os autores, é possível entender como características associadas aos livros digitais:

- **Dinâmicos** – Porque o conteúdo é adaptável a diferentes proporções e posições.
- **Flexíveis** – Em razão de sua compatibilidade em diferentes plataformas (diferentes leitores eletrônicos, *smartphones*, computadores etc.).
- **Portáteis** – Porque sua configuração fluida em rede permite que sejam facilmente distribuídos em meio digital.
- **Hipertextuais** – Devido à sequencialidade assíncrona, possibilitada pelo uso do recurso hipertexto, como em *websites*.

Por isso, entende-se que a definição do livro digital baseia-se, principalmente, em sua diferenciação do livro impresso. Logo, uma série de atributos específicos devem ser considerados no momento da criação do *briefing* para o livro digital.

O design editorial tradicional, de acordo com Dick (2015), não contempla as especificidades do livro digital, que tem interfaces interativas desempenhando papéis específicos no meio digital.

Dessa forma, segundo Dick e Gonçalves (2016; 2017), o projeto editorial de uma publicação digital deve:

- definir seu objetivo e conceito de forma a compreender o campo de possibilidades dentro do meio em que ela será inserida;
- definir e estruturar o conteúdo considerando o uso de recursos interativos, bem como o melhor aproveitamento das funcionalidades do suporte de leitura;

- planejar a experiência do usuário, considerando a usabilidade e a ergonomia tanto do livro digital quanto do suporte de leitura;
- planejar a interface de modo a apresentar uma boa visualização do conteúdo.

Assim, faz-se necessária a colaboração de conhecimentos do design editorial e do design digital a fim de estabelecer uma base projetual adequada a essa nova mídia. Além disso, estudos sobre a experiência do usuário e testes de usabilidade do livro digital conforme diferentes suportes devem ser considerados para garantir boa leiturabilidade e legibilidade da obra.

6.1 Livro digital no sistema editorial

Nos últimos anos, a cadeia editorial como um todo vem experimentando mudanças nos processos de produção e distribuição de livros. Primeiramente, o advento da internet permitiu a difusão da promoção dos produtos editoriais; posteriormente, a venda de livros por varejistas eletrônicos possibilitou que as editoras também se colocassem como meio de venda, criando um diálogo direto com o leitor; e mais recentemente, a estrutura do livro digital quebrou paradigmas de logística e distribuição.

Dessa forma, autores como Clark e Phillips (2014), Procópio (2013a) e Dubini (2013) lançaram uma série de questionamentos quanto às funções dos atores no processo de publicação, como o editor, as livrarias e as bibliotecas. Dubini (2013), especificamente, considera que os papéis fundamentais sempre serão os mesmos – o autor, o editor, o distribuidor, a biblioteca e o leitor –, independentemente do contexto. Cardoso (2015), por sua vez, afirma que as transformações provocadas pelas novas tecnologias permitem que novos modelos de negócio e novas lógicas de produção surjam, criando novas formas de leitura e acesso ao livro. Hoje, conforme o entendimento de Flatschart (2014) e Pinsky (2013), o mundo virtual permite a rentabilização do acesso, e não do produto, adquirindo características de serviço análogas a uma biblioteca. Assim, a produção deixa de visar criação de estoque e passa a considerar a compatibilidade em diferentes suportes de leitura.

Nesse cenário, novos atores surgiram principalmente para suprir processos de distribuição. Clark e Phillips (2014) e Dubini (2013) adotam uma compreensão na qual plataformas digitais e fabricantes de dispositivos que atuam como suporte a leitura, como a Amazon e a Apple, ressignificaram as relações existentes dentro da cadeia editorial. Entretanto, diversos autores, como Clark e Phillips (2014) e Procópio (2013a), entendem que o modelo digital não obrigatoriamente amplia a cadeia. Com isso, esse novo formato pode também produzir um efeito de desintermediação, já que somente o autor e o leitor são imprescindíveis, tornando os demais atores necessários ou dispensáveis conforme o caso. Por exemplo, funções como transporte e armazenamento acabam por ser dispensadas, enquanto plataformas de hospedagem e gestão de pagamentos entram em ação.

Considerando as diferentes formações que a cadeia editorial pode assumir, no caso do livro digital, destaca-se a autopublicação que rompe barreiras entre o autor e o leitor. A autopublicação, nas palavras de Costa (2014) e Procópio (2013a), consiste no ato do autor produzir, divulgar, distribuir e comercializar por conta própria sua obra a partir do uso de diferentes ferramentas digitais. Paralelamente às editoras e livrarias eletrônicas, plataformas específicas para a criação do arquivo do livro digital fornecem recursos e canais de distribuição, bem como consultoria editorial para que autores independentes tornem públicas suas obras, o que, para Rodrigues (2015), é um elemento fundamental para total controle criativo sobre elas.

Conforme diz Costa (2014) e Dubini (2013), ainda que a autopublicação seja novidade no mercado editorial, essa prática sempre foi colocada à margem, pois seus resultados eram entendidos como inferiores, já que não passaram por uma triagem inicial de uma editora, tampouco por um processo de tratamento do original em termos de redação e produção.

Ainda que a autopublicação seja uma prática emergente, Procópio (2013a) explica que ter um corpo editorial garante qualidade da obra, por meio de atividades que apuram e enriquecem a obra, como leitura crítica, preparação do conteúdo e revisão. Quanto à atividade do editor, Dubini (2013) ressalta que este deve atualizar suas habilidades para que possa melhor explorar as novas mídias.

6.2 Produção do livro digital

A produção de um livro digital pode ser realizada sob duas abordagens, conforme Rodrigues (2015) e Pinsky (2013):

1. Conversão do livro impresso em meio digital ou produção de raiz digital.
2. Conversão pela exportação da arte-final gerada no fluxo de produção para a impressão em formato digital, assim obtendo uma "réplica" digitalizada do livro impresso.

Já na produção de raiz digital, o livro é desenvolvido considerando todas as características das plataformas de distribuição e utilização no ambiente digital. Dessa forma, é possível obter um resultado inovador e de maior qualidade.

Nesse sentido, Bruijn et al. (2015) determinam três formas de publicação:

1. **Um para um** – Processo em que o livro é um projeto único a ser publicado visando um suporte específico.
2. **Um para muitos** – Processo em que o livro é desenvolvido considerando-se diferentes plataformas, cada uma com suas especificidades.
3. **Um para base de dados** – O conteúdo do livro é organizado em módulos independentes e armazenado em uma base de dados, sendo, assim, utilizados para formar infinitas configurações de livros para a leitura em diferentes suportes.

Vale ressaltar que existem fluxos híbridos sistematizados em algumas editoras, com o objetivo de otimizar a produção de livros impressos e digitais simultaneamente. Para isso, Bruijn et al. (2015), Flatschart (2014) e Pinsky (2013) recorrem a linguagens de marcação de conteúdo, como o XML (Extensible Markup Language) e o HTML (Hipertext Markup Language).

Figura 6.1 - **Fluxo de trabalho híbrido na produção do livro digital**

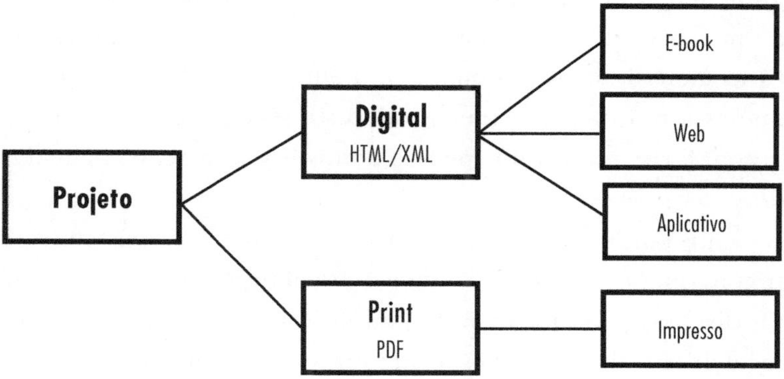

Fonte: Flatschart, 2014.

No fluxo de trabalho híbrido, para Flatschart (2014), a marcação semântica do conteúdo é de extrema importância para que o projeto se desdobre para múltiplos dispositivos e plataformas, assim adaptando-se à demanda do mercado. Além disso, a segmentação dos elementos em capítulos, por exemplo, faz com que seja necessário gerenciar o conteúdo como um ativo digital (*digital asset*), gerenciado por meio de um sistema específico (Digital Asset Management – DAM). Clark e Phillips (2014) esclarecem que, no mercado, existem empresas que disponibilizam o serviço de armazenamento desses ativos digitais de forma codificada.

O meio digital permite o aumento da oferta de conteúdo por inúmeros canais. Hoje, é possível adquirir apenas uma licença de acesso em vez de comprar o livro em si. Como o livro digital é armazenado em um sistema *on-line* de serviços de nuvem, o usuário pode acessá-lo a partir de diferentes dispositivos. Além disso, Clark e Phillips (2014), Dubini (2013) e Pinsky (2013) argumentam que existem plataformas que disponibilizam acesso a um acervo de títulos por um tempo fixo por meio de assinaturas mensal, semestral ou anual. Baines et al. (2009) afirmam que essa prática de vender produtos e serviços de forma integrada, fornecendo valor no uso ao invés da posse, é chamada de *servitização*.

Entretanto, como a obra pertence a um autor, existem restrições quanto ao uso, à venda e à distribuição de livros *on-line*. Os direitos autorais (*copyrights*) implícitos dão ao autor a posse legal do trabalho, sendo esta entendida como uma propriedade exclusiva e pessoal. Desse modo, ele é o detentor dos direitos de venda ou de licença a terceiros.

Quando o leitor adquire um livro digital, ele está adquirindo uma licença de uso, ou seja, não tem posse do conteúdo, não podendo repassá-lo a terceiros, a menos que a modalidade de sua licença permita essa ação. A reprodução não autorizada de livros sempre foi uma ameaça no setor editorial; hoje, com a digitalização e a rapidez nesse tipo de reprodução, a prática torna-se um risco ainda maior. Como uma medida de inibir esse tipo de prática em livros digitais, sistemas de proteção de conteúdos foram criados com criptografia, como o DAM, o Digital Right

Management (DRM) e o Digital Object Identifier (DOI). Clark e Phillips (2014) e Flatschart (2014) ressaltam que esses sistemas atuam de diversas maneiras, entre elas, controlando o número de vezes que o livro pode ser lido, se é possível imprimi-lo ou não e para quais tipos de dispositivos é possível transferi-los.

Há também abordagens mais abertas, como o movimento Creative Commons, que oferece diferentes formas de licença para o compartilhamento de obras, atribuídas pelo autor conforme seus propósitos. Nesse sistema, Phillips (2014) explica que os autores podem permitir que o livro seja copiado com o devido reconhecimento, proibindo seu uso para fins comerciais. Quanto ao uso prático do livro digital, Anuradha e Usha (2006) apontam quatro formas baseadas no conteúdo, no formato, no acesso e no dispositivo relacionado:

- **Modelo de acesso *on-line* via internet** – Consiste na leitura de livros digitais utilizando navegador *web* padrão por meio de bibliotecas digitais como o Projeto Gutenberg.
- **Modelo de acesso *off-line*** – O leitor realiza o *download* (descarga) em um computador, pela *web* e utiliza programas leitores de livros digitais. Como exemplo, podemos citar os livros comercializados em livrarias digitais como Amazon, Livraria Cultura e Saraiva, que disponibilizam programas para a leitura *off-line* dos livros ofertados.
- ***Download* e leitura dos livros digitais em dispositivos portáteis** – O leitor acessa o livro digital por meio da *web* ou pela descarga diretamente de um dispositivo portátil multifuncional, como um *smartphone* ou *tablet*.

- ***Download* e leitura de livros digitais nos leitores dedicados** – O leitor acessa o livro digital por meio da *web* ou de descarga direta para dispositivos específicos para a leitura de livros digitais, os *e-readers*. Esses leitores geralmente são leves, portáteis e com grande capacidade de armazenamento. O ponto alto do uso desses dispositivos, em detrimento dos dispositivos móveis multifuncionais, é a duração da bateria, que costuma ser maior. Algumas livrarias digitais de grande porte lançaram dispositivos próprios dedicados às suas bibliotecas. Como exemplo, citamos o Kindle (da Amazon), o Lev (da Saraiva) e o Kobo (da Livraria Cultura).

Nesse sentido, o livro digital depende de um artefato tecnológico para ser utilizado, seja um computador, um leitor eletrônico, seja outro dispositivo portátil multifuncional. Portanto, à medida que esses artefatos evoluem, os livros digitais acabam por sofrer restrições por não se adequar a novos padrões.

Desse modo, uma atualização se faz necessária a fim de considerar novos dispositivos, tamanhos de tela, proporções e recursos. Da mesma forma, alguns livros impressos podem necessitar de uma nova revisão e atualização para o lançamento de uma 2ª edição.

6.3 Projeto de livros digitais

O projeto de livros digitais envolve uma equipe de profissionais que ampliam as possibilidades de representação do conteúdo, considerando recursos multimídia e diferentes tipos de dispositivos móveis. A equipe de projeto geralmente conta com escritores, produtores, designers e programadores.

Os livros digitais, de acordo com o Book Industry Study Group (BISG, 2013), Duarte (2011) e Mod (2010), podem ser desenvolvidos considerando dois tipos de projeto de *layout* de publicações: fixo e fluido.

6.3.1 *Layout* fixo e *layout* fluido

De acordo com Duarte (2011) e BISG (2013), o ***layout* fixo** consiste em projetar as páginas do livro digital como fixas. Desse modo, a criação é preservada e pode absorver parte das características do projeto de livro impresso. Entretanto, em razão da inconsistência dos suportes de leitura oferecidos pelo mercado, não há um padrão para esse tipo de publicação.

Layouts fixos são indicados para projetos de livro que não possam ter refluxo de conteúdo, como tabelas, ilustrações, localizações de texto. Esses elementos auxiliam na narrativa do texto e, caso sejam reajustados em um *layout* fluido, podem comprometer a leitura. Conforme explicitam BISG (2013) e Mod (2010), os livros infantis e de culinária com páginas espelhadas precisam manter a fidelidade do *layout* como no livro impresso. Como a página tem limites e dimensões fixas, o livro digital de *layout* fixo pode ser visto de forma similar a um livro impresso. No entanto, uma desvantagem é a necessidade de dimensionar a página fixa para aumentar e diminuir o texto ou as imagens para melhor visualizá-los, o que pode criar dificuldade no fluxo de leitura.

Diferentemente do livro impresso, a aproximação do conteúdo para melhor leitura necessita de ações práticas no dispositivo de leitura, deixando de ser um movimento natural humano.

Portanto, os *layouts* fixos não são indicados para obras com predomínio de texto, pois, dado que os arquivos são convertidos em imagens, não permitem aumentar o tamanho das letras de forma automatizada nem o uso do recurso de busca textual. Para livros que demandam tais funções, indica-se o uso de *layout* fluido. O BISG (2013) destaca que pode ser mais confortável para o designer produzir uma réplica de um livro impresso, porém nem sempre é a melhor opção no ponto de vista de distribuição da obra.

Os livros digitais com ***layout* fluido**, à luz de Duarte (2011), não têm um formato fixo, o conteúdo adapta-se à tela de diferentes dispositivos de leitura. Como sua natureza é flexível, o projeto visual passa a ter menos controle sobre o conteúdo do que no *layout* fixo. Por isso, no *layout* fluido, o conteúdo é o protagonista. Quanto às vantagens e desvantagens do *layout* fixo e do *layout* fluido no ato projetual, o BISG (2013) aponta:

- Com relação à produção, o projeto de *layout* fixo demanda mais trabalho e requer mais tempo de desenvolvimento em razão da necessidade de adaptação do conteúdo a múltiplos formatos de arquivos digitais, referentes aos variados dispositivos de leitura, como Kindle, Lev e Kobo.
- Com relação à distribuição, os livros de *layout* fixo geralmente dispõem de menor número de canais de distribuição comparativamente ao de *layout* fluidos. Não são todas as plataformas

nem todos os dispositivos que têm capacidade de suportá-los, o que restringe a difusão da obra.

- Com relação ao conteúdo, tanto os livros de *layout* fixo quanto os livros de *layout* fluido permitem o uso de recursos multimídia, como animações, narração, interações etc.

Por fim, ressaltamos que o conteúdo do livro determina o tipo de projeto de *layout* a ser realizado (fixo ou fluido), que, por sua vez, delimita o formato de arquivo digital em que será disponibilizado. A escolha do tipo de *layout* determina todo o fluxo de produção, que, no caso dos livros digitais, pode tomar caminhos diferentes quanto a design, programação e resultado final.

6.4 Formatos de livro digital

Os avanços tecnológicos permitem que uma vasta quantidade de plataformas, dispositivos móveis e leitores surjam no mercado editorial, trazendo grande variedade de formatos de livros digitais. Essa prática geralmente está associada a particularidades dos sistemas operacionais, bem como a estratégias de *marketing* para fidelizar leitores, direcionando-os ao consumo de determinado fornecedor. Desse modo, em um universo com infinitas possibilidades de formatos de arquivos, destacam-se o PDF, o ePub e o Mobi no caso dos livros digitais.

Alguns formatos são de propriedade de determinadas marcas de dispositivos móveis, como o iBook Authors, formato disponibilizado pela Apple para leitura de livros digitais em tablets do modelo iPad. Alguns formatos costumavam ser exclusivos para o uso em determinados leitores, como Mobi para o leitor eletrônico Kindle, mas hoje já podem ser lidos em outros dispositivos, basta o usuário utilizar um aplicativo compatível. O formato PDF é o mais difundido e pode ser lido em qualquer dispositivo, porém suporta apenas *layouts* fixos não adaptáveis a diferentes telas. O PDF pode ser considerado um dos primeiros formatos de livro digital, já que é um formato de documento portátil amplamente utilizado e que se tornou um veículo fácil e acessível para criar e distribuir livros digitais.

O formato ePub popularizou-se e vem sendo entendido como um formato padrão para livro digital em razão de sua maior compatibilidade com múltiplas plataformas, além de permitir o uso de recursos interativos. Esse formato foi criado pelo International Digital Publishing Forum (IDPF), e não é associado a nenhum dispositivo de leitura ou multifuncional específico. Duarte (2010) aponta o ePub como o formato com melhor resolução à leitura digital, não apenas em virtude da portabilidade e da adaptabilidade, mas principalmente em razão de características como acessibilidade, navegabilidade, padrões abertos e uso de metadados.

6.4.1 **Portable Digital Format (PDF)**

O Portable Digital Format (PDF) foi desenvolvido pela Adobe Systems e tornou-se amplamente utilizado para diferentes finalidades nas mais diversas plataformas computacionais. Pode ser lido em computadores *desktop*, *notebooks*, *tablets* e *smartphones*, desde que um leitor de PDF esteja instalado. Atualmente, a maioria dos navegadores *web* já é compatível e disponibiliza a leitura de PDFs nativamente. Como sua finalidade inicial era permitir a leitura e a distribuição de documentos digitalizados de forma fácil e prática por meio da internet ou de dispositivos de armazenamento de dados (disquetes, CDs, *pendrives* etc.), seu *layout* equivale ao de uma página impressa, possibilitando apenas a criação de *layouts* fixos.

Segundo Flatschart (2014), o PDF tem origem no desenvolvimento da linguagem InterPress, por John Warnock na década de 1970. Tempos depois, Warnock fundou a Adobe no ano de 1982 e lançou a linguagem PostScript em 1984, que é considerada uma versão evoluída da InterPress. A Apple encomendou uma versão de PostScript para a utilização em suas impressoras LaserWriter, o que foi um marco para o desenvolvimento da linguagem.

O autor aponta que o PostScript permitiu o desenvolvimento do PDF no ano de 1992 e de ferramentas da família Adobe como InDesign, Illustrator e Acrobat. Assim, a empresa se tornou referência em ferramentas para *desktop publishing*. O PDF é um padrão aberto que tem sua continuidade assegurada pela norma ISO 32000. Essa norma define padrões que relacionam cada tipo de PDF a uma finalidade específica, sendo o PDF/A apropriado para arquivamento, o PDF/UA para documentos com recursos de acessibilidade, o PDF/E para arquivos de engenharia e o PDF/X e o PDF/V para arquivos destinados à impressão, como artes-finais.

Biñas et al. (2012) explicam que o livro digital em .pdf pode consistir tanto em páginas criadas digitalmente seguindo o mesmo *layout* aplicado a um livro impresso quanto à real réplica de obras originalmente lançadas impressas no passado, e que foram digitalizadas com o auxílio de dispositivos *scanners* de alta qualidade. Por isso, compreende-se que a resolução do dispositivo de leitura é desconsiderada. Quanto à visualização, Flatschart (2014) aponta como vantagens do PDF sua fidelidade ao projeto gráfico e seu comportamento exatamente igual em todos os dispositivos de leitura. Essas vantagens estão ligadas ao fato de o PDF ser um formato essencialmente de *layout* fixo. Quanto à produção, Horie (2012) destaca como vantagens:

- A possibilidade de fácil conversão por meio de inúmeros programas de editoração eletrônica (InDesign, QuarkXPress, Scribus), edição de textos (Microsoft Word, LibreOffice etc.) e imagens (Photoshop, Illustrator, CorelDraw).
- A possibilidade de se reaproveitar arquivos de arte-final preparados para a produção do livro impresso, o que permite preservar o *layout* original da obra. Nesse caso, deve ser considerada a devida redução de resolução para que se adeque aos propósitos da visualização em tela.

Ainda assim, Horie (2012) compreende que tais vantagens podem ser desvantagens dependendo do tipo de projeto que será realizado. O conteúdo não pode ser redimensionado conforme o tamanho e o formato de tela, o que pode comprometer o processo de leitura; além disso, o livro digital em PDF pode tornar-se um arquivo muito pesado, acarretando problemas de leitura pelos dispositivos.

O PDF é mais indicado para a produção de livros majoritariamente textuais, que utilizam imagens e recursos básicos de *hiperlinks*, sem interatividade, como manuais, apostilas e livros técnicos. Trata-se de uma boa opção quando se pretende desenvolver *layouts* mais complexos, utilizando grades diferenciadas e simulando um livro impresso. Horie (2012) e Santos (2012) explicam que, nesse caso, os livros gerados não são indicados para leitura em dispositivos com telas reduzidas, como *smartphones*, pois não permitirão a visualização adequada de páginas espelhadas, por exemplo.

Ainda que o PDF conte com recursos interativos, como a possibilidade de inserção de vídeos, animações e estruturas de navegação, pouco é explorado atualmente em virtude da incompatibilidade com determinados leitores e dispositivos móveis. Flatschart (2014, p. 33) aponta que "o mundo mobile não se mostrou o ambiente ideal para o PDF", em razão da variedade de padrões, recursos e especificidades de cada sistema operacional disponível em dispositivos móveis. Com isso, o formato mantém seu protagonismo nos computadores, mas fica em segundo plano como documento para leitura em *smartphones* e *tablets*.

6.4.2 Eletronic Publication (ePub)

O formato Eletronic Publication (ePub) foi desenvolvido pelo International Digital Publishing Forum (IDPF), suportando *layouts* fluidos e fixos, sendo também compatível com múltiplas plataformas. Para Duarte (2010), consiste em um formato de distribuição para documentos e publicações digitais no qual é baseado em padrões *web*. Desse modo, o conteúdo é estruturado semanticamente por meio de linguagens como XHTML (Extensible Hypertext Markup Language), CSS (Cascading Style Sheets), JavaScript, SVG (Scalable Vector Graphics), fontes tipográficas, áudios e imagens embutidas, de modo a entregar uma melhor apresentação na forma de um arquivo único.

Assim como o PDF, os arquivos ePubs, conforme explicita Castro (2011), podem ser gerados facilmente por intermédio de programas de texto e editoração eletrônica, por exemplo o InDesign, o Microsoft Word e o LibreOffice. Entretanto, deve-se ajustá-los posteriormente para que funcionem nos dispositivos de leitura. Entre as vantagens da produção de livros digitais em formato ePub, destacamos seu bom funcionamento em diferentes leitores e dispositivos móveis, não apresentando erros ou grandes problemas no processamento de arquivos complexos e pesados. Outra vantagem, segundo Horie (2012), é a adequação pelo redimensionamento do arquivo conforme o tamanho e o formato de tela do dispositivo. Isso ocorre em razão da natureza dinâmica de seu *layout* fluido. Assim, a apresentação gráfica do conteúdo é realizada com excelência.

Ainda nas palavras do autor, o ePub permite que o usuário customize sua experiência de leitura. É possível alterar fonte e tamanho do corpo do texto, adequando-o às necessidades e preferências do leitor, e ainda permite fácil conversão para outros formatos de livros digitais, como o Mobi, ampliando as possibilidades de leitura em outros dispositivos. Entre as desvantagens, citamos que o *layout* fluido impossibilita que o projeto gráfico original seja preservado, o que pode complicar a compreensão do conteúdo. Outro ponto diz respeito aos elementos gráficos do projeto. Como a estrutura do livro digital de *layout* fluido tem limites, justamente para ter maior compatibilidade com diversos leitores e dispositivos, a equipe de produção precisa diagramar novamente o projeto, simplificando-o antes da conversão para ePub.

A conversão de arquivos de arte-final em ePub por meio de programas de editoração eletrônica (InDesign) ainda precisa evoluir e melhorar quanto à previsibilidade do resultado final. Há outros programas específicos para a conversão de textos e arquivos PDF em ePub, como o Calibre, que são mais complexos e igualmente imprevisíveis. Horie (2012) afirma que, ao utilizar essas soluções, faz-se necessário ter conhecimento da linguagem XML (Extensible Markup Language) para realizar ajustes nas inconsistências geradas pelos programas.

O ePub apresenta-se como um formato potente à medida que permite que o leitor interaja com o conteúdo. Duarte (2010) entende que esse formato é indicado para livros que requerem muita interatividade, como livros técnicos e educacionais, que podem conter animação, enquetes, jogos, narração e recursos de vídeo. Vale ressaltar que muitos leitores e *tablets* com sistema operacional Android ainda não têm suporte a essa versão da extensão, o que pode ocasionar problemas no processamento de alguns livros digitais, segundo os estudos de Horie (2012).

O BISG (2013) menciona uma variação de *layout* fixo do ePub, semelhante a um PDF interativo, com mais controle do *layout* e recursos como fontes tipográficas embutidas e uso de CSS e JavaScript. O ePub de *layout* fixo permite maior liberdade no desenvolvimento do projeto gráfico, mas os benefícios do *layout* fluido são eliminados. Duarte (2010) sugere que o uso desse formato em livros ilustrados ou infantis, quando utilizados em ilustrações e grafismos, são tão importantes quanto o texto.

Compatíveis apenas com dispositivos Apple, os livros ePubs de *layout* fixo não aceitam conversão para outros formatos, mas podem ser exportados para o formato PDF, o que ocasiona a perda dos recursos interativos. Ao longo do tempo, o ePub recebeu atualizações que trouxeram novos recursos e permitiram a melhoria dos já contidos. Muitos livros digitais foram desenvolvidos com a tecnologia de sua versão 2. Nas palavras de Duarte (2010) e Horie (2012) a versão ePub3 difere-se por conter um número maior de recursos interativos e de multimídia embutidos, baseados nas linguagens HTML5 e JavaScript. Toda a estrutura de pastas e demais elementos bem como a extensão foram preservados.

6.4.3 ePub2

A IDPF desenvolveu o ePub2 no ano de 2009 como "versão de manutenção", sendo aprovado como uma especificação recomendada em meio de 2010. Flatschart (2014) explica que a expressão "versão de manutenção" diz respeito ao fato de ela ser utilizada ainda para a manutenção dos projetos pré-existentes, já que a especificação ePub3 foi aprovada em outubro de

2011. O formato ePub2 apresenta três especificações de padrões abertos: o *Open Publication Structure* (OPS), *Open Packaging Format* (OPF) e o *Open Container Format* (OCF). Com isso, é formado por documentos XHTML, que são responsáveis pela exibição do conteúdo, documentos XML que determinam a estrutura e documentos CSS que formatam o visual do texto, das imagens e dos demais elementos.

Flatschart (2014) esclarece que, por ser de fácil distribuição, o ePub pode ser utilizado não só para a criação de livros, mas também para distribuir documentos, manuais e catálogos. O arquivo ePub é formado pelo arquivo "*mimetype*", a pasta "META-INF" e a pasta "OEBPS". O arquivo *mimetype* é obrigatório e consiste em um documento de configuração do ePub que o permite ser identificado pelos dispositivos, assim, permitindo sua correta interpretação. A pasta META-INF é formada por um arquivo único "*container.xml*", que propicia que o dispositivo leitor localize a pasta com os arquivos que formam o livro. Por fim, todos o conteúdo da publicação fica na pasta OEBPS, sigla que significa *Open eBook Publication Structure*. Os arquivos que formam o livro digital em ePub são:

- Documentos em XHTML com o conteúdo do livro.
- Arquivo "*content.opf*" que define metadados como título, idioma, ISBN, autor, editor, descrição, direitos autorais, manifesto (que é uma lista com todos os arquivos do livro) e *spine* (indica a ordem de apresentação dos capítulos).
- Pastas separadas para imagens, fontes tipográficas e arquivos de estilo CSS.

- Arquivo "*toc.nxc*", que consiste em um índice navegável (*table of contents*–TOC).

Como o ePub apresenta características de um arquivo compactado *.zip,* é possível renomeá-lo de *.epub* para *.zip* e, assim, analisar os arquivos que o compõem e compreender mais profundamente sua estrutura.

6.4.4 ePub3

Ao passo que o ePub2 é estruturado por meio das linguagens XHTML 1.1 e CSS2, o ePub3 é atualizado para as versões (X)HTML5 e CSS3, o que viabiliza o uso de mais recursos, entre eles, segundo Flatschart (2014), destacam-se:

- A utilização de elementos de marcação de texto novos como `<section>`, `<footer>`, `<article>`, `<header>` e `<aside>`.
- A construção do índice navegável (*table of contents*) passa a ser marcada pelo elemento `<nav>`.
- Uso do atributo *epub:type*, que permite diferentes desdobramentos semânticos associados a um vocabulário específico.
- Uso dos elementos `<audio>` e `<video>` para marcação de recursos multimídia.
- Suporte aos elementos `<canvas>` e `<svg>`, relacionados à exibição de gráficos e imagens vetoriais.
- Suporte a JavaScript.
- Recursos de sincronização de texto, áudio e vídeo (*media overlays*).

- Apresentação de fórmulas e símbolos matemáticos por meio do recurso MathML (Mathematical Markup Language).

Entre os aplicativos e dispositivos que dão suporte ao ePub3, destacam-se os das marcas Apple, Kobo e Google. Flatschart (2014) ressalta que o IDPF desenvolveu o leitor Readium, que é *open-source* e funciona na forma de uma extensão do navegador Chrome, da Google, mas ele é pouco difundido entre os usuários.

6.4.5 Mobi e AZW

O Mobi (.mobi) e o AZW (.azw) são os formatos oficiais de livros digitais para leitura no dispositivo Kindle, da Amazon. A principal diferença entre eles é a proteção via criptografia, que é encontrada apenas no AZW. No intuito de criar um formato mais robusto, compatível com os novos recursos do leitor Kindle Fire, lançado no ano de 2011, a Amazon desenvolveu o formato KF8, que é também conhecido como um AZW3. O KF8 logo se posicionou como concorrente direto do ePub3, porém apresentando estrutura baseada em banco de dados PALM e criptografia da Amazon.

Originalmente desenvolvido pela empresa francesa Mobipocket, o formato Mobi passou a pertencer a Amazon no ano de 2015 após a compra da empresa. Em 2016, a Amazon decidiu encerrar as atividades da empresa, encerrando o *site* e a biblioteca em servidores da Mobipocket. Contudo, o formato Mobi continua existindo e é compatível com os principais leitores e dispositivos móveis. O Mobi é um formato que pode ser lido em diferentes tipos de dispositivos, como *smartphones* e *tablets* de diversos sistemas operacionais. Seu funcionamento depende da instalação de um aplicativo de leitura disponibilizado gratuitamente pela empresa.

Para Horie (2012), o Mobi apresenta características similares ao ePub, bem como vantagens e desvantagens. Entre elas, destacam-se:

- A natureza de *layout* fluido, que possibilita redimensionar o conteúdo conforme diferentes tamanhos e formatos de tela.
- A possibilidade de alterar a fonte e o tamanho do corpo do texto, adaptando o livro às necessidades e preferências do leitor.

Como no ePub, o redimensionamento do conteúdo por conta do *layout* fluido não permite que o projeto gráfico original seja mantido. Em cada suporte, o conteúdo será apresentado de uma maneira, adaptando-se. Já no que diz respeito à estrutura, ao passo que os livros digitais em ePub são estruturados em capítulos, de forma análoga às páginas de um *website*, livros nesses formatos podem ser estruturados tanto um único arquivo de conteúdo quanto em vários.

Horie (2012) comenta sobre o processo de conversão de outros formatos para Mobi. O autor explica que existem programas de conversão automática que não garantem confiabilidade e previsibilidade. Assim, ainda que se use um programa, como o Calibre, é necessário ajustar detalhes no código XML por meio de editores de texto.

6.4.6 iBooks

O formato iBooks (.ibooks), da Apple, é semelhante ao ePub. As publicações são geradas pelo programa iBooks Author, sendo distribuído apenas para dispositivos com sistema operacional iOS, como iPhones, iPads e computadores da marca. Entre os recursos que podem ser oferecidos em seus livros, destacam-se:

- Recursos multimídia.
- Recursos avançados de 3D.
- Galeria interativa de imagens.
- Recursos de HTML através do uso de *widgets*.
- Integração com o aplicativo Keynote da Apple para anotações.

Flatschart (2014) salienta que as possibilidades de popularização desse formato são restringidas por ser exclusivo do ambiente Apple. Toda a produção e o envio de arquivos devem ser feitos de uma máquina com sistema operacional iOS; o resultado gerado é compatível apenas com dispositivos Apple, e sua comercialização é restrita a iBooks Store.

6.5 Livros aplicativos

Os livros aplicativos podem ser definidos como arquivos autoexecutáveis, pois não dependem de um aplicativo específico para serem lidos. Assim, são entendidos como autônomos e dispõem de grande capacidade de recursos, conteúdos interativos, animações, diagramas, narração guiada, definições instantâneas de glossário, entre outros. De acordo com Bacon (2014), esse tipo de livro digital é desenvolvido para uso via dispositivos multifuncionais, como *smartphones* e *tablets*.

O desenvolvimento de livros digitais em formato de aplicativo requer uma equipe formada por profissionais com experiência em programação. As principais linguagens de que se deve ter conhecimento para a produção dessas publicações são a Objective-C, relacionada à criação de aplicativos para o sistema operacional iOS, e a JavaScript, referente à criação de aplicativos para o sistema operacional Android. Nesse sentido, o designer participa do desenvolvimento do aplicativo criando o design da interface, bem como aplicando conceitos de experiência do usuário e usabilidade. No entanto, na atualidade, existem programas que auxiliam a criação de uma publicação digital interativa, o que permite fácil acesso à criação de aplicativos com recursos simples por parte de outros profissionais, sem a necessidade de saber programar. Ainda assim, o resultado obtido é limitado.

O próprio InDesign permite a criação de publicações digitais no formato **Fólio** (.folio). Originalmente específico para o desenvolvimento de revistas, o Fólio pode ser utilizado para uma variedade de produtos editoriais, como livros fotográficos, catálogos, apostilas, livros técnicos, livros infantis, entre outros. No entendimento de Santos (2012), consiste em um pacote compactado semelhante à estrutura do ePub. Esse arquivo engloba todo o projeto editorial, seus arquivos, seus vínculos e suas interatividades.

O Fólio é disponibilizado por meio de um serviço de nuvem gerenciado pela Adobe, que é responsável por todo o processo de distribuição, bem como pelo de comercialização. A partir desse serviço, é possível analisar acessos e vendas e gerenciar o acesso ao produto digital. A comercialização das publicações depende do pacote de assinatura do cliente, ou seja, conforme o plano de assinatura do autor ou editora com a Adobe. E pode variar entre a possibilidade de disponibilizar aos leitores o acesso via *download* a um aplicativo único para visualização específica de uma publicação ou o acesso a um aplicativo que permite visualizar múltiplas publicações, o que é mais interessante para periódicos, como jornais e revistas.

Uma publicação em Fólio conta com mais possibilidades interativas, pois o formato permite a criação de conteúdos e recursos multimídia enriquecidos com o uso de HTML5, JavaScript, CSS3. Assim, conforme entendem BISG (2013) e Santos (2012), a publicação consegue entregar ao leitor imagens com rotação em 360°, textos, áudios e vídeos, animações, *hiperlinks*, recursos de rolagem, *zoom*, alteração de orientação de leitura e, até mesmo, a inclusão de conteúdo da *web*. Outras vantagens da criação de livros e revistas com o formato Fólio, por meio do InDesign, é a possibilidade de reaproveitamento de arquivos originalmente criados para a impressão. De maneira mais abrangente, reaproveitam-se os arquivos aplicando-se camadas de interatividade sobre o projeto gráfico. Assim, o *layout* é preservado e a produção digital é facilitada. Considera-se uma boa proposta quando a produção da obra nos dois formatos é necessária (impresso e digital).

Horie e Pluvinage (2011) destacam como uma vantagem o acesso à publicação por meio de vários dispositivos, como *tablets* tanto com sistema operacional Android quanto iOS, Kindle, iPhone e, também, computadores *desktop* e *notebook*. A leitura da publicação em computadores é possibilitada por meio de um aplicativo de visualização, o Adobe Content Viewer, mas o arquivo Fólio precisa ter sido gerado nas versões *professional* ou *enterprise edition*.

Já uma desvantagem desse formato, conforme apontam Horie e Pluvinage (2011), seria o fato de os diversos recursos interativos tornarem a publicação pesada, o que pode acarretar problemas tanto no *download* pelo leitor quanto no espaço de armazenamento do dispositivo. Desse modo, os livros digitais, por geralmente conterem maior número de páginas que uma publicação periódica, tendem a gerar arquivos ainda mais pesados, o que torna esse formato nada prático e pouco interessante para a difusão do conteúdo.

Em se tratando da vida corrida dos dias atuais, o leitor que utiliza dispositivos multifuncionais deseja poder ler enquanto troca mensagens com familiares e amigos ou mantém-se a par de seus *e-mails*. Logo, torna-se interessante disponibilizar publicações leves, que o usuário pode manter abertas enquanto utiliza outros aplicativos.

6.6 Aplicativos para leitura em dispositivos móveis

A leitura do livro digital por meio de diferentes dispositivos é possibilitada pela existência de uma ampla variedade de aplicativos gratuitos destinados à leitura. Por intermédio deles, é possível ter acesso ampliado ao livro, dando continuidade à leitura a qualquer momento e em qualquer lugar, seja por *tablets* e *notebooks*, seja por *smartphones*. Entre os recursos mais comuns nesse tipo de aplicativo está a possibilidade de sublinhar o texto e acrescentar notas, funções de extrema importância principalmente para a leitura de livros didáticos.

Os aplicativos mais difundidos são vinculados a determinadas livrarias ou editoras, como o Amazon Kindle, o Kobo Books e a Apple Books. Ainda existem muitos aplicativos de leitura totalmente desassociados e que permitem a leitura de diferentes formatos de livro digital, como o Nook e o ReadEra. Portanto, é importante considerar as características e os recursos dos seguintes aplicativos para o desenvolvimento de livros digitais:

- **Google Play Livros** – Esse aplicativo funciona em dispositivos móveis com sistema operacional Android e iOS. Esse aplicativo reproduz livros nos formatos ePub e PDF, contém os recursos dicionário, marcador de texto, criação de notas e pesquisa. Também permite escolher a posição de leitura entre retrato e paisagem, bem como trocar a fonte tipográfica e ajustá-la a outros tamanhos de corpo de texto.

- **Amazon Kindle** – Aplicativo oficial para leitura de livros digitais da livraria Amazon, que, assim como o leitor Kindle, lê os formatos Mobi, KF8 e AZW, que pertencem à empresa. Funciona em dispositivos com sistemas operacionais Android e iOS. Permite acessar os livros armazenados em nuvem por meio do registro no *website* da Amazon, assim como sincronizar os diferentes títulos em vários dispositivos. Contém recurso de marcar a posição em que parou de ler, ajustar o tamanho do corpo do texto, reduzir ou aumentar a saturação (cor) e orientação da tela (retrato ou paisagem), além de permitir escolher cor de fundo para o texto.
- **iBooks** – Leitor de livros digitais desenvolvido pela Apple. Exclusivo para dispositivos móveis com o sistema operacional iOS, esse aplicativo reproduz livros nos formatos ePub, PDF e iba. Seus principais recursos estão relacionados à disponibilidade de dicionário, à possibilidade de criação de destaques, notas, marcações no texto e à realização de pesquisas. Assim como os demais, o iBooks permite ajustes de tamanho da fonte tipográfica e alteração da orientação da tela em retrato ou paisagem. Ademais, o aplicativo grava a última página que foi visualizada no acesso anterior, o que impacta positivamente o fluxo de leitura.

Portanto, a variedade de extensões faz com que o leitor acabe utilizando mais de um aplicativo, o que pode acarretar um baixo desempenho de seu dispositivo móvel. Dessa forma, sugere-se que, além de considerar fatores como a leiturabilidade, a interatividade e uma experiência mais agradável na escolha de um aplicativo de leitura, o usuário deve verificar o acervo disponível das livrarias digitais, a fim de eleger uma que atenda a seus gostos pessoais e a suas necessidades de forma equilibrada.

6.7 Legibilidade e fluxo de navegação

Além do tamanho do corpo do texto, outro fator crucial que afeta a legibilidade dos livros digitais é a luminosidade da tela. Alterar a cor de fundo da tela, que é geralmente branca, para o tom de sépia ameniza o cansaço visual ocasionado pela leitura prolongada. Por isso, dispositivos e aplicativos de leitura que permitem essa configuração destacam-se entre os demais, pois, assim, o leitor pode condicionar o conteúdo a suas necessidades.

Bringhurst (2005) explica que a luminosidade excessiva compromete a leitura principalmente de caracteres sobrescritos, subscritos e notas de rodapé. Por isso, o autor recomenda a utilização de fontes tipográficas com traços de baixo contraste, com grandes torsos, terminais sólidos, preferencialmente sem serifas ou com serifas retas. Leitores eletrônicos como o Kindle têm características de tela que se diferem dos dispositivos móveis, como é o caso de *smartphones*. As telas dos leitores geralmente apresentam menor luminosidade e uma tinta eletrônica mais legível, tornando-se mais confortáveis para a leitura de textos por períodos prolongados.

A interatividade exerce função vital nos livros digitais, pois propicia maior imersão do leitor no conteúdo, tanto por influenciar na concentração e na interpretação da informação quanto por dar poder de escolha ao leitor, que tem a sensação de controle por poder configurar alguns recursos. Sobre isso, Preece, Rogers e Sharp (2005) argumentam que o projeto de interação auxilia na definição das funcionalidades do livro, logo, relaciona-se à criação de sua interface. No desenvolvimento de livros digitais, o projeto de interação impacta as decisões e as escolhas da equipe de design quanto a elementos gráficos, segmentação de conteúdo, assim como apresentação de imagens, tabelas e diagramas, de modo a fornecer base para recursos eficientes e acessíveis.

A interface gráfica de um livro digital, assim como a dos leitores e dispositivos móveis, deve conter clara sinalização desses recursos interativos para que o usuário perceba suas alterações de estado. Segundo Shneiderman (citado por Blackwell, 2013), o uso de ícones nessas interfaces deve representar a dinâmica de interação por meio de alterações gráficas, como um alto-falante, que pode apresentar o símbolo ativo, inativo ou de gradações de volume. Essa representação da dinâmica de interação pode ser feita por meio de imagens estáticas que se alteram conforme o toque ou clique do leitor ou de animações.

Shneiderman (citado por Blackwell, 2013) destaca, ainda, a importância de pensar nas ações que cada representação visual requer por parte do usuário. Cliques, dois cliques, arrastar, arrastar e largar são algumas das opções de ação que desencadeiam interações, as quais também podem ser complementadas por sons. Todos esses elementos devem ser integrados a fim de alcançar dinamismo. Cooper, Reimann e Cronin (2007) dizem que a navegação é definida como qualquer ação que guia e leva o usuário de uma parte a outra nova na interação ou que o estimule a encontrar objetos, dados e ferramentas ao longo de um percurso, considerando que os leitores percebam em que ponto estão e como acessar o que necessitam na interface.

Agner (2009) divide o sistema de navegação sob duas óticas: 1) embutida e 2) suplementar. A **navegação embutida** refere-se a elementos contidos no livro e que guiam a leitura. Ela é subdividida em navegação global, local e textual. A **navegação global** é composta por todos os pontos de acesso de que o usuário possa necessitar para se mover de um ponto a outro, inclui *hiperlinks* para determinados pontos importantes de consulta da publicação e, geralmente, é disposta no cabeçalho ou no rodapé da interface. A **navegação local** dá acesso rápido ao que está mais próximo do ponto em que o usuário se encontra, por exemplo, o *hiperlink* da próxima subseção. E a **navegação contextual** é inclusa no corpo do texto, por meio de *hiperlink* para referências, por exemplo.

Já a **navegação suplementar** consiste em um conjunto de elementos de apoio, como os guias, os índices e os recursos de busca. A busca é um dos elementos principais, uma vez que permite que o leitor pesquise pelas palavras-chave, o que acaba sendo uma forma de tomar atalhos até determinados conteúdos. Entende-se como **navegação avançada** os elementos que viabilizam personalizar a página conforme as necessidades do usuário, como controles de customização. A **navegação social**, por sua vez, concerne aos elementos que agregam valor à experiência, como comentários e observações, ao passo que a **navegação cortesia** é constituída por informações convenientes, como um *hiperlink* de ajuda ou tutorial de acesso.

Para que um sistema de navegação seja eficiente, devem-se evitar grandes números de painéis e *hiperlinks* de navegação, minimizando-se os pontos de contato que o leitor deve acessar para obter o que procura, além de lhe fornecer sinalização e prover mapeamento apropriado de controle das ações a serem realizadas. Qualquer navegação e ação que contemple muitos passos para que o leitor, de fato, acesse o conteúdo almejado cria um impedimento que compromete a legibilidade do livro.

CONSIDERAÇÕES FINAIS

O conteúdo reunido no presente livro possibilita a introdução aos processos de design de um livro e sua compreensão, considerando todo o cenário da cadeia editorial, desde a recepção do original até a construção do volume impresso.

Nesse sentido, o panorama sobre o advento do livro digital e sua relação com a versão impressa amplia a visão do profissional quanto aos diferentes fluxos de trabalho, que podem ocorrer simultaneamente na produção de uma obra multimeio. Logo, esse conteúdo não se restringe ao trabalho técnico do designer de livros, mas aprofunda a reflexão acerca do papel de todos os profissionais que colaboram na cadeia editorial.

Enfatizamos que a compreensão da essência da obra é de extrema importância. Para isso, é necessário criar o hábito de ler os originais de forma completa e analisar os diferentes estilos. Além disso, o designer deve extrapolar a leitura do original e pesquisar a fundo o contexto em que o conteúdo do livro se insere, bem como verificar o projeto gráfico de títulos que abordam o mesmo tema e já estão disponíveis no mercado.

Vimos que, durante o desenvolvimento do projeto gráfico, as escolhas do designer devem ser fundamentadas, sejam de natureza técnica, sejam de natureza artística ou conceitual. Nesse contexto, a apresentação do projeto gráfico consiste em uma defesa dessas escolhas perante o autor, o editor e o diretor de arte. Quando bem fundamentado o projeto, ainda que venha a sofrer alterações, o designer consegue adequar os novos elementos a ele de maneira harmônica, em razão do pleno domínio dos aspectos que o embasam.

De modo geral, o percurso do profissional que visa trabalhar com design de livros é formado por experiências diversas no que diz respeito à variedade de produtos editoriais e necessita de constante atualização sobre aspectos tecnológicos e culturais, a fim de possibilitar que sejam feitas escolhas visualmente coerentes com as obras em produção. Quanto maior o domínio de diferentes recursos, maior é a capacidade do designer de inovar dentro dos limites estabelecidos pelo *briefing* do projeto e maior é a facilidade em lidar com as frequentes mudanças decorrentes de processos paralelos de revisão.

Dada a importância do tema e em complemento ao aprendizado construído neste livro, recomendamos o estudo continuado desses tópicos, com vistas a que o leitor adquira e aprimore competências e habilidades que atendam às diferentes necessidades de cada projeto.

Esperamos que esse conhecimento transmitido sobre design de livro contribua muito para sua jornada como designer. Em uma ótica mais prática, pela possibilidade de aplicar métodos e modelos nos processos de planejamento e editoração gráfica. Em uma ótica mais subjetiva, pela compreensão de todas as etapas de desenvolvimento de um livro e pela oportunidade de agregar valor técnico e conceitual às suas criações editoriais.

REFERÊNCIAS

ABNT – Associação Brasileira de Normas Técnicas. **NBR 6025**: informação e documentação – revisão de originais e provas. Rio de Janeiro, 2002.

ABNT – Associação Brasileira de Normas Técnicas. **NBR 6027**: informação e documentação – sumário – apresentação. Rio de Janeiro, 2012.

ABNT – Associação Brasileira de Normas Técnicas. **NBR 6034**: informação e documentação – índice – apresentação. Rio de Janeiro, 2004.

ADG – Associação dos Designers Gráficos. **O valor do design**: guia ADG Brasil de prática profissional do designer gráfico. 2. ed. São Paulo: Senac, 2004.

AGNER, L. **Ergodesign e arquitetura de informação**: trabalhando com o usuário. Rio de Janeiro: Quartet, 2009.

ANURADHA, K. T.; USHA, H. S. E-books Access Models: an Analytical Comparative Study. **The Electronic Library**, v. 24, n. 5, p. 662-679, Sept. 2006.

ARAÚJO, E. **A construção do livro**: princípios da técnica de editoração. Rio de Janeiro: Lexikon, 2008.

ARAUJO, E. M. **Introdução à higiene e à segurança do trabalho**. Curitiba: InterSaberes, 2021. (Série Química, Meio Ambiente e Sociedade).

AUGUSTO, D. C. **Caminhos da geografia eleitoral**: o comportamento geográfico do voto. Curitiba: InterSaberes, 2020.

BACON, B. Some Differences between Ebooks, Enhanced Ebooks, and Apps. **Digital Book World**, v. 8, May 2014.

BAINES, T. et al. Towards an Operations Strategy for Product-Centric Servitization. **International Journal of Operations & Production Management**, v. 29, n. 5, p. 494-519, Apr. 2009.

BIŇAS, M. et al. Interactive eBook as a Supporting Tool for Education Process. In: INTERNATIONAL CONFERENCE ON EMERGING ELEARNING TECHNOLOGIES AND APPLICATIONS (ICETA), 10., 2012, Star Lesn. Disponível em: <https://ieeexplore.ieee.org/document/6418285>. Acesso em: 20 set. 2021.

BISG – Book Industry Study Group. **Field Guide to Fixed Layout for e-Books**. New York, 2013.

BITTENCOURT, C. M. F. Apresentação. **Educação e Pesquisa**, v. 30, n. 3, p. 471-473, 2004. Disponível em: <https://www.revistas.usp.br/ep/article/view/27952/29724>. Acesso em: 20 set. 2021.

BLACKWELL, A. Visual Representation. In: INTERACTION DESIGN FOUNDATION. **The Encyclopedia of Human--Computer Interaction**. 2. ed. Aarhus, 2013.

BRIGGS, A.; BURKE, P. **Uma história social da mídia**: de Gutenberg à internet. Tradução de Maria Carmelita Pádua Dias. 3. ed. rev. e ampl. Rio de Janeiro: Zahar, 2004.

BRINGHURST, R. **Elementos do estilo tipográfico**: versão 3.0. Tradução de André Stolarski. São Paulo: Cosac Naify, 2005.

BROWN, T. **Design thinking**: uma metodologia poderosa para decretar o fim das velhas ideias. Tradução de Cristina Yamagami. Rio de Janeiro: Alta Books, 2018.

BRUIJN, M. de. et al. **From Print to eBooks**: a Hybrid Publishing Toolkit for the Arts. Amsterdam: Institute of Network Cultures, 2015.

CALDWELL, C.; ZAPPATERRA, Y. **Design editorial**: jornais e revistas, mídia impressa e digital. Tradução de Edson Furmankiewicz. São Paulo: Gustavo Gili, 2014.

CARDOSO, G. (Coord.). **O livro, o leitor e a leitura digital**. Lisboa: Fundação Calouste Gulbenkian, 2015.

CARRENHO, C. O que os livros digitais representam para o aumento da leitura? O que diz a Retratos da Leitura sobre quem lê nesse suporte? In: FAILLA, Z. (Org.). **Retratos da Leitura no Brasil 4**. Rio de Janeiro: Sextante, 2016. p. 99-112. Disponível em: <http://www.escritoriodolivro.com.br/bibliografia/Retratos%20da%20Leitura%20no%20Brasil%204.pdf>. Acesso em: 20 set. 2021.

CASTRO, E. **EPUB Straight to the Point**: Creating eBooks for the Apple iPad and Others e-Readers. Berkeley: Peachpit Press, 2011.

CHARTIER, R. **A aventura do livro**: do leitor ao navegador. Tradução de Reginaldo Carmello Corrêa de Moraes. São Paulo: Ed. da Unesp, 1998.

CHARTIER, R. A leitura como prática cultural. **Revista Observatório Itaú Cultural**, São Paulo, n. 17, p. 19-26, ago./dez. 2014. Entrevista. Disponível em: <https://d3nv1jy4u7zmsc.cloudfront.net/wp-content/uploads/2014/07/OBS17_BOOK-PDF-final.pdf>. Acesso em: 20 set. 2021.

CHARTIER, R. **Os desafios da escrita**. Tradução de Fulvia M. L. Moretto. São Paulo: Ed. da Unesp, 2002.

CHECO, D. C. U. de A. **Química no contexto da educação de jovens e adultos**. Curitiba: InterSaberes, 2021. (Série Aspectos Educacionais de Química).

CHRISTOFF, P. **Química inorgânica**: tabelando com a química. Curitiba: InterSaberes, 2021. (Série Panorama da Química).

CHUEIRE, L. **Religiosidades africanas e ameríndias**. Curitiba: InterSaberes, 2021. (Série Panorama das Ciências da Religião).

CLARK, G.; PHILLIPS, A. **Inside Book Publishing**. 5. ed. Londres: Routledge, 2014.

COOPER, A.; REIMANN, R.; CRONIN, D. **About Face 2.0**: the Essentials of Interaction Design. Indianapolis: Wiley Publishing Inc., 2007.

CORDÓN-GARCÍA, J-A. et al. **Social Reading**: Platforms, Applications, Clouds and Tags. Witney: Chandos, 2013. (Information Professional Series).

COSTA, C. As novas funções do autor na era digital. **Revista Observatório Itaú Cultural**, São Paulo, n. 17, p. 178-191, ago./dez. 2014. Disponível em: <https://d3nv1jy4u7zmsc.cloudfront.net/wp-content/uploads/2014/07/OBS17_BOOK-PDF-final.pdf>. Acesso em: 20 set. 2021.

CUNHA LIMA, G. **O gráfico amador**: as origens da moderna tipografia brasileira. 2. ed. Rio de Janeiro: Verso, 2014.

DICK, M. E. **Design de publicações digitais sistemáticas**: um conjunto de orientações. 175 f. Dissertação (Mestrado em Hipermídia aplicada ao Design) – Universidade Federal de Santa Catarina, Florianópolis, 2015. Disponível em: <https://repositorio.ufsc.br/bitstream/handle/123456789/162752/339058.pdf?sequence=1&isAllowed=y>. Acesso em: 20 set. 2021.

DICK, M. E.; GONÇALVES, B. S. Orientações para o design de publicações digitais sistemáticas. **Educação Gráfica**, v. 20, n. 3, p. 38-56, 2016.

DICK, M. E.; GONÇALVES, B. S. Publicações digitais: um panorama sobre design e tecnologia. In: GASPARETTO, D. A. (Org.). **Design+**: arte, ciência e tecnologia – conexões teórico-práticas. Santa Maria: PPGART, 2017. p. 78-90. Disponível em: <https://www.ufsm.br/app/uploads/sites/740/2018/01/DesignConexesTericoPrticas.pdf>. Acesso em: 20 set. 2021.

DIN – Deutsches Institut für Normung. **DIN 16518**: Klassifikation der Schriften. Berlim, 1964.

DOMICIANO, C. L. C. **Livros infantis sem texto**: dos pré-livros aos livros ilustrados. Tese (Doutorado em Estudos da Criança) – Universidade do Minho, Braga, 2008. Disponível em: <http://repositorium.sdum.uminho.pt/handle/1822/8528?mode=simple>. Acesso em: 20 set. 2021.

DUARTE, M. Design editorial e digital publishing: perguntas frequentes. **Simplíssimo**, 26 set. 2011. Disponível em: <https://simplissimo.com.br/design-editorial-e-digital-publishing-perguntas-frequentes/>. Acesso em: 20 set. 2021.

DUARTE, M. **Ebook**: desvendando os livros feitos de pixels. Brasília: M10 Design, 2010.

DUBINI, P. **Voltare pagina?** Le trasformazioni del libro e dell'editoria. Milão: Pearson, 2013.

FEBVRE, L.; MARTIN, H-J. **The Coming of the Book**: the Impact of Printing 1450-1800. Londres: Verso, 1976.

FERLAUTO, C.; JAHN, H. **O livro da gráfica**. São Paulo: Rosari, 1998.

FERREIRA, C. Expectativas, preocupações e desafios: a leitura digital na perspectiva de bibliotecários, editores, livreiros e representantes do setor das tecnologias de informação. In: CARDOSO, G. (Coord.). **O livro, o leitor e a leitura digital**. Lisboa: Fundação Calouste Gulbenkian, 2015. p. 547-561.

FILLMANN, M. C. F. **Inovação no processo de projeto do design de livro impresso**: insumos pelo design estratégico. 144 f. Dissertação (Mestrado em Design) – Universidade do Vale dos Sinos, Porto Alegre, 2013. Disponível em: <http://www.repositorio.jesuita.org.br/handle/UNISINOS/4181>. Acesso em: 20 set. 2021.

FLATSCHART, F. **Livro Digital etc**. Rio de Janeiro: Brasport, 2014.

FURTADO, J. A. **A edição de livros e a gestão estratégica**. Lisboa: Booktailors, 2009.

FURTADO, J. A. **Os livros e as leituras**: novas ecologias da informação. Lisboa: Livros e Leituras, 2000.

GODEFROID, R. S.; SANTOS, V. L. P. dos. **Fundamentos em embriologia e histologia**. Curitiba: InterSaberes, 2021.

GRASSI, T. M. **Intervenção psicopedagógica**: desatando nós, fazendo laços. Curitiba: InterSaberes, 2021. (Série Panoramas da Psicopedagogia).

HALLEWELL, L. **O livro no Brasil**: sua história. Tradução de Maria da Penha Villalobos, Lólio Lourenço de Oliveira e Geraldo Gerson de Souza. São Paulo: Edusp, 2012.

HALUCH, A. **Guia prático de design editorial**: criando livros completos. Teresópolis: 2AB, 2013.

HASLAM, A. **O livro e o designer II**: como criar e produzir livros. Tradução de Juliana A. Saad e Sergio Rossi Filho. 2. ed. São Paulo: Rosari, 2007.

HENDEL, R. **O design do livro**. Tradução de Geraldo Gerson de Souza e Lucio Manfredi. 2. ed. São Paulo: Ateliê, 2006.

HORIE, R. M. **Arte-finalização e conversão para livros eletrônicos nos formatos ePub, Mobi e PDF**. São Paulo: Bytes & Types, 2012. (Coleção eBooks, v. 1).

HORIE, R. M.; PLUVINAGE, J-F. **Revistas digitais para iPad e outros tablets**: arte-finalização, geração e distribuição. São Paulo: Bytes & Types, 2011.

ISO – International Organization for Standardization. **ISO 216**: Writing Paper and Certain Classes of Printed Matter – Trimmed Sizes – A and B Series, and Indication of Machine Direction. Genebra, 2007.

ISO – International Organization for Standardization; DIN – Deutches Institut für Normung. **DIN EN ISO 216**: Schreibpapier und bestimmte Gruppen von Drucksachen – Endformate A und B – Reihen und Kennzeichnung der Maschinenlaufrichtung. Genebra; Berlim, 2007.

LETRA CAPITAL. **Estrutura do livro**: como a publicação deve ser organizada. Disponível em: <https://www.letracapital.com.br/estrutura-do-livro-como-a-publicacao-deve-ser-organizada/>. Acesso em: 20 set. 2021.

LIMA, E. **Estrutura do livro**. Rio de Janeiro: EdUERJ, 2011. Apostila técnica.

LOTZ, E. G.; GRAMMS, L. C. **Gestão de talentos**. Curitiba: Ibpex, 2012.

LUPTON, E. (Ed.). **A produção de um livro independente**: um guia para autores, artistas e designers. Tradução de Maria Lúcia Leite Rosa. São Paulo: Rosari, 2011.

LUPTON, E. **Pensar com tipos**: guia para designers, escritores, editores e estudantes. Tradução de André Stolarski. São Paulo: Cosac Naify, 2006.

LUPTON, E.; PHILLIPS, J. C. **Novos fundamentos do design**. Tradução de Cristian Borges. São Paulo: Cosac Naify, 2008.

LYONS, M. **Livro**: uma história viva. Tradução de Luís Carlos Borges. São Paulo: Senac, 2011.

MACIEL, D. dos S. C.; BRITO, S. F. **Design, cultura e sociedade**. Curitiba: InterSaberes, 2021.

MARTINS, T. S. et al. **Incrementando a estratégia**: uma abordagem do Balanced Scorecard. Curitiba: Ibpex, 2010.

MARTINS FILHO, P. **A arte invisível**. São Paulo: Ateliê, 2003.

MEGGS, P. B.; PURVIS, A. W. **História do design gráfico**. Tradução de Cid Knipel. São Paulo: Cosac Naify, 2009.

MOD, C. **Books in the Age of the iPad**. Mar. 2010. Disponível em: <https://craigmod.com/journal/ipad_and_books/>. Acesso em: 20 set. 2021.

MOD, C. Designing Books in the Digital Age. In: MCGUIRE, H.; O'LEARY, B. (Ed.). **Book**: a Futurist's Manifesto: Essays from the Bleeding Edge of Publishing. Massachusetts: O'Reilly Media, 2012.

NAKAMOTO, P. **A configuração gráfica do livro didático**: um espaço pleno de significados. 127 f. Tese (Doutorado em Educação) – Universidade de São Paulo, São Paulo, 2010. Disponível em: <https://www.teses.usp.br/teses/

disponiveis/48/48134/tde-02082010-141808/publico/PERSIO_NAKAMOTO.pdf>. Acesso em: 20 set. 2021.

NEVES, E. C. **Fundamentos de governança corporativa**: riscos, direito e compliance. Curitiba: InterSaberes, 2021.

NIEMEYER, L. **Tipografia**: uma apresentação. 4. ed. Rio de Janeiro: 2AB, 2010.

OLIVEIRA, G. **O design na construção do livro**: a coleção particular da editora Cosac Naify. Dissertação (Mestrado em Design) – Universidade Federal de Pernambuco, Recife, 2016.

PHILLIPS, A. **Turning the Page**: the Evolution of the Book. Abingdon: Routledge, 2014.

PHILLIPS, P. L. **Briefing**: a gestão do projeto de design. Tradução de Itiro Iida. São Paulo: Blucher, 2007.

PINSKY, L. Os editores e o livro digital: o que está sendo feito e pensado em tempos do incunábulo digital. **Revista do Núcleo de Estudos do Livro e da Edição**, n. 3, 2013.

PREECE, J.; ROGERS, Y.; SHARP, H. **Design de interação**: além da interação humano-computador. Tradução de Isabela Gasparini. Porto Alegre: Bookman, 2005.

PROCÓPIO, E. **A revolução dos eBooks**: a indústria dos livros na era digital. São Paulo: Senai, 2013a.

PROCÓPIO, E. O direito autoral na era do livro digital. **Simplíssimo**, 1º mar. 2013b. Disponível em: <https://simplissimo.com.br/direito-autoral-era-livro-digital/>. Acesso em: 20 set. 2021.

POLO PUJADAS, M. **Creación y gestión de proyectos editoriales en el siglo XXI**: del papel a la era digital. 2. ed. rev. e ampl. Cidade Real: Ed. da UCLM, 2011.

REIS, J. dos. Classificação estilística: na senda de um paradigma tipográfico. **Convergências**, v. 1, n. 2, 2008. Disponível em: <http://convergencias.esart.ipcb.pt/?p=article&id=35>. Acesso em: 20 set. 2021.

RIBEIRO, M. **Planejamento visual gráfico**. Brasília: Linha, 1987.

ROCHA, C. **Projeto tipográfico**: análise e produção de fontes digitais. São Paulo: Rosari, 2002.

RODRIGUES, R. A tecnologia na edição digital. In: CARDOSO, G. (Coord.). **O livro, o leitor e a leitura digital**. Lisboa: Fundação Calouste Gulbenkian, 2015. p. 485-515.

SAATKAMP, H. **O livro**: preparação e revisão de originais. Porto Alegre: AGE, 1996.

SAMARA, T. **Guia de design editorial**: manual prático para o design de publicações. Porto Alegre: Bookman, 2011a.

SAMARA, T. **Guia de tipografia**: manual prático para o uso de tipos no design gráfico. Tradução de Priscila Lena Farias. Porto Alegre: Bookman, 2011b.

SANTOS, F. Como escolher o formato adequado das publicações digitais para dispositivos móveis. **Dualpixel**, 2012. Disponível em: <https://labs.dualpixel.com.br/como-escolher-o-formato-adequado-das-publicacoes-digitais-para-dispositivos-moveis>. Acesso em: 20 set. 2021.

SILVA, A. C.; BORGES, M. M. Hybrid Publishing Design Methods for Technical Books. **The Electronic Library**, v. 34, n. 6, p. 915-926, 2016.

SOARES, S. **Gestão de recursos hídricos**. Curitiba: InterSaberes, 2015.

TSCHICHOLD, J. **A forma do livro**: ensaios sobre tipografia e estética do livro. Tradução de José Laurênio de Melo. São Paulo: Ateliê, 2007.

VALLE, M. L. E. **Não erre mais**: língua portuguesa nas empresas. Curitiba, 2014. Errata.

VIEIRA, F. K. R.; CAMPOS, C. **Acontece com quem voa**. Curitiba: MiniSaberes, 2014.

WENGER, A. P. N.; BERNADELLI, R.; HARTMANN, S. H. de G. **Manual do conteudista**. Curitiba, 2019. Material interno da InterSaberes.

ZAPPATERRA, Y. **Art Direction + Editorial Design**. New York: Abrams, 2007.

SOBRE A AUTORA

Mariana Ferreira de Freitas é mestra em Design pela Escola Superior de Desenho Industrial (Esdi/Uerj), pós-graduada em Design de Moda pelo Centro de Tecnologia da Indústria Química e Têxtil (Cetiqt/Senai) e designer formada pelo Instituto Infnet. Trabalhou com design digital para diversos segmentos, como produção gráfica, têxtil e comunicação *on-line* e *off-line*. Foi editora de arte na produção de livros independentes e publicações periódicas na Yo! Ideias Comunicação. Atualmente, é pesquisadora com foco em design de serviços e métodos de customização em massa.

Os papéis utilizados neste livro, certificados por instituições ambientais competentes, são recicláveis, provenientes de fontes renováveis e, portanto, um meio responsável e natural de informação e conhecimento.

FSC
www.fsc.org
MISTO
Papel | Apoiando o manejo florestal responsável
FSC® C103535

*

Os livros direcionados ao campo do Design são diagramados com famílias tipográficas históricas. Neste volume foram utilizadas a **Baskerville** – desenhada pelo inglês John Baskerville em 1753, que inovou trazendo floreios da caligrafia para a tipografia – e a **Futura** – lançada pelo alemão Paul Renner em 1927 em harmonia com os ideais da Bauhaus.

Impressão: Reproset